반드시 — 전달되는
메시지의 법칙

반드시 ── 전달되는

메시지의 법칙

귀를 기울이게 만드는 말은 따로 있다

캠 바버 지음 | **서현정** 옮김

라이팅하우스

그래서, 하고 싶은 말이 뭔데?

나는 종종 큰 발표를 앞둔 사람들의 방문을 받곤 한다.

어느 날 꽤 알려진 엔터테인먼트 회사를 경영하는 친구 마이클이 나를 찾아왔다. 곧 있을 프레젠테이션의 개요를 마무리 지었다고 했다. 마이클은 만족스러운 얼굴로 의자 등받이에 몸을 기댔다.

그런데 갑자기 분위기가 바뀌더니 마이클의 얼굴에 수심이 가득해졌다.

"계획은 완벽해, 캠. 내가 전할 메시지도 분명하고 짜임새도 보기 좋아. 그런데 진짜 문제는 그게 아니야. 시작이 문제라고! 프레젠테이션을 시작하기 직전에 아주 이상한 느낌이 드는 거, 그게 문제야. 목구멍이 조여드는 것 같고 말을 더듬으면 어쩌나 하는 걱정도 들어. 그리고 무슨 이야기든 시작하려고 하면, 침 삼키는 소리까지 들릴 정도로 주위가 조용해지면서, 그래서 하고 싶은 말이 뭔데? 어디 얼마나 잘하나 한번 보자, 이렇게 생각하는 것처럼 다들 표정 없는 얼굴로 나만 바라보는 거야. 그러다 보니 어느 정도 시간이 지난 후에야 겨우 자연스럽게 이야기가 진행된단 말이지."

누구에게나 시작은 어렵다. 강연이나 프레젠테이션을 시작하려고 하면 불확실한 느낌이 최고조에 이른다(그리고 이런 불확실성이 불안감의 근본 원인인데, 이에 대해서는 뒤에서 좀 더 자세히 다룰 예정이다). 강연을 하기 위해 무대로 걸어 나가면 주위에 아무도 없이 나 혼자뿐인데, 청중의 시선은 일제히 나만 빤히 바라본다. 기대에 찬 눈으로 나만 바라보는 사람들 앞에서 평소처럼 생각하기란 쉬운 일이 아니다. 하지만 그 상황에서 어떻게 대처하느냐가 강연이 어떻게 진행되느냐를 결정짓게 된다.

그런데 마이클이 다시 이렇게 말했다. "캠, 프레젠테이션을 할 때 시작 부분을 없앨 방법 좀 알려 주게!"

그렇게 해서 모든 것이 시작되었다. 우리는 프레젠테이션에서 어색한 시작을 없애는 방법을 고민하기 시작했다.

물론 마이클이 한 말은 농담이었다. 하지만 우리는 그날 오후 내내 브레인스토밍을 해서 결국은 해냈다. 절대 불가능한 일이라고? 물론 강연을 하려면 당연히 '시작' 부분이 있어야 하는 게 맞는 말이다. 하지만… 어쨌든 우리는 바로 그 '시작'을 없애 버렸다. 그리고 여러분도 그렇게 할 수 있다. 우리는 어색한 시작을 없앴을 뿐만 아니라 다음의 네 가지 중요한 목표를 이룰 수 있는 방법도 찾아냈다.

1. 메시지 전달에 실패할지도 모른다는 불안감을 줄인다.
2. 장소가 회의실이든, 강당이든, 경기장이든 상관없다. 그곳의 싸늘한 분위기를 서로 생각을 주고받을 수 있는 따뜻한 분위기로 바꿀 수 있다.
3. 여러분의 행동에 관심이 집중되지 않게 해서 긴장을 줄일 수 있다.

4. 청중을 사로잡을 수 있는 환경을 조성한다.

이것은 청중이 누구든, 주제가 무엇이든 상관없이 강력한 효과를 낼 수 있는 기술이다. 이 기술만 알면 순식간에 그 자리를 통제할 수 있고 프레젠테이션을 할 때 흔히 찾아오는 부담감도 떨쳐 버릴 수 있다. 여러분이 조용하고, 생각이 깊고, 작은 소리로 말하는 내성적인 사람이든, 요란하고, 말이 빠르고, 힘이 넘치는 외향적인 사람이든, 아니면 그 중간이든 상관없이 효과를 얻을 수 있다. 전날 밤에 잠을 많이 잤든 못 잤든 상관없이 효과를 얻을 수 있다.

이 놀라운 기술은 바로 "시작하기 전에…" 기법이다.

간단히 설명하자면, 제일 먼저 이렇게 말하는 것이다.

"시작하기 전에……"

그러고 나서 미리 준비해 온 가벼운 이야기를 한다. 강연 내용에 대한 배경 지식이라거나, 여러분의 역할, 이 강연을 맡게 된 인간관계의 시작, 진행 과정에 대한 내용(시간이 얼마나 걸릴지, 질문은 어떻게 받을지, 배포 자료가 있는지…) 등 여러분이 하고 싶은 아무 이야기나 괜찮다.

물론 엄밀히 말하면 강연을 이미 '시작'한 것이지만, 이런 식으로 긴장하지 않고 부담감 없이 출발하면 계획한 대로 평소에 강연을 시작할 때 느끼는 스트레스나 긴장감을 피하면서 이야기를 이어갈 수 있다. '시작하기 전에' 기술은 마법이다. 놀랍지만 진짜다. 그러니까 여러분도 직접

해 보기 바란다. 이 기술이 어떻게 작용하는지는 뒤에서 좀 더 자세히 말하겠다. '17장 힘들이지 않는 설명의 기술' 편에서 이 기술을 다룰 예정이다.

그럼 이제 이 책의 짜임새에 대해 살펴보자. 그리고 혹시 아직도 이 책을 읽고 있다면, '시작하기 전에' 기술로 이 책을 시작했다는 것을 기억해 주기 바란다.

이 책은 두 개의 파트로 이루어져 있다.

1부는 '메시지의 힘'이다. 여기서는 힘 있는 메시지가 훌륭한 스피치(여기서는 강연이나 프레젠테이션 등 청중을 상대로 하는 모든 말하기를 아우르는 의미 - 옮긴이)를 가능하게 한다는 것을 잘 보여 주는 사례들을 소개한다. 기업 CEO, 작가, 마케팅 전문가, 프로젝트 관리자, 정치 지도자, 프로 선수, 비영리단체, 과학자, 라디오 방송인, TV 프로그램 진행자들을 포함해 다양한 분야 전문가들의 이야기를 만날 수 있다. 그중에는 나를 감동시킨 이들도 있고, 내 고객들도 있다. 그들은 청중의 기억에 남을 메시지를 전달할 수 있는 능력이 얼마나 놀라운 힘을 발휘하는가를 잘 보여 준다.

2부는 훌륭한 강연과 프레젠테이션을 준비하고 실행에 옮길 수 있는 '메시지의 법칙'을 소개한다. 우리는 이 방법을 지금까지 1만 5천 명 이상에게 교육했다. 스피치를 위한 이 3단계 법칙은 명확한 순서에 따라 분명하게 생각하고, 준비 시간을 줄이고, 불안감을 어렵지 않게 해소하고, 처음부터 끝까지 청중을 사로잡아서 중요한 메시지를 그들 머리에 각인시키도록 도와줄 것이다. 그 3단계 법칙은 다음과 같다.

1. 분명하게 생각하고 불안감을 다스릴 수 있도록 도와주는 '명료함 최우선의 법칙'
2. 아이디어를 명확히 하고 체계화하도록 도와주는 '아웃라인의 법칙'
3. 청중과의 교감을 강화하는 훌륭한 설명을 위한 '연결의 법칙'

메시지 전달법에 대한 책이 또 필요할까?

나는 지난 20년간 스피치와 프레젠테이션 기술에 대한 책들을 수없이 사서 읽고 모았다. 그래서 이 세상에 메시지 전달법에 대한 책이 더 필요할까, 하는 의문이 들었다. 그 대답은 '필요하다'이다. 왜냐고? 그 답은 지금껏 나온 모든 메시지 관련서들 그리고 그 책들을 바탕으로 한 스피치 훈련들이 하나같이 잘못된 생각을 전제로 하기 때문이다.

그 잘못된 전제란 스피치를 하는 사람에게 딱 맞는 특별한 '태도'가 있다는 것이다. 보디랭귀지를 바꾸고, 제스처를 신경 쓰고, 얼굴 표정을 억제해서(혹은 과장해서), 틀로 찍어낸 것처럼 다른 프레젠터들과 똑같은 '스타일'이 되어야 한다는 것이 지금껏 나온 스피치 관련서들의 주장이다.

하지만 그것은 너무도 어리석은 생각이다. 그렇게 해서는 성공할 수 없다. 그것은 자기 자신을 바꾸라는 뜻인데, 그것은 여간 힘든 일이 아니다. 뿐만 아니라 결국에는 불안감을 불러일으키는 상황만 만들 뿐이다. 있는 그대로의 모습으로 메시지를 전달할 때보다 그렇게 스트레스 가득한 상황에서 강연할 때 훨씬 더 힘이 든다.

나는 힘든 경험을 통해 그런 사실을 배웠다. 오래전 나는 스피치 스타일이 잘못되었다는 지적과 함께 능력 있는 강연가가 되려면 변화가 필요하다는 말을 들었다(이 이야기는 '제4원칙 : 자연스러운 스타일은 언제나 옳다' 편에서 자세히 설명하겠다). 그 충고를 따르려고 별의별 고생을 다 하다가 나는 메시지 기억과 자연스러운 스타일을 바탕으로 한 새로운 접근법을 개발하게 되었다. 이 접근법을 따르면 일반적인 '퍼포먼스 식' 접근의 족쇄에서 벗어나 제대로 된 연설을 할 수 있다.

이 접근법이 필요한 이유는 세 가지로 설명할 수 있다. 첫째, 분명한 메시지 전달을 못 해서 좋은 기회를 날려 버리는 사람들이 너무나 많다. 둘째, 대단한 아이디어를 가지고 있으면서도 너무 많은 정보(취사선택 능력의 부재) 때문에, 아니면 남들 앞에서 말하는 것에 대한 두려움 때문에 그 대단한 아이디어를 청중에게 전달하지 못한다. 셋째, 요즘 기업인들에게 스피치를 가르치는 트레이너들의 절반 이상이 배우 출신이다. 그래서 '퍼포먼스 식' 스피치 기법이 바이러스처럼 계속 번지고 있는 것이다.

그래서 나는 간단하면서도, 준비 시간을 줄여 주고, 연습을 덜 해도 되고, 절반의 노력으로 두 배의 효과를 낼 수 있는 메시지 전달법을 여러분에게 알려주고자 한다. 그리고 이 방법이 여러분의 아이디어에 생명을 불어넣을 수 있기를 희망한다.

나는 이 방법을 대규모 회의에서도 가르치고, 단기 트레이닝과 장기 트레이닝 코스에서도 가르치는데, 내게 배운 사람들이 찾아와서 이 방법 덕분에 화술에 대한 시각이 완전히 바뀌었다고, 그래서 어려운 문제를 한 걸음 한 걸음 차근차근 풀어갈 수 있게 되었다고 말할 때, 나는 큰 기쁨을 느낀다.

사실, 이 방법에 대한 강의를 시작할 때 미간을 잔뜩 찌푸린 채 미심쩍은 얼굴로 질문을 하던 사람들도 강의가 끝날 때쯤에는 "와, 이거 진짜 쉬운데요!"라고 말하곤 했다. 정말 기분 좋은 칭찬이 아닐 수 없다.

여러분은 '와, 당신 정말 똑똑하세요'라거나 '정말 굉장한 아이디어네요' 아니면 '정말 대단한 기술입니다'라는 말을 듣는 게 더 기분 좋을 거라고 생각할 수도 있다. 그렇지만 사람들이 우리가 개발한 방법을 '쉽다'고 생각하는 것이야말로 훨씬 더 큰일을 해냈다는 칭찬이라고 우리는 생각한다. 쉽다는 것은 자신의 삶을 바꾸지 않고도 누구나 쉽게 활용할 수 있다는 뜻이고, 그 기술을 배우기 위해 몇 년씩 힘들게 노력하지 않아도 된다는 뜻이다.

내가 제시하는 방법은 오늘 당장 여러분을 훌륭한 달변가로 만들어 줄 것이다(여러분이 이 책을 아침에 읽고 있다면 정말 오늘 당장 그렇게 될 수 있다. 하지만 여러분이 이 책을 아침에 읽고 있는 게 아니라면 내일 그렇게 될 수도 있고, 아니면 주말에 그렇게 될 수도 있고⋯⋯).

목차

PART 1

메시지의 힘

CHAPTER 1

아웃라이어의 진짜 비밀

내가 이 책을 쓰게 된 계기는 어느 프레젠테이션 강좌를 수강했던 20년 전으로 거슬러 올라간다. 그 강좌는 정말 형편없었다. 연기하는 법을 배우고 틀에 박힌 행동을 하라고 가르치기만 했다.

스피치를 잘할 수 있는 기술을 배우겠다고 강좌를 신청했는데 오히려 청중 앞에 섰을 때 불안감만 더 심해지고 남의 시선도 더 의식하게 되고 말았다. 예를 들어, '1분 당 제스처 여섯 개'가 최적이라고 하는데 강좌 진행자는 실습 영상 촬영을 통해 내가 1분에 60개의 제스처를 하니 10배나 잘못하고 있다는 평가를 내렸다. 나의 외향적인 스타일이 '최적의 스피치' 스타일에 맞지 않는다는 뜻이었다(이에 대해서는 10장 '명료함 최우선의 법칙 '제4원칙' 편에서 좀 더 자세히 살펴보도록 하겠다).

다른 방법을 찾지 못한 나는 내 스타일을 바꾸기로 마음먹고 거의 1년을 강좌에서 배운 대로 나 자신을 바꾸려고 죽기 살기로 노력했다. 당시 나는 영업 매니저로 매일 한 번 업무 프레젠테이션을 해야 했다. 그런데 프레젠테이션이 쉽지 않으니 나한테 맞지 않는 일을 한다는 생각에서 벗어날 수가 없었다. 스피치 전문가들이 '올바른 방법'이라고 말하는 대로 하려고 애를 쓰면 쓸수록 상황은 점점 더 나빠졌다.

그런 좌절의 시간을 보내면서 나는 훌륭한 강연가들을 관찰하기 시작했다. 내가 개인적으로 친분이 있는 최고의 강연가는 그 당시 내가 모시던 CEO 폴 톰슨이었다. 폴 톰슨은 호주 방송업계의 전설적인 인물이다. 맨손으로 호주 라디오 방송국 오스테레오(Austereo)와 노바(Nova) 라디오 네트워크를 설립한 그는 비전 있는 리더로 평가받고 있으며, 함께 일한 사람들은 누구나 그를 뛰어난 경영자이며 동기부여가라고 말한다.

첫째, 모든 규칙을 깨라

폴 톰슨이 스피치를 할 때 가장 놀라웠던 점은 지금껏 우리가 스피치 훈련을 통해 배운 모든 규칙을 깨버렸다는 것이다. 그는 제스처를 거의 안 하거나 아예 전혀 안 하기도 했다. 내성적인 성격에다 말을 할 때 가끔 가벼운 '틱' 증세를 보이기도 했다(전 영국 수상 윈스턴 처칠과 제너럴일렉트릭의 최고 경영자였던 잭 웰치도 어려서부터 말더듬 증상이 있었다). 폴 톰슨이 가진 틱 증세는 20초마다 혹은 더 자주 헛기침을 하는 것이었다. 게다가 그는 발끝으로 서서 몸을 위아래로 흔들기까지 했다!

하지만 그런 모든 행동은 전혀 문제가 되지 않았다. 폴 톰슨은 시작부터 끝까지 청중을 사로잡고 조직 전체에 동기를 부여하는 강력한 메시지를 전달하는 힘을 가지고 있었다. 그래서 나는 이렇게 자문했다. 폴 톰슨의 연설 스타일에서 배워야 할 점이 무엇인가? 그 질문에 대한 답은 '기억하고 전달하기 쉬운 메시지'였다.

나는 지금도 폴 톰슨이 했던 중요한 연설들의 메시지가 기억난다. 모두가 하나같이 너무도 타당하고 이해하기 쉬웠다. 스피치 요령(스피치 강좌에서 너~무나 긴 시간을 할애하는 바로 그 기술)은 전혀 중요하지 않은 것 같았다. 틀에 박힌 요령들을 하나도 지키지 않는데도 불구하고 그는 진실해 보였고 신뢰가 갔다. 모두가 중요하다고 입이 닳도록 떠들어 대는 '요령'을 하나도 따르지 않는데도 폴 톰슨의 연설은 너무나 훌륭했다.

하지만 그런 생각은 나의 개인적인 판단일 뿐이었다. 스피치 강좌에서는 자신들이 고수하는 규칙의 정당성을 입증할 확실한 통계를 가지고 있었다. 내가 뭐라고 그런 통계를 함부로 무시한단 말인가? (그 '확실한 통계'라는 것이 전후 상황을 무시한 채 적용되었으며, 강좌에서 가르치는 내용의 대부분이 그 통계를 만든 장본인의 주장과 정반대되는 것임을 나는 나중에야 알게 되었다. 이와 관련해서는 '9장 스피치에 대한 오해' 부분에서 좀 더 자세히 살펴보도록 하겠다.)

터닝 포인트

내 생각이 바뀐 것은 〈포춘〉 지에서 당시 세계 최고의 CEO 두 사람에 대한 기사를 읽고 나서다. 그 기사는 내게 엄청난 영향을 미쳤고, 훌륭한 연설의 중심에는 생동감 넘치고 탄탄한 메시지가 있다는 내 생각을 확고하게 만들어 주었다. 1995년 12월 11일 출간된 〈포춘〉에 실린 그 기사는 코카콜라와 제너럴일렉트릭의 최고 경영자들이 밝힌 주주 가치 창조에 대한 비법을 소개했다.

〈포춘〉지는 가장 성공한 '포춘 500대 기업'을 선정하는 기준을 새롭게 바꾸기로 결정했다. 문제의 기사는 이렇게 시작한다. '최고 경영자의 성적을 매기는 기준은 다양한데…' (그런 다음 예닐곱 가지 방법을 소개하고 나서) MVA 즉 '시장 부가가치(market value added)'를 기업 선정 기준으로 결정한다. MVA가 파악하려는 것은 다음과 같다 : '투자자들이 평생에 걸쳐 사업에 투자하는 돈과 그들이 오늘 보유 주식을 팔아서 얻을 수 있는 금액에 얼마나 차이가 있는가?'

미국 내 모든 대기업들을 MVA를 기준으로 순위를 매긴 기사의 결과는 가히 충격적이었다. 통계상 이상치라고 불릴 만한 두 기업이 압도적으로 두각을 나타냈기 때문이다.

아웃라이어

아웃라이어(outlier), 즉 통계상 이상치라는 것은 무엇인가? 정상 범위를 벗어나는 것을 말한다. 예를 들어, 크리켓의 전설 도널드 브래드먼(Donald Bradman)의 말도 안 된다 싶을 정도로 좋은 성적 같은 것이 통계상 이상치다. 그는 타율이 99.96이다. 이것은 한 번 타석에 나갈 때마다 평균 100런의 점수를 얻었다는 뜻이다. 이런 어마어마한 기록을 대체 어느 누구와 비교할 수 있겠는가? 150년의 크리켓 역사를 통틀어 볼 때 도날드 브래드먼 다음으로 최고 타율은 50에서 61런 사이다. 이 범위에 포함되는 엄청난 선수들도 십여 명에 불과하다. 그 밑으로 타율은 점점 줄어든다. 그러니 타율이 거의 100런에 가깝다는 것은 정상이 아닌 셈이다. 아래 단계의 선수들과 거의 65퍼센트 정도 차이가 난다는 뜻이다. 통계학자들은 데이터의 정확성을 높이기 위해 이런 통계적 변칙 즉, '아웃라이어'들을 제외하는 경우가 많다.

그건 그렇고, 문제의 〈포춘〉 지 기사에서는 통계상 이상치로 불릴 만한 결과가 나왔다. 두 기업 모두 자신들 다음 순위와 약 65퍼센트 정도 차이가 났다. MVA를 기준으로 16년간의 성장을 계산해 볼 때, 코카콜라는 61점으로 1위, 그리고 제너럴일렉트릭은 52점으로 2위를 차지했다. 그리고 이 기사에서 언급한 대로, '이 두 기업과 비슷한 수준의 기업은 하나도 없었다. 3위를 차지한 월마트가 MVA 35점, 글로벌 제약회사 머크가 32점, 그리고 마이크로소프트가 30점 등이었다.' 이처럼 30점에서 35점 사이에 있는 대단한 기업들이 모여 있고 이들보다 65퍼센트 앞선 자리를 '이상치'라고 할 만한 두 개의 엄청난 기업이 차지했다.

정반대의 리더들

기사에 소개된 제너럴일렉트릭의 최고 경영자는 잭 웰치였고, 코카콜라의 최고 경영자는 로베르토 고이수에타(여담인데, 고이수에타는 '커뮤니케이션은 절대 남에게 위임할 수 없는 임무다'라는 말로 유명하다)였다. 이 두 사람은 성격도 정반대고 리더십 스타일도 완전히 달랐다. 이런 두 사람이 공유한 비법은 무엇이었을까?

이민자인 로베르토 고이수에타는 조용하고 신중한 성격에, 항상 예의 바르고, 정면으로 부딪치는 것을 좋아하지 않았다. 그리고 예측 가능한 상황을 좋아하고 절대 양복 재킷을 벗지 않을 사람처럼 보였다.

반면에 잭 웰치는 성질이 불같은 데다 충동적이지만 매력적이고, 학창 시절 술을 많이 마신 것을 부끄러워하지 않고, 싸움을 좋아하고, 셔츠 차림을 편하게 여겼다.

이 두 사람의 기업 또한 공통점이라고는 전혀 없었다. 코카콜라는 단일 품종을 취급하는 것이나 다름없는 반면, 제너럴일렉트릭은 수천 종의 제품을 판매하는 복합기업이다.

우연히도 두 사람은 1981년에 한 달 간격으로 각자의 회사에 회장과 최고 경영자가 되었다. 당시는 코카콜라와 제너럴일렉트릭 모두 침체기였다. 예를 들어, 제너럴일렉트릭의 경우는 품질에 목숨을 건 일본 때문에 제조업 기반이 무너지고 있었다. 두 기업 모두 중심을 잃었다. 코카콜라는 거의 20년 가까이 시장 점유율이 하락하는 상황이었다.

위대한 CEO들의 비밀

나는 이런 의문이 생겼다. 둘 사이에 공통점이 있나? 두 사람이 공통적으로 가지고 있는 특징이 있나? 서로 업종도 완전히 다르고 경영 스타일도 완전히 다른데도 그런 엄청난 결과를 가능케 할 수 있는 단 하나의 경쟁력이나 능력이 공통적으로 있기라도 한 건가? 있었다! 바로 그것이었다. 메시지를 전달하는 능력! 두 사람이 공통적으로 가지고 있던 놀라운 능력은 자신의 아이디어를 분명하고 잘 기억할 수 있게 만들어서 전달하는 힘이었다.

〈포춘〉지에서 적은 대로, 두 사람은 분명한 전략이 있었고 '우리는 회사를 운영하는 방식을 바꿀 것이며, 이것이 바로 그 새로운 방식이다'라고 분명히 말했다. 그들은 조직에 무엇이 필요한가를 파악해서 직원들에게 알려 주었고, 필요한 일을 가차 없이 해 나갔다.

상상을 초월할 정도의 성과를 거두기에 충분한 능력으로 들리는가? 처음에는 그런 생각이 들지 않을 수도 있다. 하지만 조금만 더 자세히 살펴보자. 두 사람의 공통점은 전략을 짤 줄 알고 그 전략을 효과적으로 전달해서 회사 전체가 잘 돌아가도록 만들 수 있었다는 점이다. 두 사람은 회사를 수십 년간 이끌어 온 강렬한 메시지를 끌어내는 능력을 가지고 있었다. 바로 메시지 전달의 달인이었던 것이다.

로베르토 고이수에타의 핵심 메시지

다음은 코카콜라의 메시지다 :

"여러분이 어떤 부서에 있든, 지금부터 우리가 성공을 평가하는 기준은 단 하나, 자본수익률(ROC : Return On Capital)이다."

고이수에타는 자본의 효율적인 분배가 성공의 열쇠라고 설명했다. 그리고 성공하기 위해서는 이 단순한 공식을 적용해야 한다고 주장했다. 다시 말해서, "특정 금리로 돈을 빌려 그보다 높은 금리에 투자해서 차익을 얻어야 한다"는 뜻이다. 이 메시지는 회사의 모든 관리자들에게 일정 범위 안에서는 최고 경영사의 승인 없이 직접 결정할 수 있는 재량권을 주면서 동시에 결정의 기준도 제시했다. 이 메시지는 놀라운 힘을 발휘했다.

"그 전까지는 아무도 우리의 자본 비용에 대해 설명해 줄 생각을 하지 않았다. 그런 것들을 설명해 주면 똑똑한 사람들은 언젠가는 이해하고 정신을 차리기 마련이다." 로베르토 고이수에타는 말했다. 그리고 그는 "어디로 가는지 모르는 사람들은 목표를 향해 빨리 갈 수 없는 법이다"라고 덧붙였다.

고이수에타는 이 원칙이 얼마나 강력한가를 설명하는 안내 책자를 만들고 이 원칙이 어떻게 적용되는지를 보여 주는 사례들을 소개했다. 뿐만 아니라 모든 고위 관리자들을 직접 만나 평소의 겸손하고 조용한 스타일로 자본수익률에 대해 이야기했다. 허리를 앞으로 숙여 책상에 몸을 기대고, 식사를 같이 하며 이야기하고, 자신이 만든 서민적이고 소박한 안내 책자를 보여 주면서 모두가 자신의 메시지를 잘 이해하도록 만들었다. 그의 메시지는 모든 주주에게 배포되는 연말 결산보고서에도 소개되었다.

단순하면서도 깔끔한 이 메시지를 통해 고이수에타는 결정권을 위임하면서 동시에 모든 직원이 자신의 전략에 칼같이 정확하게 집중하도록 했다. 초기에는 주식시장이 고이수에타의 전략을 이해하지 못했다. 그들이 보기에는 트리플A 신용등급을 포기하고 그 당시 기준으로 경솔하다 싶은 액수의 대출을 받는 코카콜라가 '이상하기'만 했다. 하지만 코카콜라는 모든 프로젝트가 자본수익률에 의해 꼼꼼하게 계산되었기 때문에 그 대출금으로 무엇을 해야 하는지 정확히 알고 있었다.

잭 웰치의 핵심 메시지

잭 웰치 역시 단순한 메시지를 통해 변화를 일으키고 권력을 위임하면서 동시에 거대한 제너럴일렉트릭이 집중할 수 있도록 했다. 그의 메시지는 제너럴일렉트릭 그룹의 사업 하나하나가 18개월 후에 전 세계 시장에서 1등 내지 2등을 해야 한다는 것이었다. 그리고 만약 3등이나 4등 또는 그 이하가 되면 그 사업은 매각하거나 폐업하겠다고 했다. 상상해 보라. 새로운 최고 경영자가 그룹 전체 임원들을 모아 놓고 이런 심플한 메시지를 전달하는 모습을 :

"여러분이 운영하는 사업을 잘 보십시오. 1등이나 2등이 되지 못하면 우리는 그 사업을 매각하거나 폐업할 것입니다. 현재 사업이 1등이나 2등이 아니라면 그렇게 될 수 있는 계획을 세우거나 아니면 매각 계획이나 폐업 계획을 세우십시오."

이번에도 간단한 메시지가 '보이지 않는 손'을 창조해 내서 제너럴일렉트릭의 고위 관리자들이 수백 개의 결정을 내리는 데에 관여했다. 그리고 이 '보이지 않는 손'도 훌륭하게 제 역할을 해냈다.

커뮤니케이션의 가장 어려운 점

자, 지금까지 우리는 '커뮤니케이션이 중요하다'는 말을 귀에 못이 박히도록 들었다. 그런데 이 말이 진짜로 의미하는 것은 무엇일까? 앞에서 살펴본 사례들은 커뮤니케이션에 구체적인 중심이 있어야 한다는 것을 잘 보여 주었다. 강렬한 메시지 말이다.

그 사실을 깨달은 것이 내게 전환점이 되었다. 성격, 리더십 스타일, 연설 태도 같은 건 문제가 아니었다. 청중이 한 사람이든 1천 명이든 상관이 없었다.

이 두 가지 메시지(그리고 그 메시지를 전달한 두 명의 최고 경영자)가 1980년대 초에 코카콜라와 제너럴일렉트릭에 로켓을 달아 앞에서 말한 〈포춘〉 기사가 작성된 1990년대 중반까지 두 기업을 무섭게 성장시켜 그 다음 순위 기업들보다 65퍼센트 이상의 성공을 거두게 했다. 두 메시지는 전통에 얽매였던 조직들이 변화를 받아들이고 힘을 집중할 수 있도록 만들었다.

그러니까 스타일은 성공과 별로 관계가 없는 것처럼 보였다. 물론 개인의 스타일이 영향을 미치는 건 맞다. 개인의 스타일은 버릴 수 없는 것이다. 하지만 스타일 자체가 추진력은 아니다. 개인의 스타일은 전체의 일부분일 뿐이다. 조직 전체에 진짜로 영향을 미칠 수 있었던 것은 메시지의 명확함 때문이었다.

이것을 알고 나자 나는 내가 다녔던 스피치 강좌가 앞뒤가 바뀌었다는 것을 깨닫게 되었다. 그래서 나는 잘못된 것을 바로 잡기 위한 컨설팅 사업을 시작했다. 그리고 메시지와 자연스러운 스타일을 먼저 생각하고, 명료함을 통해 '퍼포먼스'와 '스타일'이 자연스럽게 드러나도록 하는 프로그램을 개발했다. 아이디어를 살아 움직이는 메시지로 체계화하는 능력을 가르치는 이 강좌는 현재 미국 펜실베니아 서스쿼해나 대학교 커뮤니케이션학과의 정식 코스로 개설되었다.

CHAPTER 2

단 한 번의 스피치가
기회의 문을 열어 줄 수 있다

30분짜리 강연 한 번으로 기회의 문이 열릴 수 있다. 당신의 제품을 소개하고, 당신의 브랜드를 알리고 또는 경력의 다음 단계로 도약할 단단한 징검다리가 되기도 한다. 특히 요즘과 같은 유튜브 시대에는 좋은 강연이라면 따로 알리지 않아도 자발적으로 확산된다. 그런데 안타깝게도 대부분의 스피치 교육은 우리의 생각을 억압하고, 불안감을 가중시켜 잘못된 방향으로 밀어붙이고 있다.

내가 초기에 교육했던 고객들 중에 그 당시 파라마운트 영화사 일본 지사장이었던 조의 이야기를 해볼까 한다. 그는 로스앤젤레스로 가서 대형 신작 영화 〈우주 전쟁〉의 홍보 계획을 설명할 예정이었다. 조뿐만 아니라 그와 같은 직급의 전 세계 임원들이 톰 크루즈와 스티븐 스필버그 양측의 제작사 대표들과 파라마운트 영화사 고위 임원들 앞에서 프레젠테이션을 하기로 되어 있었다.

선입견 깨부수기

그런데 이것은 그저 그런 프레젠테이션이 아니었다. 조는 지난 1년간 톰 크루즈의 또 다른 영화 〈콜래트럴〉의 저조한 흥행 실적을 포함해 팀의 부진으로 심한 압박을 받던 중이었다. 조와 그의 팀이 형편없다는 인식도 퍼져 있었다. 그러니 조의 프레젠테이션을 듣는 사람들은 신작을 홍보하는 그의 능력에 대해 회의적일 것이 분명했다. 간단히 말하자면, 조는 이번 프레젠테이션을 통해 영화사 임원들이 가지고 있는 선입견을 바꿔서 자신에 대해 전폭적인 믿음을 갖도록 만들어야 했다.

내게 도움을 청하는 전화를 건 것은 싱가포르에 있는 조의 상사였다.

"조는 자신의 일을 잘 알고 있습니다." 조의 상사는 이렇게 말했다. "그리고 팀원들도 훌륭합니다. 그런데 조가 프레젠테이션 현장에서 설득력 있는 모습을 보이지 못하는 게 문제입니다. 질문을 받으면 당황하기 일쑤고, 이번 프레젠테이션에서도 분명 그런 일이 자주 일어날 겁니다. 조는 주목을 받으면 그대로 굳어 버리고 세부 사항만 이야기하다 큰 흐름을 놓치는 것 같아요."

실제로 조는 위태로운 상황이었다. 처음 만났을 때도 조는 스트레스에 시달리는 것이 분명해 보였다. 그는 파워포인트 슬라이드에 대한 이야기를 제일 먼저 꺼냈다. "우리는 5명의 인력이 3개국에 대한 슬라이드를 소개할 예정입니다. 지금까지 준비한 슬라이드는 총 70장이지만 여기에 더 많은 양이 추가될 예정입니다." 조는 방대한 정보를 나열하는 것만으로도 벅찰 것 같았다. 그래서 내가 이렇게 물었다. "알겠습니다. 일단 슬라이드 문제는 접어두고, 이 프레젠테이션에 대해서 어떻게 생각하십니까?"

조는 크게 한숨을 내쉬었다. "그동안 들었던 충고들이 머릿속에서 서로 충돌하고 아주 난리도 아니에요. 스피치 강좌를 수강했는데도 불구하고 저는 프레젠테이션 실력이 형편없어요. 그리고 저를 걱정하는 사람들이 이렇게 서라, 이런 제스처를 해라, 이렇게 말해라, 하면서 온갖 충고와 조언을 다 해 주는데, 그런 규칙들을 머리에 새기고 내가 준비한 슬라이드들을 보다 보면 머릿속이 뒤죽박죽되어 버리고 말죠."

앨 고어 이야기

나는 조에게 앨 고어(Al Gore)에 대해 이야기해 주어야겠다는 생각이 들었다. 앨 고어는 세 가지로 유명하다. 그 세 가지란 가장 성공한 다큐멘터리 영화 중 하나로 꼽히는 그의 영화 〈불편한 진실〉, 빌 클린턴 재임 시 8년간 미국 부통령을 지낸 경력, 그리고 2000년 미국 대통령 선거에서 조지 W. 부시(George W. Bush)에게 아주 근소한 차로 패배한 것.

2000년 대통령 선거 기간 당시, 앨 고어는 나무토막처럼 뻣뻣하고 감동도 없는 연설로 악평에 시달렸다. 얄궂게도 그의 연설 중에 최고로 꼽히는 것은 선거에 패배한 후 했던 패배 승복 연설이었다. 이 연설에서 앨 고어는 대선 기간 때보다 훨씬 여유로운 모습을 보여서 자연스럽고 믿음직스러웠다는 평가를 받았다. 그것이 '진짜' 앨 고어의 모습이었고, 그 연설 덕분에 그는 그 후로 연설가로 명성을 떨치게 되었다.

서너 해 전, 나는 빌 클린턴 전 미국 대통령을 만나 이야기할 기회가 있었다. 그 자리에서 나는 대선 당시의 앨 고어와 평소의 앨 고어에 대한 질문을 했다. 그러자 클린턴은 앨 고어가 선거 기간 동안 커뮤니케이션하는 모습을 보면서 훨씬 더 잘할 수 있는 사람이 왜 그렇게밖에 못 하는지 '아주 돌아 버릴 뻔했다'고 말했다. 그는 마이크 성능의 향상으로 인해 스피치에 대한 기준이 바뀌었다는 견해도 피력했다. 마이크 때문에 더 이상 과장된 행동이 필요 없어졌다는 뜻이었다.

앨 고어의 문제는 선거 기간 동안 주위에 이른바 '전문가'들이 너무 많이 모여 있었다는 것이다. 그들은 앨 고어에게 연설 때 발성, 행동, 제스처에 대해 일일이 코치하고 충고했다. 조가 들었던 수많은 규칙들도 포함해서 말이다. 시장 조사를 토대로 반드시 해야 할 말(그리고 절대 해서는 안 되는 말)도 알려 주었다. 심지어는 앨 고어가 가장 큰 관심과 열정을 가지고 있던 주제인 환경 문제에 대해서도 언급하지 못하게 막았다.

첫째, 전문가들을 모두 죽여라

조 클라인이 2007년 자신의 저서 『정치 실종(Politics Lost)』에서 언급한 것처럼, 컨설턴트들, 그러니까 이른바 전문가라고 하는 사람들 모두가 앨 고어가 승리할 수 있는 최고의 기회를 외면했다(나는 조 클라인의 책에 대한

〈포춘〉 지 서평 기사 제목이 진짜 마음에 든다. 제목은 이랬다. '첫째, 전문가들을 모두 죽여라').

만약 그때 앨 고어가 좀 더 자연스럽게 말하고, 지나치게 영리한 컨설턴트들의 충고를 무시했다면 막상막하의 대선에서 승리할 수도 있지 않았을까, 라고 생각하는 사람들이 많다. 물론 정말 그런 결과가 나왔을지 아닐지는 아무도 모른다. 하지만 이 이야기는 커뮤니케이션에 대한 잘못된 충고가 천재일우의 기회를 날려 버릴 수도 있음을 보여 주는 좋은 사례다.

조는 앨 고어 사례를 마음에 들어 했다. "그러니까, 나도 혼란스러운 충고들을 모두 무시하고 내 모습 그대로를 보여 주어야 한다는 뜻입니까? 그렇게 하면 진짜로 좋은 결과가 나온다는 걸 어떻게 확신할 수 있죠? 그리고 어떻게 해야 불안감을 다스릴 수 있는 겁니까?"

나는 이렇게 대답했다. "진정하고 편안하게 호흡할 수 있는 속도를 찾아야 합니다. 그러면 명료하게 생각하면서 말할 수 있을 겁니다. 그게 바탕입니다. 그 바탕 위에서 당신의 아이디어를 체계화하고 핵심 메시지를 찾아내는 겁니다."

그때부터 조와 나는 다음의 두 가지 주안점에 집중했다. 1) 메시지의 명료성 2) 자연스러운 스타일에 익숙해지기.

그 결과 로스앤젤레스의 프레젠테이션은 대성공을 거두었다! 조 자신의 기대는 물론이고 상사들의 기대도 훨씬 뛰어넘었다. 조는 여유 있고 자신감이 넘치는 모습으로 분명하게 이야기했다. 평소와 다르게 과장된 행동을 하거나 외향적인 척 꾸미지도 않았다. 까다로운 질문에도 당당하게 대처했다. 그런 질문들이 나오리라는 것을 미리 예상했기 때문이다.

조는 전혀 당황하거나 불안해하는 기색 없이 회의에 참석한 전 세계 모든 프레젠터들 중에서 최고로 잘했다. 그 결과, 2천2백만 달러짜리 그의 계획이 통과되었고, 그의 경력도 다시 승승장구하게 되었다.

조의 사례는 결코 특별한 것이 아니다. 서로 모순되는 충고들, 이야기할 것이 너무 많아서 생기는 걱정들, 이른바 '올바른 규칙'대로 연설하려다 생긴 걱정들, 그리고 경력이 단절될지도 모른다는 두려움까지, 누구나 흔히 겪을 수 있는 일들이다. 아마 여러분도 남의 일처럼 느껴지지는 않을 것 같은데?

메시지는 아이디어로 들어가는 문

다행히도 더 나은 길이 존재한다. 자신 있게 말하고 명료하게 설득하는 것이 얼마든지 가능하다. 그 방법은 여러분의 메시지에서 출발한다. 메시지는 여러분의 아이디어로 들어가는 문이다. 사람들이 세부 사항에 관심을 갖도록 끌어들이는 자석이 바로 메시지인 것이다. 그리고 쉽게 떠올릴 수 있고, 더 많은 정보를 기억할 수 있게 도와주는 요약본이다. 좋은 메시지는 여러분의 강연에 좋은 여운을 남겨 준다. 그래서 많은 사람들이 그 메시지에 대해 서로 이야기를 나누고 반복해서 말하게 된다. 좋은 메시지는 저절로 확산된다. 강렬하고 설득력 있는 메시지는 마법과 같아서 여러분의 아이디어를 현실로 만들어 준다.

자, 그러면 이제는 강렬한 메시지가 조직을 성공으로 이끄는 과정을 살펴보자.

CHAPTER 3

메시지는 조직을 성공으로 이끈다

흔히 '오스트레일리안 룰'이라고 불리는 AFL은 호주인들 말고는 거의 모른다. 나는 그게 정말 아쉽다. AFL(Australian Football League), 즉 호주 풋볼 리그는 전 세계에서 제일 재미있고 신나는 스포츠다. 그리고 호주 말고는 하는 나라가 없는데도 불구하고 세계에서 4번째로 관중 수가 많은 스포츠이기도 하다. 한 경기당 평균 관중 수가 32,436명이니 미국 메이저 리그보다도 평균 관중 수가 많다. 내가 호손 풋볼 클럽(Hawthorn Football Club) 사장인 제프 케네트(Jeff Kennett)에게서 전화를 받은 건 이 책에서 소개하는 새로운 메시지 전달법을 강의한 지 몇 년 되지 않았을 때다. 제프 케네트에 대해 잘 모르는 분들을 위해 간략히 소개하자면, 그는 호주 빅토리아 주 주지사를 지낸 고위급 정치인으로, 호주에서는 엄청나게 유명한 인물이다.

제프는 선수들, 코치들, 팀 임원들에게 미디어 대처법 훈련을 하는 데에 큰 관심을 쏟고 있었다. 그렇지만 나는 제프와 눈인사 한 번 한 적 없어서 그가 나를 알 거라고는 생각도 못 했다.

회의를 마치고 사무실로 돌아오자 비서가 이렇게 말했다. "제프라는 사람이 전화해서 휴대전화 번호를 남겼어요. 왜 전화했는지는 잘 모르겠어요." 그래서 나는 이렇게 대꾸했다. "내가 꼭 응답 전화를 해야 하나요? 일반적인 문의 사항이면 당신이 처리하면 좋겠는데요." 나는 '제프'라는 사람이 강연법에 대해 질문만 줄줄 늘어놓고 정작 돈이 되는 강의 요청 같은 건 안 할 것 같다는 생각이 들었다. 그래도 전화번호를 남겼다니 일단 전화는 걸었다. '여보세요'라며 상대방이 전화를 받자 나는 질문처럼 들리도록 말꼬리를 흐리며 이렇게 말했다. "캠 바버라고 합니다, 전화를 주셨다고 하기에……."

그러자 크고 또렷한데다 인상적인 목소리의 제프가 이렇게 말했다. "안녕하시오, 캠. 제프 케네트라고 합니다." 목소리를 듣자 그가 누구인지 대번에 알 수 있었다.

"어이쿠! 어, 예, 안녕하십니까, 제프(이 말과 동시에 나는 자리에서 벌떡 일어났다. 내 모습이 보일 리 없는데도 어쩐지 앉은 채로 제프의 전화를 받는 게 예의에 어긋나는 것 같아서였다). 무슨 일로 전화를 주셨습니까?"

어쨌든, 우리는 호손 풋볼 클럽에 대한 대화를 나눴고 그 대화는 강의와 훈련 프로그램으로 이어져서 현재 나는 호손 풋볼 클럽과 8년째 함께 일하고 있다. 그리고 호손 풋볼 클럽 말고도 3개의 AFL 클럽과 함께 일하게 되었는데 커뮤니케이션 기술이 프로 스포츠 팀의 성공에 얼마나 큰 영향을 미치는가를 지켜보는 것이 꽤나 흥미진진했다.

예를 들어, 호손 풋볼 클럽은 AFL에서 '가장 프로다운 클럽'으로 불린다. 그런데 이 별명은 우연히 얻은 것이 아니다. 신중하게 창조된 것이다. 그리고 호손 풋볼 클럽이 8년 동안 성공한 팀으로 자리하는 데에 그 별명이 큰 역할을 했다.

1 | 대외용 메세지

호손 풋볼 클럽은 2008년부터 AFL 상위권을 누볐다. 그런 호손에게 지난 8년간 가장 많이 따라다닌 말이 '프로다운'이라는 말이다. 실제로 호주 스포츠 기사를 1, 2주 정도 보다 보면 호크스(호손 풋볼 클럽의 별명 - 옮긴이)의 프로다움에 대한 언급을 꽤 많이 발견하게 될 것이다.

이런 현상은 결코 우연히 일어난 것이 아니었다.

2007년 초, 나는 호손 풋볼 클럽을 대표하는 메시지를 결정하기 위해 호손 풋볼 클럽 행정팀(감독, 구단주, 팀 매니저, 커뮤니케이션 담당 매니저, 최고 운영 책임자 등등)과 함께 메시지 프로젝트를 진행했다. 이날 가장 많은 지지를 받은 문구는 이것이었다.

"우리는 리그에서 제일 프로다운 팀을 지향한다."

팀은 미디어를 상대할 때 가능한 한 이 메시지를 많이 언급했다. 팀 운영과 내부 관리 및 웹사이트를 통한 선수들과 팬들과의 커뮤니케이션에서도 이 메시지를 활용했다.

이 메시지를 뒷받침하는 2007년도 하부 메시지는 "우리는 힘든 결단을 통해 이 자리에 이르렀고, 앞으로도 힘든 결정을 겁내지 않을 것이다(왜냐하면 가장 프로다운 클럽이 되는 것만이 성공으로 가는 유일한 길이기 때문이다)"였다. 하부 메시지는 상황 변화에 맞춰 매년 업데이트 되고 있다.

이런 '메시지 체계'를 운영할 때는 :

– 미디어를 상대할 때 이루고자 하는 분명한 목표

– 로봇처럼 똑같은 말만 되풀이해서는 안 되기 때문에 필요한 뛰어난 순발력과 응용력

이 두 가지 조건이 전제되어야 한다.

이런 메시지는 실제 대화에서 핵심적인 역할을 한다. 그래서 어떻게 말을 이어가야 하는지 가이드라인을 제시하면서 동시에 말하는 사람의 시각에서 설명하고 질문에 대답할 수 있는 자유를 준다. 알라스테어 클락슨(Alastair Clarkson) 감독은 2012년, 이렇게 말했다. "캠 바버의 메시지 전략 덕분에 모두가 한마음이라는 것을 보여 줄 수 있다."

포트애들레이드 : 우리는 결단코 절대 포기하지 않을 것이다

적절한 메시지 전달로 성공을 거둔 AFL 풋볼 클럽의 사례는 그뿐만이 아니다. 포트애들레이드(Port Adelaide)의 최근 팀 메시지는 이것이다.

"우리는 결단코 절대 포기하지 않을 것이다."

이 메시지는 발표 후 12개월도 되기 전에 이뤄낸 놀라운 성적과 잘 어울린다. 경기 후 진행된 미디어 인터뷰에서 켄 힝클리(Ken Hinkley) 감독은 자신들이 승리한 이유 중 하나로 이 메시지를 수시로 언급했다.

포트애들레이드는 어떻게 이런 메시지를 만들게 되었을까? 시작은 2013년이다. 포트애들레이드의 데이비드 코치(David Koch) 사장은 누이로부터 포트애들레이드 클럽 회원을 그만둘 생각이라는 말을 들었다. 그의 누이는 예전에 잘나가던 포트애들레이드가 경기를 포기한 듯 맥없이 패하는 모습을 더 이상 지켜보기 힘들다고 말했다. 그런 생각을 하는 팬은 데이비드 코치 사장의 누이 하나만이 아니었다. 팬클럽 회원 수가 점점 줄어들었다. 그래서 데이비드 코치 사장은 회원 확보 마케팅을 위해 '결단코 절대 포기하지 않을 것이다'라는 메시지를 선택했다.

6개월 뒤, 이 메시지는 팬들뿐만 아니라 선수들 마음까지 움직였다. 그 결과 승리가 이어졌다. 마지막 쿼터를 장악해 승리를 지켜내는 모습을 계속 보여 주면서 포트애들레이드는 꼴찌에서 탈출해 결승전 진출이라는 엄청난 돌풍을 일으켰다.

프리맨틀 도커스 : 언제, 어디서, 누구든

프리맨틀 도커스(Fremantle Dockers) 풋볼 클럽은 지난 몇 년간 다음의 메시지 덕분에 좋은 성적을 유지해 왔다.

"언제, 어디서, 누구든."

포트애들레이드처럼, 프리맨틀 클럽도 자신들이 이뤄야 할 목표를 염두에 두고 이 메시지를 만들었다. 서오스트레일리아의 주도인 퍼스를 연고지로 하는 프리맨틀은 AFL 경기를 하려면 다른 팀들보다 훨씬 더 먼 거리를 이동해야 했다. 그런데 승패 기록을 보면 프리맨틀은 퍼스에서 먼 곳으로 원정 경기를 갈 때마다 승률이 떨어지는 것으로 나타났다.

이런 상황에서 로스 리옹(Ross Lyon) 감독은 어떤 메시지를 선택했을까? '언제, 어디서, 누구든'이었다. 그의 선택은 통했다. 프리맨틀은 그해 첫 번째 원정 최종 경기에서 승리했다. 한 스포츠 전문기자는 프리맨틀의 메시지에 대해 '로스 리옹 감독 체제의 철학이 잘 요약되어 있다. 활력을 불어넣어 주는 메시지가 팀 전체에 사명감을 안겨 주었다'라고 기술했다.

세 개 단어로 이루어진 짧은 메시지 속에 담긴 힘과 영향력이 프리맨틀을 감동시키고 헌신하게 만들었다.

2 | 내부용 메시지

물론 메시지가 요구하는 대로 따르지 않는다면 그 메시지는 힘을 발휘할 수 없다. 호손의 경우, 팀 전체가 '프로답게' 행동한다. 그런데 호손이 그렇게 할 수 있는 것부터가 메시지의 도움 덕분이다. 메시지는 지속적으로 조직원 모두의 행동을 한 방향으로 이끄는 끊임없는 역할을 한다.

제대로 된 메시지는 팀으로서의 우리가 누구인가를 마음에 심어 준다. 조직의 정체성 형성을 도와주는 것이다. 그리고 이 정체성은 리더십의 바탕이 된다. 톰슨은 조직의 정체성과 명확한 목적의식을 심어 주는 것이 리더의 의무라고 생각했다. 그래야만 힘을 모아 적에게 집중하고 공동의 목표를 향해 나아갈 이유가 생기기 때문이다.

정체성과 목적의식이 생기면 조직은 더욱 효과적으로 움직이고 일하는 곳은 더욱 즐거워진다! 반대로, 목적의식이 명확하지 않으면 혼란이 생기고, 갈등과 불안감이 커진다. 명확한 메시지는 갈등과 혼란으로 에너지를 낭비하는 상황을 막아 준다.

'리그에서 가장 프로다운 팀'이라는 호크스의 메시지는 기자들과 스포츠 해설가들 사이에서 스스로 찾아낸 결과라고 언급되곤 한다. 그들은 이 메시지를 (무수히 많이) 들었고 호크스의 프로다운 행동도 직접 봤다. 그래서 팀원들의 마음속에 그 메시지가 저절로 자리 잡게 되었다고 생각한 것이다. 팀 내에서도 그런 생각이 지배적이다. 훌륭한 메시지는 이런 식으로 조직의 에너지를 집중시키고 주위의 협조를 끌어낸다.

잘하기만 하면 나이는 상관없다

메시지는 모든 스포츠 분야에서 성공을 이끄는 역할을 한다.

AFL의 세인트 킬다(St. Kilda Football Club)는 2014년에 리그 꼴찌를 했

다. 모든 해설자들이 세인트 킬다가 2015년에도 꼴찌를 할 것이라고 예상했다. 팀이 아직 실력이 검증되지 않은 어린 선수들로만 채워졌다는 것이 그 이유였다. 세인트 킬다가 한 경기도 이기지 못할 것이고 이 어린 선수들이 최고 수준의 다른 팀들과 대등하게 경쟁하려면 최소 2~3년은 걸릴 것이라는 것이 중론이었다. 돌파구를 마련할 만한 새로운 메시지를 제시하지 않으면 선수들 스스로 언론의 예상을 사실로 받아들일 상황이었다.

만약 여러분이 세인트 킬다의 감독이라면, 새로운 시즌이 시작되기 전에 어린 선수들에게 어떤 메시지를 심어 주면 좋을까? '잘하기만 하면 나이는 상관없다'는 메시지는 어떤가?

1945년부터 1971년까지 영국 축구 프리미어리그에서 맨체스터 유나이티드를 성공적으로 이끌었던 매트 버스비(Matt Busby) 감독은 세월이 흘러도 빛나는 훌륭한 메시지들을 만들어 냈다. '잘하기만 하면 나이는 상관없다'도 그중 하나이다. 이 말은 아직도 맨체스터 유나이티드의 라커룸 벽에 걸려 있다.

항상 새로운 메시지를 만들어 내야만 하는 것은 아니다. 자신의 상황에 맞는 메시지가 있다면 빌려서 쓰는 것도 문제될 것이 없다. 세인트 킬다에게 '잘하기만 하면 나이는 상관없다'는 아주 좋은 선택이다. 언론의 부정적인 예상에 정면으로 맞설 뿐만 아니라, 팀원 전체가 언론을 의식할 것 없이 '잘하기만 하면 된다'는 하나의 목표에 집중하게 만든다. 이 메시지는 선수들에게는 무엇을 해야 하는가에 대한 명확한 목표를, 팬들에게는 방향성을 그리고 코칭스태프에게는 가이드라인을 제시한다.

이것은 앨런 리처드슨 감독이 차용한 주요 메시지들 중 하나이다. 그는 다음과 같은 말로 이 메시지를 뒷받침했다. "우리는 선수들의 출생증명서가 아니라 선수들이 보여 주는 것을 토대로 우리 눈으로 보고 선수들을 평가할 것이다. 우리는 기대치를 높일 것이고 높은 기대치에 맞는 플레이를 보여 줄 것이다."

2015년 시즌 중반이 지나자, 해설자들은 '이렇게 젊은 팀이 이런 성적을 거둔다는 것은 놀라운 일'이라고 평하기 시작했다. 비로소 선입견이 깨지기 시작한 것이다.

리더십 메시지가 원하는 행동을 이끌어 낸다

지금까지 성공한 팀들의 뒤에 강렬한 메시지가 있었음을 보여 주는 사례를 여러 개 살펴보았다. 이쯤 되면 이런 의문이 생길 수 있다. 팀들을 성공으로 이끈 것이 동기를 부여하고 집중하게 만든 메시지 덕분인 거야, 아니면 성공한 스포츠 팀들이 자신들의 역량에 어울리는 메시지를 활용한 거야?

둘 다 맞는 말이다. 하지만 진짜 중요한 것은 리더십 메시지를 제대로 활용하기만 하면 성공으로 이어지는 행동과 의사결정을 이끌어 낼 수 있음을 확인했다는 점이다. 리더십 메시지로 인해 팀 내에서 하는 역할은 달라도 모두가 똑같은 비전을 갖게 되었다.

3 | 팀을 똘똘 뭉치게 만드는 힘

2011년 7월, 스포츠 해설가 게리 리옹(Garry Lyon)은 2007년 알라스테어 클락슨(Alastair Clarkson)이 활용해 '압박' 또는 '클라코의 덩어리'라고 불린 새로운 경기 스타일에 대한 기사를 썼다. '위대한 손길'이라는 제목의 이 기사는 다음 두 가지에 초점을 맞췄다.

1. 새로운 경기 스타일이 AFL 풋볼을 완전히 바꿔놓았다.

2. 팀이 완벽하게 실행에 옮기지 못했다면 이 새로운 경기 스타일은 실패하고 말았을 것이다.

팀이 성공할 수 있었던 것은 아이디어를 제대로 실행했기 때문이다. 그리고 팀이 아이디어를 제대로 실행할 수 있었던 것은 제대로 된 커뮤니케이션 기술이 있었기 때문이다. 모든 새로운 아이디어는 설명과 교육이 뒤따라야만 비로소 현실화할 수 있다.

개리 리옹의 기사는 '2008년 호손이 거둔 전혀 예상치 못한 우승은 이 시대 최고 코칭스태프의 업적으로 꼽을 만하다'라고 적고 있다. 그는 클락슨이 팀원들에게 선수 생활 내내 해오던 전술들을 버리도록 설득해야 했던 점을 강조했다.

결승전이 가까워 오자 클락슨은 새로운 전술 훈련에 언론과 팬들의 접근을 막았다. 선수 한 명이 상대 선수 한 명을 전담해서 방어한다는 기존의 전술은 선수들이 집단으로 경기장의 일정 공간을 방어한다는 새로운 전술로 대체되었다.

팀원 하나하나가 자신의 역할을 이해해야만 했다

이 새로운 '압박' 또는 '덩어리' 전략이 성공하려면 선수 하나하나가 자신의 역할을 완벽하게 이해해야만 했다. 개리 리옹이 언급한 대로, 클락슨은 선수들의 머릿속에서 '내 전담 선수 말고는 신경 안 쓴다'라는 기존의 생각을 지우고 새로운 생각을 심어 넣어야 했다.

그것은 쉬운 일이 아니었다. 그래서 초반에는 선수들이 참석하는 전략회의가 2시간씩 이어지곤 했다. 프로 선수들이 장시간 훈련으로 체력이 바닥난 상태에서 새로운 전략을 익히는 데에 정신을 집중하기란 쉬운 일이 아니다.

나는 호손 코칭스태프에게 새로운 전략을 선수들이 소화하기 쉽게 만들고(몇 개로 나누고), 이론 훈련은 60분 내외로 줄이라고 제안했다. 메시지는 간단할수록 실행에 옮기기 쉽기 때문이다.

실행이 따르지 않는 아이디어는 아무 쓸모없다

리옹의 설명대로 "상당히 혁신적인 경기 계획이나 개념을 도입한 것만으로 문제가 해결된 것은 아니었다. 왜냐하면, 언제든 압박이 무너지면 호손은 일격을 당했고, 초기에는 그런 상황이 자주 발생했기 때문이다." 만약 한 선수가 자기 역할을 제대로 하지 못하면(그 이유가 집중력 때문이든 새로운 전략에 대한 믿음의 부족이든 상관없이), 덩어리 전략은 팀의 목을 조르는 올가미가 되고 말았다.

그런데 메시지를 전달하고 새로운 전략에 집중하도록 선수들을 설득하는 클락슨의 커뮤니케이션 능력이 팀을 새로운 전략 아래 하나로 뭉치게 만들었다. 호손 선수들은 클락슨의 지시에 100퍼센트 신뢰와 믿음을 쏟으며 새로운 전략대로 경기에 임했다. 그 결과 새로운 전략은 큰 성공을 거두었다. 그로 인해 다른 모든 팀들도 전략을 수정해야 했고, 호손은 2008년 리그 우승을 차지했다(그 후에도 2번 더 우승을 차지했다).

클락슨은 결승전이 벌어진 당일에도 선수들의 동기부여를 위해 영리하게 메시지를 활용했다.

4 | 결전의 날을 위한 동기부여 메시지

결전의 날에 동기부여를 위한 스피치는 신비한 힘을 가지고 있다. 영화에서는 리더가 동기부여를 위해 메시지를 전달하는 장면이 자주 등장한다. 〈쿨러닝("거울을 보고 그 안에 누가 보이는지 말해봐")〉, 〈브레이브하트("저들이 우리 목숨은 앗아갈 수 있을지언정 결코 우리의 자유는 앗아갈 수 없을 것이다")〉, 〈글래디에이터("우리가 살아서 한 일은 영원히 울려 퍼질 것이다")〉 그리고 〈우리가 꿈꾸는 기적 : 인빅터스(럭비 월드컵 팀 주장에게 한 넬슨 만델라의 담화 "그 무엇도 우리를 굴복시킬 수 없다면 과연 우리 스스로 위대해지려고 마음먹을 수 있겠는가?")〉도 있다. 감독이 전하는 동기부여 메시지에는 작은 마법의 힘이 있다.

사실, 감독들은 매 경기마다 선수들에게 동기부여를 할 수 있는 메시지를 전해야 한다. 매번 선수들의 마음을 움직일 수 있는 새롭고 흥미로운 메시지를 만들어 낸다는 건 쉬운 일이 아니다. '어디서 들어본 것 같은 말인데'라는 생각이 드는 메시지는 승리에 대한 간절한 열망을 불러일으키기가 쉽지 않다. 다행히 클락슨은 시의적절한 메시지를 전달할 줄 아는 감독이었다.

2008년 클락슨 감독의 메시지 : 상어를 막아라

2008년, 호손은 우승 가능성이 크지 않았다. 당시는 클락슨이 수석 코치가 된 지 겨우 3년째 된 해로, 시즌 내내 겨우 패배가 1번뿐인 질롱 캐츠(Geelong Cats)의 우승 가능성이 높게 점쳐지던 때였다. 그래서 결승전을 앞두고 클락슨은 자신에게 있어 가장 중요한 '경기 전 연설'을 하게 되었다.

호주 풋볼 감독이라고 하면 선수들 사기를 높이기 위해 소리 지르고, 심지어는 욕도 하고, 때로는 불법만 아니라면 '150퍼센트 노력해, 아니 200퍼센트 노력해!'처럼 불가능한 것도 요구하는 모습이 떠오를지 모른다. 그런데 클락슨은 소리 지르지 않고도 그보다 훨씬 더 강한 것을 해냈다. 은유의 힘을 이용한 메시지를 전달한 것이다. 그 메시지는 동기부여를 했고 선수들이 목표에 집중하게 만들었다. 경기 전략에 부합하면서도 쉽게 기억할 수 있는 이 메시지는 그날 선수들을 승리로 이끌었다.

2008년 호주 풋볼 리그 결승전이 열리던 그날 어떤 일이 있었는지, 호

손의 감독실로 들어가 보자. 호손 선수들은 모두 그곳에 모여 있었고 그들 앞의 화이트보드에는 상어가 그려져 있었다.

당시 상황은 이랬다. 질롱은 승리의 분위기가 뜨겁게 달아올라 상대가 조금의 틈만 보여도 그대로 연승을 이어갈 기세였다. 호손은 어떻게든 질롱 선수들이 마음대로 뛰어다니지 못하게 막아서 연승을 저지해야만 했다.

호손으로서는 질롱 선수들의 힘을 소진시켜서 운동장을 넓게 누비는 전략을 쓰지 못하게 막아야 했다. 하지만 그것은 누구나 생각할 수 있는 전략이었다. 클락슨은 질롱을 상어로 표현해서 호손 선수들이 더 집중하고 더 힘을 내도록 만들었다.

클락슨은 상어가 앞으로 나아가기를 멈추는 순간 죽음을 맞게 된다고 설명했다. 상어는 아가미로 끊임없이 물이 지나가지 않으면 죽는다. 그래서 계속해서 움직이는 것이다.

"질롱도 마찬가지다. 여러분이 그들을 멈추게 만들면 그들은 질 것이다"라고 클락슨은 말했다.

클락슨은 목소리를 높이지 않았다. 하지만 그의 연설에는 절박함이 깃들어 있었다. 그는 자신의 메시지를 훈련과 경기 전략에 연계했다(강렬한 메시지는 더 많은 정보와 아이디어로 이어지는 문이라는 것을 잊지 말자).

"특별히 더 할 것은 없다. 오늘 무엇을 해야 하는지 알고 있나? 경기가 시작되고 기회가 주어졌을 때 자신의 역할 그리고 자신이 할 수 있는 것을 하고 또 하고 또 하기만 하면 된다." 클락슨은 말했다.

"그들은 상어처럼 우리를 향해 돌진할 것이다." 클락슨은 계속 말했다. "마음대로 하라 그래. 우리는 리그 최고의 철벽 수비진을 보유하고 있으니까."

그날, 상어 은유의 마법이 통했다. 호손은 질롱을 꺾고 그해 우승을 차지했고, 이날의 경기는 '도둑맞은 결승전'이라고 불리게 되었다.

케네트의 저주

2008년 결승전에서 질롱을 꺾은 것이 업보가 되었는지, 그 뒤로 5년 내내 호손은 질롱과 맞붙을 때마다 패했다. 그것을 두고 '케네트의 저주'라고 부른다.

케네트의 저주는 질롱 선수들이 2008년 결승전 패배 후에 '다시는 호손에게 지지 말자'라고 맹세했고, 2009년 시즌이 시작되면서 호손 클럽의 제프 케네트 사장이 질롱 선수들의 그 맹세에 대해 공개적으로 언급하면서 시작되었다. 케네트 사장은 한 스포츠 프로그램에서 이렇게 말했다. "그들한테는 우리 팀 같은 정신력이 없습니다. 우리는 정신력에서 질롱을 이긴 겁니다."

저주는 사실인 것처럼 보였다. 케네트 사장의 발언 이후로 질롱은 호손에게 열한 경기 연속으로 이겼다. 그중 아홉 경기는 아슬아슬한 점수 차로 승패가 결정되었다. 경기 종료 사이렌이 울린 후에 이루어진 킥이 기적적인 점수로 이어진 경기도 한두 번이 아니었다. 호손을 상대로 한 질롱의 열한 경기 연속 승리는 결승전 패배를 안겨 준 상대 팀에 대한 최장 승리 기록이다.

이런 상황에 대해 해설가들은 쉴 새 없이 논평을 쏟아냈고, 도박 사이트들은 저주에 대해 떠들어 댔으며, 패러디 동영상들이 쏟아져 나왔다. 한 스포츠 프로그램에서는 이 저주를 깨기 위해 펄펄 끓는 가마솥에 케네트 저주 인형, 점성술사까지 등장시켰다.

호손이 또 다시 결승전에서 승리하려면 무슨 수를 써서라도 이 저주를 풀어야만 했다.

2013년 클락슨 감독의 메시지 : 하얀 선을 넘어라

2013년 호손이 결승전에 진출하기 위해서는 결승전 전 주에 벌어지는 준결승전에서 질롱을 이겨야 했다. 클락슨은 선수들에게 동기를 부여하고 경기에 보다 더 집중하게 만들 강력한 메시지를 하나 더 만들어 냈다.

선수들이 감독실에 들어가 보니 이번에는 연단 근처에 큼직한 밀가루 포대가 놓여 있었다. 클락슨은 포대를 칼로 찌른 다음 바닥에 밀가루를 뿌려 5미터 정도의 굵고 하얀 선을 그렸다. 선수들은 평소처럼 의자에 앉아 경기 전 연설을 듣는 대신 모두 자리에서 일어나 클락슨의 행동을 지켜보았다.

하얀 선은 두 가지를 의미했다. 첫째, 도전 또는 전환점을 의미하는 '선을 넘다'라는 말을 의미하는 것이며, 둘째, 경기장에 나갔을 때 선수들이 실제로 넘어야 하는 하얀 선을 의미하는 것이기도 했다.

호손과 질롱은 최고의 프로 선수들로 이루어졌다. 양 팀 모두 집중력 있고, 승리하겠다는 각오가 대단하며, 경기 전략을 철저히 반복 훈련했다. 이런 상황에서는 상대보다 조금 더 집중하고, 조금 더 승리를 갈망하고, 조금 더 목표를 분명히 하는, 아주 작은 차이가 승패를 결정한다. '하얀 선' 메시지가 말하고자 하는 것은 바로 그런 작은 차이였다.

클락슨 감독은 그 다음날 경기장으로 달려 나갔을 때 선수 개개인에게 필요한 변화에 대해 이야기하기 시작했다. 그는 여기 있는 선수들 모두 좋은 사람들이고, 심지어 그중에는 경기장 밖에서는 '파리 한 마리 죽이지 못할 정도로' 순한 사람들도 있다고 말했다.

그러고서 그는 다시 이렇게 말을 이어갔다. "큰 경기에서 승리하기 위해서는 변해야 한다. 하얀 선을 넘어 경기장에 들어서는 순간 여러분은 다른 사람이 되어야 한다. 전투에 나가는 용사처럼, 승리를 위해서라면 (규칙에 위배되지 않는 한) 무슨 짓이든 할 수 있어야 한다."

클락슨의 말에 담긴 기본적인 메시지는 새로운 것이 아니었다. 하지만 그 메시지를 전달하기 위해 이용한 은유는 특별했다. 이처럼 위대한 리더는 핵심 메시지를 새롭게 포장해서 사람들을 집중시킬 줄 안다.

이 메시지는 아주 영리했다. 경기장에는 실제로 선수들이 넘어야 할 하얀 선이 존재한다. 실제로 존재하는 하얀 선을 언급했기 때문에 이 메시지는 또렷하게 기억되어서 경기 전략이 선수들 머리에 확실히 남도록 만들었다.

정신력 싸움에서 이기는 법

하얀 선 메시지의 역할은 그것뿐만이 아니었다. 경기에 나가기 전까지 선수들이 침착하고 여유로운 마음 상태를 유지할 수 있도록 도와주기도 했다. 무서운 용사의 정신력은 선을 넘어간 후부터 필요한 것이다. 선을 넘기 전까지는 침착하고 여유 있는 마음가짐을 유지할 수 있었던 덕분에 선수들은 정신력과 체력을 낭비하지 않을 수 있었다(나는 큰 프레젠테이션을 앞두고 며칠 전부터 준비하고, 스트레스를 받고 잠을 설치느라 시작도 하기 전에 진이 다 빠져 버린 사람들을 많이 봤다).

저주가 계속될 것 같던 상황에서 시합 전에 체력과 정신력을 낭비하지 않은 것은 호손 선수들에게 아주 큰 도움이 되었다. 마지막 쿼터까지는 질롱이 19점을 앞서 나갔지만 호손이 따라잡기 시작하더니 5점 차로 역전승을 거뒀다. 마침내 저주가 깨진 것이다.

그 다음 주에 호손은 프리맨틀을 꺾고 2013년 결승전에서 승리를 거뒀다(호손은 그 뒤 2014년과 2015년까지, 3연속 리그 우승이라는 드문 기록을 세웠다).

결전의 날 메시지가 정말 승리에 영향을 미칠까?

이런 메시지들이 얼마나 큰 영향을 미치는지 정확히 알 수는 없다. 그래도 중요한 것만은 확실하다. 위대한 승리 뒤에 팀을 이끌고 선수들에게 힘이 되어 준 강력한 메시지가 있었던 경우는 많이 찾아볼 수 있다. 예를 들어 2013년 호손 선수들은 하얀 선 메시지를 떠올리면서 이런 말들을 했다.

"눈에 확 띄더군요, 감독님이 뭘 하는 건지 궁금했는데, 정말 큰 힘이 됐습니다."

"등골이 서늘했습니다."

"선수들 모두 경기장에 들어가 하얀 선을 넘는 순간 클락슨 감독님이 한 말이 떠올랐을 겁니다."

미리보기 **힘 있는 메시지가 할 수 있는 4가지**

누구나 메시지의 도움을 받을 수 있다. 힘 있는 메시지만 있으면 여러분도 세상을 바꿀 수 있다. 자기만의 세상을 바꿀 수도 있고, 힘 있는 메시지가 있으면 다음 네 가지를 할 수 있다.

1 위대한 리더가 될 수 있다.
2 자신의 생각을 알릴 수 있다.
3 자신의 이름을 알릴 수 있다.
4 자신의 조직을 알릴 수 있다.

힘 있는 메시지가 할 수 있는 이 네 가지 일에 대해 알아보기 위해 내가 함께 일했던 사람들 그리고 나를 감동시킨 성공한 사람들(그리고 다른 수많은 사람들)의 사례들을 본격적으로 살펴보려고 한다.

CHAPTER 4

메시지는 위대한 리더를 만든다

위대한 리더는 누구나 위대한 메시지를 가지고 있다. 이것은 단지 우연의 일치가 아니다. 그들의 메시지가 가진 영향력이 위대한 리더인가 아닌가를 결정하기 때문에 이런 결과가 나타나는 것이다. 만약 당신이 리더인데 사람들이 당신을 따른다면 그것은 당신이 전하는 메시지 때문이다. 당신에 대한 평판은 당신이 전하는 메시지 아니면 남들이 당신에 대해 전하는 메시지로 결정된다. 이에 대한 사례를 살펴보자.

1 | 간디 — 새로운 생각을 전하다

마하트마 간디는 영국의 인도 지배에 대해 '비폭력 운동'으로 저항하면서 세상을 바꿨다.

그는 인도 독립운동의 아버지로 불린다. 잘 알려지진 않았지만 간디의 리더십은 그가 20년간 살았던 남아프리카에서 시작되었다. 간디는 그곳에서 불의에 비폭력적으로 대항한다는 개념을 만들어 냈다.

영국에서 교육 받은 법정 변호사였던 간디는 1893년 남아프리카에 온지 일주일 만에 그의 인생을 뒤바꾼 결정적인 사건을 경험했다. 그는 단지 인도인이라는 이유로 1등 칸 승객이었음에도 불구하고 피터마리츠버그(남아프리카 공화국 남부 도시 – 옮긴이)에서 기차에서 쫓겨났다. 이때 간디는 보복을 하거나 화를 내는 대신 자신의 경험을 토대로 리더가 될 수 있는 사상을 정립하게 되었다.

시간이 흘러 인도로 돌아온 간디는 인도 국민회의파 지도자가 되었다. 그리고 인도 전국에서 가난 극복, 여성인권 확대, 불가촉천민 해방 등을 위한 운동을 벌였는데, 그중 가장 강하게 주장한 것이 인도 자치였다.

마틴 루터 킹, 넬슨 만델라 등 많은 인권 운동가들이 간디의 비폭력 시위를 모델로 저항 운동을 전개했다. 다음은 간디의 3대 리더십 메시지다.

첫 번째 리더십 메시지는 너무도 인상 깊어서 리처드 아텐보로 감독의 영화 〈간디〉에도 인용되었다. 이 메시지는 1906년 9월 11일 간디가 요하네스버그에서 3천 명의 군중 앞에서 연설할 때 나온 말이다.

여기 모인 군중은 당시 영국 식민지였던 남아프리카공화국에 사는 인도인들에 대한 차별적 법률에 분노한 이들이었다. 간디의 훌륭한 연설이 있기 불과 몇 분 전까지만 해도, 군중의 대부분이 폭력 저항을 주장했다. 그중 한 사람이 앞으로 뛰어나가 이렇게 소리쳤다. "나는 이런 법률들에 반대하기 위해 죽을 준비가 되어 있다." 그러자 간디가 성난 군중을 진정시키고 마침내 그들을 감동시킨 메시지를 전달했다.

첫 번째 메시지 : "그런 이유라면 나도 기꺼이 죽을 준비가 되어 있다. 하지만 나는 그 어떤 이유로도 살인을 할 준비는 되어 있지 않다."

이 메시지 안에 담긴 힘에 압도되어 모두들 아무 말도 하지 못했다. 간디는 카리스마 넘치는 연설가는 아니었다. 자신의 메시지를 조용히 전달하고 그 메시지가 사람들의 마음에 스며들도록 했다. 그럼에도 불구하고 그의 메시지는 사람들의 생각을 바꾸는 엄청난 힘을 가지고 있었다.

이 메시지를 통해 간디는 그 자리에 가득했던 분노를 잠재우면서도 저항하려는 열망을 충족시켰다. 그리고 이 연설의 마지막에서 그는 군중들로부터 불공평한 법에 저항하지만 폭력은 사용하지 않겠다는 두 가지 맹세를 이끌어 냈다.

가장 힘 있는 리더십이 발현된 것이다. 간디는 분명한 메시지로 군중을 이끌었다. 그의 메시지는 너무도 강렬하고 남들에게 전달하기 쉬워서 그 후로 전 세계에 비폭력, 비타협 운동을 구체적이고 확고하게 보여 줄 수 있었다.

두 번째 메시지 : "세상을 바꾸고 싶으면 먼저 자신을 바꿔야 한다."

이것은 간디의 명언들 중에 가장 유명한 말이다. 다들 이 말을 들어 봤을 테지만 간디가 한 말이라는 것은 몰랐을 것이다. 너무도 많은 사람들이 이 말을 인용해서 이제 이 리더십 메시지는 그 자체로 힘을 가진 명언이 되었다. 그리고 그 말을 한 사람이 죽은 후에도 메시지는 계속 전해지고 기억될 수 있음을 보여 주는 사례이기도 하다.

간디는 타인에 대해 무엇을 해야 하고 어떻게 해야 하는지에 대해 독단적인 생각을 가진 사람들을 많이 만났다. 위에 소개한 간디의 메시지는 독단적 생각으로 인한 편견과 맞서면서 '그러면 당신은 하루하루 살아가는 당신의 삶에 대해 무엇을 할 것인가?'라고 묻는다.

한 여인이 아들을 데리고 먼 길을 걸어 간디를 만나러 왔다. 여인은 자신의 아들이 설탕을 너무 많이 먹는다고 걱정했다. 여인이 간디에게 말했다. "제발 부탁이니 제 아들에게 설탕을 먹지 말라고 말씀해 주세요."

그러자 간디는 이렇게 말했다. "이 주일 뒤에 아들을 데리고 다시 오십시오." 실망한 여인은 아들을 데리고 집으로 돌아갔다.

이 주일 뒤 여인은 다시 먼 길을 걸어 간디를 만나러 왔다. 간디는 여인의 아들에게 말했다. "설탕을 먹지 마라. 설탕은 네 몸에 아주 해롭단다." 소년은 간디를 아주 존경했기 때문에 그의 말대로 설탕을 더 이상 먹지 않고 건강하게 살았다.

간디의 행동을 이해할 수 없었던 여인이 물었다. "어째서 제게 이 주일이나 기다렸다가 다시 아들을 데리고 오라고 하신 건가요?"

그러자 간디는 이렇게 대답했다. "당신의 아들에게 설탕을 먹지 말라고 하기 전에 내가 먼저 설탕을 먹지 않는 사람이 되어야 했기 때문입니다."

남들에게 바꾸라고 말하기 전에 자신을 먼저 바꾸는 것이 더 큰 힘을 발휘할 수 있다. 간디는 자신을 바꾸면 자신의 생각과 행동이 바뀌고 세상에 분명한 영향을 줄 수 있다는 것을 보여 주었다.

세 번째 메시지 : "나는 그들의 생각을 바꾸고 싶다. 우리 모두가 가지고 있는 나약함을 이유로 그들을 죽이고 싶지는 않다."

또 하나의 리더십 메시지가 홈런을 날렸다. 영국과의 전쟁을 원하는 인도 정치 지도자들과 만난 자리에서 간디는 다음 두 가지 행동을 통해 그들의 생각을 바꿨다.

1) 자신뿐만 아니라 적들도 가지고 있는 공통점에 초점을 맞춘다.

2) 모든 사람들에게 영국 지도층의 생각을 바꿔서 인도에서 떠나도록 만들자는 그들의 목표를 상기시킨다.

간디의 리더십 메시지는 인도 정치 지도자들의 폭력적인 분노를 가라앉혔다. 그것도 단 5초 만에. 자신을 비롯해 인간은 누구나 불완전한 존재이며, 따라서 우리 모두가 똑같은 인간이라는 사실을 깨달으면 타인과 소통할 방법을 찾기가 한결 쉬워진다(이와 관련해서 간디는 '눈에는 눈이라는 생각은 세상을 눈멀게 만든다'는 메시지도 전달했다).

오랜 세월 인도 정치인들은 중요한 결정을 내리기 전에 간디에게 조언을 구했다. 간디가 위의 메시지를 말한 것은 1920년 9월 의회에서다. 이때 인도 정치인들은 독립을 위해 영국에 폭력으로 맞서자고 주장했다.

간디는 자신의 메시지를 통해 인도 정치인들이 비폭력, 비협조 운동에 참여하도록 이끌었고, 이런 움직임은 결국 1947년 영국이 인도에서 물러나게 만들었다. 이 일은 비폭력의 힘을 보여 주는 선례로 영원히 남을 것이다.

간디의 리더십 메시지들은 세상에 깊은 영향을 미쳤다. 알베르트 아인슈타인은 간디가 끼친 영향력에 대해 이렇게 말했다. "어쩌면 우리의 후손들은 이런 위대한 사람이 실제로 이 세상에 존재했고 지구 위를 걸어 다녔다는 사실을 믿지 못할지도 모른다."

2 | 넬슨 만델라 — 메신저로서의 삶

간디 다음으로 넬슨 만델라에 대해 이야기하는 것이 순서에 맞을 것 같다. 왜냐하면 만델라가 간디의 메시지들로부터 크나큰 영향을 받았기 때문이다. 한 사람에게서 다른 사람으로 전해지는 메시지는 사람을 떠나 그 자체로 존재할 수 있는 생명력을 갖게 된다. 이렇게 계속 전해질 수 있는 전파력을 가진 메시지는 커뮤니케이션의 성배가 된다.

넬슨 만델라는 성난 시위로 리더의 삶을 시작했지만 시간이 흐르면서 평화, 민주주의 그리고 인권을 옹호하는 겸손하고, 설득력 있고 감동을 주는 인물로 변했다.

정치범으로 29년 간 감옥살이를 한 만델라는 1990년 석방된 후에 아파르트헤이트 철폐와 다인종 선거제 도입을 주장하는 협상에 돌입했고, 1994년 남아프리카공화국 대통령으로 선출되었다.

넬슨 만델라는 경이로울 정도로 능률적인 리더였다. 그를 수백만을 감동시킨 리더로 만들어 준 리더십 메시지를 몇 가지 살펴보자.

첫 번째 메시지 : "용기란 두려움을 모르는 것이 아니라 두려움을 극복하는 것임을 나는 배웠다."

만델라는 계속해서 이렇게 말을 이었다. "용감한 사람이란 두려움을 느낄 줄 모르는 사람이 아니라 그 두려움을 극복한 사람이다."

이 말이 어떻게 그토록 큰 힘을 발휘할 수 있었던 것일까? 만델라는 사람들에게 총과 모든 권력을 가진 이들에 맞서 함께 싸우자고 주장했다. 그는 모두가 두려워한다는 것을 잘 알고 있었다. 그래서 이 메시지를 통해 자신의 투쟁에 대한 지지를 호소했다(심지어 그는 감옥에서도 투쟁을 계속했다). 만델라는 사람들에게 다음과 같은 감동적인 메시지를 주었다. 두려움을 느낀다는 것은 지극히 정상적인 일이다. 그리고 당신은 여전히 용감한 사람이다. 다음에 당신이 할 일은 행동함으로써 그 두려움을 극복하는 것이다.

이 문장이 엄청난 설득력을 발휘했다. 나는 이런 문장을 '~라고 생각할 수도 있지만' 기법이라고 부른다. 청중이 할 수 있는 질문을 예상해서 그들의 마음속에 있는 관심거리나 의문을 미리 언급하는 것이다. 그러면 질문에서 바로 대답으로 넘어갈 수 있다.

이렇게 하면 청중과 좀 더 깊이 교감할 수 있다. 첫째, 청중은 당신이 자신들의 견해를 이해한다고 생각해서 당신을 신뢰하게 된다. 둘째, 청중의 마음속에 있을지 모를 거부감을 없애고 당신의 메시지를 받아들일 공간을 열어 준다.

두 번째 메시지 : "피부 색깔, 배경, 종교를 이유로 타인을 증오하는 마음을 가지고 태어나는 사람은 없다."

만델라의 메시지는 계속된다. "사람은 증오하는 법을 배워야만 증오할 수 있다. 만약 증오하는 법을 배울 수 있다면 사랑하는 법도 배울 수 있다. 왜냐하면 증오보다는 사랑이 사람의 마음에 훨씬 더 자연스럽게 다가오기 때문이다."

잘 생각해 보면 충분히 이해할 수 있는 말이다. 이런 리더십 메시지는 우리의 생각을 뒤흔들고 상황을 다르게 바라볼 수 있는 시선을 열어 준다.

여느 메시지와 다르게 길이가 길어서 설명처럼 들릴 수도 있지만 그 뜻은 분명히 드러난다. 물론 다른 위대한 지도자들과 마찬가지로, 넬슨 만델라도 짧은 말로 청중의 생각을 바꿔 놓은 적이 있다.

세 번째 메시지 : "분노는 스스로 독을 마시고 그 독이 적을 죽이기를 바라

는 것과 같다."

짧은 몇 마디에 너무도 큰 의미가 담겨 있는 메시지다.

이 말을 통해 만델라는 투쟁에서 이겼다고 해서 폭력으로 앙갚음해서는 안 된다고 설득한다. 넬슨 만델라는 비폭력적 변화라는 간디의 리더십에 깊은 영향을 받았다. 1994년 남아프리카공화국 대통령으로 선출된 후 만델라는 과거에 흑인들을 억압하고 탄압하던 자들에게 폭력으로 보복하기보다는 그들을 용서하라고 지지자들을 설득했다.

만델라가 그렇게 한 것은 단지 '옳은 일'을 하기 위해서만이 아니었다. 위대하고 또 힘 있는 이 메시지를 통해 만델라는 분노와 보복이 결코 스스로에게 도움이 되지 않는다는 사실을 잘 보여 주었다.

만델라는 이렇게 말했다. "앙갚음하지 마라. 복수하지 마라. 복수는 자신에게 아무런 도움도 되지 않는다. 복수한다고 해서 기분이 좋아지지도 않는다. 복수한다고 해서 우리 아이들을 위한 더 나은 세상을 만드는 데에 도움이 되는 것도 아니다. 복수는 스스로를 망칠 뿐이다."

이 메시지 이후로 변화, 화해, 용서의 3년이 흐른 후 드디어 남아프리카공화국에서 아파르트헤이트가 끝이 났다. 그동안 넬슨 만델라는 또 다른 메시지를 제시했다. "적과 평화를 이루고 싶다면 적과 함께 일하라. 그러면 적은 당신의 동반자가 될 것이다."

넬슨 만델라는 전 세계가 존경하는 지도자다. 그가 존경 받는 것은 수많은 역경을 딛고 남아프리카공화국을 이끌었으며 그와 동시에, 사람들을 감동시키고 옳은 방향으로 행동하게 한 훌륭한 지도자의 모범을 보여 주었기 때문이다. 그래서 우리는 넬슨 만델라를 사랑하는 것이다. 그는 전설이 된 메신저이다.

3 | 스티브 잡스 — 메시지를 전하는 리더

스티브 잡스는 남다른 방법으로 세상을 바꿨다. 그는 우리가 서로 교류하고 기술을 활용하는 방법을 바꿨다. 스티브 잡스는 다음과 같은 분야에서 세상을 바꿔 놓았다.

- **컴퓨터** - 스티브 잡스는 애플 컴퓨터를 공동 창업해서 1984년, 그래픽 유저 인터페이스와 마우스를 사용하는 최초의 컴퓨터 매킨토시를 개발했다.
- **음악** - 스티브 잡스는 아이팟과 아이튠즈 스토어를 개발해 사람들이 음악을 구입하고 음악에 접근하는 방식을 바꿔놓았다.
- **영화** - 애플을 떠나 있는 동안 스티브 잡스는 영화 제작사 픽사를 설립해 애니메이션 영화계를 완전히 바꿔놓았다.
- **아이폰** - 아이폰과 아이패드로 '포스트PC 시대'를 열었다. 이로써 어디든 가지고 다니면서 언제든 클라우드 기반 서비스에 접근할 수 있는 기기들이 일반화되었다.

스티브 잡스가 남들과 다른 점은 자신이 몸담고 있는 업계, 자신의 회사 그리고 자신이 출시한 제품이 제시하는 메시지를 만드는 데에 직접 관여했다는 사실이다. (광고 회사가 아니라) 최고 경영자가 신제품 발표회에 직접 나서서 제품 소개를 하는 것은 말할 것도 없고, 메시지를 만드는 일에 직접 나서는 일은 당시에는 극히 드문 일이었다. 잡스의 비밀무기는 바로 메시지였다.

예를 들어, 2001년 10월 아이팟 출시가 가까워졌을 때, 스티브 잡스는 세계가 놀랄 만한 이 신제품의 이름과 메시지를 결정하는 과정에 직접 나섰다. 흥미로운 것은 제품 이름을 결정하기 전에 스티브 잡스가 제품의 메시지를 먼저 결정했다는 점이다. '아이팟(iPod)'이라는 이름을 결정하기 몇 달 전에 이미 잡스의 머릿속에는 '천 곡의 노래를 당신 호주머니에' 라는 메시지가 자리 잡고 있었다.

그럼 지금부터 이 메시지가 아이팟이 MP3 음악 시장의 80퍼센트를 차지하는 데에 얼마나 영향을 미쳤는지 그리고 어떻게 해서 애플을 전 세계에서 가장 가치 있는 기업으로 만들었는지 살펴보자.

남들에게 전달하고 싶은 메시지의 달인

2001년 10월 23일, 아이팟 출시를 알리는 신제품 발표회 무대에 등장한 스티브 잡스는 자신과 애플 직원들이 얼마나 음악을 사랑하는가에 대한 이야기를 시작했다. 그리고 기존의 MP3 플레이어들이 실망스럽거나 쓸모없다고 한탄했다.

그런 다음 그는 좋은 MP3란 어떤 것인가에 대해 이야기하기 시작했다.

그는 1천 곡 정도는 담을 수 있어서 계속해서 컴퓨터로 동기화할 필요가 없고, 호주머니에 들어갈 수 있을 정도로 작은 MP3라야 좋은 MP3라고 말했다. 거기에 더해서, 사용자 인터페이스 방식이어서 원하는 노래를 쉽고 빠르게 찾을 수 있다면 더할 나위 없을 것이라고 말했다.

여기까지 말하고서 스티브 잡스는 잠시 말을 멈췄다가 이렇게 다시 말을 이었다. "제가 말씀 드린 바로 그런 제품이 지금 제 호주머니 안에 들어 있습니다."

스티브 잡스는 청바지 앞주머니에서 아이팟을 꺼내고서 이렇게 말했다.

"천 곡의 노래를 당신 호주머니에. 아이팟입니다."

그와 동시에 스티브 잡스의 뒤에 있던 스크린에 그가 한 말이 그대로 나타났다. 그리고 한 시간 만에 애플 홈페이지에도 그의 메시지가 등장했다. '천 곡의 노래를 당신 호주머니에.' 더 이상 설명이 필요 없었다.

똑똑한 메시지는 언론에서 공짜로 노출해 준다

스티브 잡스는 강렬한 메시지 하나로 모든 리더들이 꿈꾸는 일을 해냈다. 공짜로 엄청난 언론 노출 기회를 얻은 것이다.

대체 어떻게? 아이팟 신제품 발표회에는 수백 명의 언론인들과 평론가들이 참석했고, 당연하게도 그들은 '천 곡의 노래를 당신 호주머니에'라는 메시지를 헤드라인이나 첫 문단 핵심 주제로 하는 기사를 작성했다.

남들에게 전하고 싶은 메시지를 만들 줄 아는 천재 스티브 잡스의 성공은 여기서 끝난 것이 아니다. 아이팟 구매자들은 친구들에게 아이팟을 자랑하면서 스티브 잡스의 메시지까지 함께 전했다. "야, 너 이게 뭔지 알아? 천 곡의 노래를 당신 호주머니에!"

스티브 잡스는 신제품을 출시할 때마다 이런 메시지의 마법을 발휘했다. 예를 들어, 아이폰 신제품 발표회 때는 다음과 같은 '3가지 혁명적인 제품'을 출시한다고 장담했다.

- 손가락 터치로 조종하는 대형 스크린이 있는 아이팟
- 혁명적인 모바일폰
- 혁신적인 인터넷 커뮤니케이션 기기

이런 세 가지 제품에 대해 농담하듯 이야기하던 스티브 잡스는 다음과 같은 강렬한 메시지를 던졌다.

"지금까지 말한 것은 세 개의 개별적인 기기가 아닙니다. 단 하나의 기기에 이 세 가지 기능이 모두 담겨 있습니다. 그것이 바로 아이폰입니다."

그날 수천 명의 언론인들과 평론가들은 어떤 메시지를 되뇌었을까?

"신형 아이폰은 세 가지 제품을 하나에 담았다."

메시지에 힘을 실을 수 있다

스티브 잡스가 사람을 홀리는 카리스마, 고집스러움, 무서운 집중력 같은 여러분과 내가 쉽게 흉내낼 수 없는 능력을 가지고 있던 것은 맞다. 그렇지만 우리도 누구나 메시지에 힘을 실을 수 있다. 다음은 스티브 잡스가 성공을 쌓아가면서 전했던 메시지들이다.

"당신도 세상을 바꿀 수 있다."

어린 시절, 앰프가 필요 없는 스피커라는 새로운 기계를 처음 본 스티브 잡스는 집으로 달려가 아버지에게 그 사실을 말했다. 그러자 아버지는 이렇게 말했다. "애야, 스피커는 앰프가 없으면 안 돼." 그러자 스티브 잡스는 새로운 앰프를 보러 함께 가자고 아버지를 졸랐고, 새 앰프를 보며 놀라는 아버지를 관찰했다. 스티브 잡스에게는 이 순간이 자신의 삶을 이끌고 간 원동력의 출발점이 되었다.

스티브 잡스는 자신도 얼마든지 세상을 바꿀 수 있다고 생각했다. 뿐만 아니라 자신이 정말로 세상을 바꿀 수 있다고 약속하면서 많은 똑똑한 사람들이 자신 밑에서 일하도록 설득했다. 스티브 잡스에 대한 가장 유명한 일화는 애플 설립 초기에 펩시 최고 경영자를 애플로 영입한 일이다. 존 스컬리가 펩시콜라 최고 경영자 자리를 버리고 미래가 불확실한 신생 기업 애플에 합류하도록 만든 데에는 다음의 메시지가 결정적이었다.

"남은 평생 설탕물이나 팔겠습니까, 아니면 세상을 바꾸겠습니까?"

존 스컬리는 바로 이 말 때문에 애플에 합류하게 되었다고 말했다.

그리고 대단히 독특한 메시지가 하나 있다.

"똥덩어리!"

스티브 잡스는 동기를 부여하고 추진력 있게 이끄는 리더이지만 때에 따라서는 같이 일하기 무척 까다로운 사람이기도 했다. 그는 직원들에게 완벽함을 요구했다. 때로는 불가능할 정도의 완벽함까지도 요구했다. 그리고 소프트웨어와 하드웨어 시제품을 처음 보고 '똥덩어리(This is shit)!' 라는 반응을 보이는 것으로 유명했다.

여기까지 보고서 이런 말이 어떻게 직원들에게 열심히 일하도록 동기를 부여하는 리더십 메시지라는 거야, 하고 의문이 생길 수도 있다. 그런데 애플 직원들은 '똥덩어리!'라는 스티브 잡스의 말이 사실은 '이게 최선입니까?'라는 뜻임을 잘 알고 있었다.

욕처럼 들리는 스티브 잡스의 이 말은 직원들로 하여금 자신이 맡은 프로젝트에 대해 다시 한 번 깊이 생각하고 정말로 자신들이 최고의 선택을 했는지 확인하게 만들었다. 그의 말도 안 되는 메시지는 말도 안 될 정도로 훌륭한 제품을 만드는 데에 집중하는 기업 문화를 만들어 냈다.

논쟁의 프레임을 바꾸다

스티브 잡스는 문제를 해결하는 데에 메시지를 활용하기도 했다. 2010년 7월, 아이폰4 출시 직후 일명, '안테나 게이트' 사태가 벌어졌다.

아이폰4는 대단히 훌륭한 스마트폰이었지만 안테나가 몸체 가장자리를 감싸는 디자인을 적용했다. 그래서 폰을 쥐는 방식에 따라 손가락이 두 개의 안테나 사이를 가로막게 될 경우 수신이 약해지는 일이 발생했다.

수신이 약해지도록 폰을 쥐는 방식에 대해 '데스 그립(death grip)'이라는 별명이 붙었고, 심한 경우에는 아예 통화가 끊어지기도 했다. 언론에서는 전 세계적으로 제품 리콜 요청이 쇄도한다고 떠들어 댔다.

스티브 잡스는 심각한 상황에 대응하기 위해 하와이 가족 여행에서 급히 돌아왔다. 그리고 기자회견을 열어 논쟁의 프레임을 바꿔놓았다. 그가 제시한 메시지는 많은 사람들을 깜짝 놀라게 만들었다. 사과를 하는 대신 스티브 잡스는 이렇게 말했다. "폰은 완벽하지 않다." 그리고 계속해서 어째서 그 상황이 큰 문제가 아닌지에 대해 다음과 같이 설명했다.

"우리는 완벽한 존재가 아닙니다. 스마트폰도 완벽한 것이 아닙니다. 우리 모두 그 사실을 잘 알고 있습니다. 그렇지만 우리는 우리 고객들을 행복하게 만들어 주고 싶습니다."

이 말은 리더십 메시지가 무엇인지 잘 보여 주는 멋진 사례다. 스티브 잡스는 사람들이 문제를 바라보는 시각이 잘못되었다고 판단했다. 그래서 사람들에게 새로운 시각을 제시했다. 이것이 바로 리더십이다.

이건 리더십이 아니라 터무니없는 헛소리라고 말한 사람들도 있었다. 그렇지만 분노와 혼란은 가라앉았다. 스티브 잡스는 다음과 같은 말로 끝을 맺었다. "… 그렇지만 우리는 여러분을 행복하게 만들어 주고 싶습니다. 그래서 수신 불량 문제를 해결할 수 있는 플라스틱 '범퍼'를 무상 지급하기로 했습니다." 스티브 잡스는 요구하는 모든 사람에게 플라스틱

범퍼를 무상 지급했다. 네 개의 짧은 문장으로 이루어진 메시지가 상황을 역전시켰다.

세계에서 가장 많은 사람들이 본 연설

2005년 스탠퍼드대학교에서 스티브 잡스가 한 연설은 당시에는 큰 주목을 받지 못했지만 인터넷으로 퍼져나가면서 그의 메시지가 엄청난 영향력을 갖게 되었다. 전 세계 수천만 명 이상이 연설을 봤고, 수많은 사람들이 입에서 입으로 그의 메시지를 전해 들었다.

이날의 연설 전문은 나중에 〈포춘〉 지에 실리기도 했다. 나는 20년 넘게 〈포춘〉 지를 구독하는데, 여기에 연설이 실린 것은 스티브 잡스가 유일하다. 그만큼 잡스의 스탠퍼드 연설이 충격을 주었다는 뜻이다.

대체 이 연설이 왜 그렇게 훌륭한 것인가? 여기에는 인생 최고라고 할 만한 리더십 메시지가 담겨 있다. 스티브 잡스는 이제 막 대학교를 졸업하고 사회생활을 시작하려는 20대들이 가득 모인 강당에서 그 연설을 했다(나중에 보니, 그 자리에 있던 사람들 말고도 수많은 이들에게 필요한 연설이었다).

애플 컴퓨터와 픽사 애니메이션 스튜디오 설립 같은 환상적인 성공 스토리 그리고 삶과 죽음의 의미에 대한 이야기가 이어졌다. 스티브 잡스가 이 연설에 담은 내용 하나하나가 강력한 핵심 메시지로 귀결되었다.

'항상 갈망하고 바보처럼 우직하게 행하라(stay hungry stay foolish).'

그의 메시지는 짧고 간결했다. 하지만 그 안에는 연설 전반에 걸친 모든 생각이 담겨 있다. 이 짧은 메시지를 뒷받침하고 힘을 실어 주는 연설의 다른 부분들도 살펴보자.

"자신이 하는 일을 사랑하는 것이야말로 위대한 업적을 남길 수 있는 유일한 방법입니다. 사랑할 수 있는 일을 아직 찾지 못했다면 계속 찾으십시오. 절대 현실에 안주해서는 안 됩니다."

"저는 17살 때 이런 문장을 읽었습니다. '하루하루를 인생의 마지막 날처럼 산다면 언젠가 반드시 옳은 길로 갈 것이다.' 이 문장은 제게 크나큰 감동을 안겨 주었습니다. 그 이후로 33년 동안 저는 아침마다 거울을 보고 스스로에게 이렇게 물었습니다. '만약 오늘이 내 인생의 마지막 날이라면 나는 오늘 해야 할 일을 할 것인가?' 만약 이 질문에 대해 '아니오'라고 대답하는 날이 너무 오래 이어진다면 그것은 변화가 필요하다는 뜻입니다."

"시간은 한정되어 있습니다. 그러니 남의 인생을 사느라 시간을 낭비하지 마십시오. 남이 만든 진리에 갇혀 살지 마십시오. 그것은 남들이 생각한 결과대로 사는 것입니다."

"남들이 하는 이야기 때문에 자기 마음의 소리를 못 들어서는 안 됩니다. 가장 중요한 것은, 자신의 마음과 직감을 따라갈 수 있는 용기를 갖는 것입니다. 여러분의 마음과 직감은 여러분이 진실로 되고자 원하는 것이 무엇인가를 이미 잘 알고 있습니다. 그 나머지는 중요하지 않습니다."

이 연설에서 당신이 꼭 기억해야 할 메시지는 이것이다.

"항상 갈망하고 바보처럼 우직하게 행하라."

4 | 데이비드 모리슨 — 호주 육군의 문화를 바꾸다

2013년, 호주 육군 참모총장은 엄청난 위기에 봉착했다. '제다이 평의회'라 불리는 군 조직의 성추문으로 온 나라가 시끄러운 와중에 육군 참모총장인 데이비드 모리슨 중장의 연설이 3분짜리 동영상으로 인터넷에 소개되었다.

연설은 훌륭했다. 그렇지만 사람들은 이 훌륭한 연설의 대부분을 잊어버렸다. 사람들 기억에 남은 것은 제일 강렬한 메시지뿐이었다. 그의 리더십 메시지는 이것이었다.

"당신이 지나친 기준은 당신이 인정한 기준이다."

이 메시지는 이제 전 세계에서 리더십 메시지로 사용되고 있다. 이 메시지가 이처럼 힘을 발휘하게 된 데에는 세 가지 이유가 있다.

① 이 말을 듣는 모든 사람이 책임감을 갖도록 만들었다

이 메시지는 사람들로 하여금 자신의 행동이 조직 문화를 변화시킬 수 있다고 생각하게 만든다. 모리슨은 이렇게 말했다.

> "우리 한 사람 한 사람이 우리 군과 우리가 복무하는 환경의 문화와 명예에 책임이 있다. 만약 여러분이 타인의 명예를 실추시키는 개인을 알게 되었다면 그냥 지나치지 말고 도덕적 용기를 내어 단호하게 대처하라. 만약 그렇게 할 수 없다면 떠나라."

② 메시지가 오해의 여지없이 분명했다

연설이나 강연을 들어도 거의 다 잊어버리는 게 자연스러운 일이다. 그래서 메시지 소환이 중요하다. 내가 수십 명을 상대로 데이비드 모리슨의 연설을 들려주고 핵심 메시지가 무엇인지 물어보자 그들 모두 '당신이 지나친 기준은 당신이 인정한 기준이다'를 꼽았다.

사실 그들이 그 핵심 메시지를 단어 하나하나까지 모두 정확히 기억한 것은 아니다. '문제 삼지 않고 그냥 지나쳤다면 그걸 인정한다는 거다.' '기준을 정하면 그냥 지나쳐서는 안 된다'부터 '그 연설에서 진짜 끝내주는 문장이 있었는데. 기준에 대한 문장이었는데… 힌트 좀 줘요, 그게 뭐였더라……'까지 다양한 대답이 나왔다. 하지만 내가 힌트를 주자 모두들 금방 기억을 되살렸다. 내용을 100퍼센트 정확히 기억하는 경우는 없

지만 리더십 연설이 형편없었기 때문이라며 리콜을 요구한 경우는 한 번
도 없다.

③ 메시지에 어울리는 전달 기술

전달 기술은 메시지의 냉료성과 함께한다. 머릿속에 메시지가 분명하게
자리하고 있으면 그것이 그대로 여러분의 언어로 표현되기 때문에 자연
스럽게 전달되기 마련이다. 따라서 연설을 할 당사자가 메시지를 만드는
과정에 참여해야 그 메시지를 자연스럽게 전달할 수 있다.

　데이비드 모리슨은 이 연설을 할 때 진솔한 감정을 표현했다. 그가 연
설하는 모습을 보면 얼마나 괴로워하는지 그리고 정말 진심을 말하고 있
다는 것을 확인할 수 있다. 그는 중요한 내용을 강조할 수 있도록 천천히
말한다. 그 모습을 보면 홍보팀한테 등 떠밀려서 어쩔 수 없이 하는 것이
아니라 진심으로 자신의 생각을 말하는 것처럼 보인다.

　자신의 조직을 얼마나 소중히 여기는가를 잘 보여 주는 모습에서 데이
비드 모리슨이 진정한 리더임을 느낄 수 있다. 그의 어조가 심각하기는
하지만 그와 동시에 자신의 조직원들을 아끼고 그들이 조직을 제대로 이
끌어 가기를 바라는 마음도 느낄 수 있다.

5 | CEO — 비전을 제시해야 하는 숙명

변화에는 언제나 저항이 따른다. 그래서 대부분의 진취적인 계획이 그 잠재력을 100퍼센트 발휘하는 데에 실패하곤 한다. 따라서 훌륭한 리더가 되려면 어째서 변화가 필요한가를 제대로 설명할 줄 알아야 한다.

대형 엔터테인먼트 기업의 최고 경영자가 새로 시작하는 기업 가치관 캠페인에 대해 내 의견을 구했다. 나는 이렇게 물었다. "가치들이 보기에는 그럴듯합니다만, 전달하고자 하는 메시지가 뭔가요?"

그는 이렇게 대답했다. "그게 무슨 말입니까? 메시지 같은 건 없어요. 이건 가치관입니다. 리더십 팀이 합의한 내용이라고요. 우리가 이걸 고위 간부들한테 설명하면 그들이 각자 팀원들한테 설명하는 겁니다. 아주 간단하죠. 캠, 왜 당신은 늘 그렇게 메시지 타령만 하는 겁니까?"

"알겠습니다, 그런데 마지막으로 기업 가치관 캠페인을 벌인 지 얼마나 되셨죠? 기업 목표라거나 비전, 기업 강령 아니면 기업 철학이라는 명칭이었는지도 모르겠습니다만." 내가 물었다.

"아, 18개월 정도 되었습니다."

"그럼 그 전에는요?" 내가 다시 물었다.

잠시 침묵. "그보다 2년 정도 전이었지요." 그가 대답했다.

나는 근무 기간이 5년 이상이고 따라서 비슷한 캠페인을 두 번 경험한 직속 부하가 있는지 물었다.

그러자 그는 눈을 둥그렇게 뜨고 대답했다. "그럼요, 많습니다."

"그렇다면 그 똑똑한 사람들 중에 '다음 새 캠페인은 또 언제 시작될까?'라고 생각하는 사람이 있을 수도 있지 않을까요? 그리고 부하직원들 중에 겉으로는 웃으며 새 캠페인에 동의하지만 속으로는 어차피 나중에 새 캠페인으로 바뀔 테니 이번에 하는 캠페인에 괜히 힘 쏟을 필요 없다고 생각하는 사람은 없을까요?"

그는 슬쩍 고개를 숙이더니 몸을 곧추세워 앉으며 말했다. "듣고 보니 그렇군요. 아마 다들 그렇게 생각하고 있을 겁니다!"

리더들은 문제에 너무 가까이 있어서 나머지 직원들이 모든 논의 과정을 경험하지 못했고 따라서 '이렇게 결정된 이유'를 분명히 이해하지 못할 수도 있다는 사실을 간과하기 쉽다. 그래서 새로운 계획의 당위성을 보여 주는 메시지가 필요할 때가 많다.

가치관 vs 메시지

새로운 가치관이 지금부터 조직원들이 들어가 살아야 하는 새 집이라고 한다면, 메시지는 새 집이 왜 필요한가에 대한 설명이다. 메시지는 새 집으로 이사해야 하는 수고와 불편함으로 인한 자연스러운 저항과 반대를 해결해야 한다.

그래서 앞의 상황에서 우리는 가치관에 대해 이야기하기 전에 새로운 '가치관'의 타당성을 알리는 메시지가 필요했다.

"우리는 지금부터 다음의 여섯 가지 가치관을 바탕으로 일할 것입니다. 우리가 추구해야 할 가치관은… (여섯 개의 가치관과 그에 관한 사례들을 소개한다.)"

새로운 가치관 캠페인에 대해 들은 사람들의 마음속에 생길 의문들을 파악하고 그 의문에서 저항감이 비롯되리라고 예상한 우리는 다음과 같은 메시지를 도출해 냈다.

"이것이 우리가 새로 추구할 가치관들입니다. 아마 지난번에도 가치관을 발표했는데 왜 또 새로운 가치관이 필요한 건가, 라는 의문이 들 수도 있습니다. 좋은 지적입니다. 그 가치관들도 다 훌륭한 것들입니다. 그렇지만 조직은 더 나은 방향으로 바뀌어야 하며, 새로 추구할 가치관들은 그런 변화를 뒷받침해 줄 것입니다. 여러분들이 유연성을 발휘하여 새로운 가치관들을 추구하면 일을 더 잘할 수 있게 될 것입니다. 왜냐하면 우리 모두 새로운 것을 시도할 자유가 더 많이 생길 것이기 때문입니다. 다시 말하자면, 여러분이 더 많은 지원을 받게 될 것이라는 뜻이며, 그렇게 되면 일이 훨씬 더 즐겁고 만족스러워질 것입니다."

이 유연성에 대한 메시지는 여러 프레젠테이션과 대화의 가이드라인이 되어 변화를 위한 계획을 '유지시켜' 주었다. 그리고 새로운 가치관에 대해 말하고자 하는 모든 사람들에게 분명한 방향을 제시해 주었다.

절대 메시지를 소홀히 여기지 말 것

문화나 행동 변화를 시도할 때 새로운 계획을 뒷받침하는 메시지를 소홀히 생각해서 계획을 망치는 경우가 종종 있다. 새로운 계획을 뒷받침하는 메시지를 제대로 만들어야 계획에 대한 저항감을 무너뜨리고 추진력을 얻을 수 있다.

CHAPTER 5

메시지는 남들이 당신에게
귀 기울이게 만든다

1 | 아니타 로딕 ― 더바디샵의 공짜 언론 노출

위대한 기업가들은 강렬한 메시지를 만들어 내는 대단한 재주를 가지고 있는 경우가 많다. 강렬한 메시지는 듣는 사람들의 마음에 오래 남고 또 남에게 전달하고 싶게 만드는 전파력을 가지고 있다.

더바디샵(The Body Shop)의 창업자 아니타 로딕(Anita Roddick)은 커뮤니케이션 기술로 놀라운 성공을 이룬 대표적인 사례라고 할 수 있다. 1976년 아니타 로딕이 한 개의 상점으로 시작한 더바디샵은 2천 개 점포로 늘어났다. 그리고 높은 성장세를 기록하던 거의 대부분의 시기에 더바디샵은 홍보에 동전 한 푼 쓰지 않았다. 정말 한 푼도 쓰지 않았다. 여러분이 잘못 읽은 것이 아니다!

아니타 로딕은 돈을 쓰지 않고도 자신의 메시지, 즉 더바디샵의 메시지를 알릴 수 있는 방법을 찾아냈다. 직원이 입는 티셔츠, 상점 창문, 상점 벽, 상품 배달 트럭 등을 이용한 것이다. 그게 전부다.

아니타 로딕은 전통적인 마케팅 전략을 거부함으로써 오히려 더바디샵을 성장시켰다. 그녀는 기억에 확실히 남을 수 있는 슬로건들을 만들고 BI(브랜드 아이덴티티)를 분명히 할 수 있는 대담한 발표를 했다.

내가 마지막으로 아니타 로딕의 연설을 본 것은 시드니에서 열린 리더십 행사에서였다(그 자리에는 잭 웰치, 빌 클린턴 그리고 작가 톰 피터스도 참석했다). 여기서 베스트셀러 작가 마커스 버킹엄은 아니타 로딕을 이렇게 소개했다. "지구상에 아니타 로딕보다 더 비범한 인물은 없다고 생각합니다. '언행일치(walk the talk)'라는 말을 아시지요? 바로 이 분이 그 용어를 만들어 냈습니다."

광고 없이 대규모 언론 노출을 할 수 있었던 비결

아니타 로딕은 남들이 자신의 아이디어에 귀 기울이게 만드는 놀라운 능력을 가졌다. 그래서 고객들 스스로 마치 마케팅 담당자가 된 듯 전단지를 전하고 그녀의 메시지를 전했다. 그리고 아니타 로딕은 도전적인 성격에 자기주장이 강했다.

"과장 광고를 하기보다 교육을 하라."

　더바디샵은 사회운동을 통해 인지도를 높였다. 그들이 무언가를 지지하고 옹호하면 언론이 주목했다. 예를 들어, 동물실험을 격렬하게 반대한 아니타 로딕은 동물실험 반대운동에 적극적으로 참여했다. 아니타 로딕이 국제적 이슈에 이례적으로 활발히 나선 결과, 더바디샵은 언론에 엄청난 관심을 받게 되었다.

　'루비(Ruby)'라는 이름의 바비 인형을 이례적으로 캠페인에 활용한 것도 더바디샵의 독특함을 보여 주는 기억에 남을 만한 사례다. 그들은 몸집이 크고 통통한 인형과 다음의 슬로건을 내건 캠페인을 벌였다.

"이 세상에 슈퍼모델처럼 생긴 여자는 8명뿐이다. 나머지 3십억의 여자는 슈퍼모델과 전혀 다르게 생겼다."

전 세계 더바디샵 상점 유리창에 붙은 루비 인형 사진을 통해 아니타 로딕은 아름다움에 대한 사람들의 편견에 대해 다시 생각하도록 만들었다.

1997년 시작한 '루비' 캠페인은 '신체 이미지'와 '자존감'에 대한 전 세계적인 논쟁에 불을 지폈다. 사람들은 신체 이미지와 자존감에 대해 토론을 벌였고 이 캠페인에 대해 이야기했다.

이 일은 마음을 파고드는 메시지가 거둔 대단한 커뮤니케이션의 승리가 아닐 수 없다.

더바디샵이 광고 캠페인을 벌이지 않았는데도 아니타 로딕이 '영국 마케팅 명예의 전당(UK Marketing Hall of Fame)' 후보에 오른 것은 이례적이고 대단한 일이다.

아니타 로딕의 경영 비전은 남달랐다. 그녀에게 사업은 단지 돈을 버는 수단만이 아니라 사회와 환경 변화를 이끄는 수단이기도 했다. 로딕의 메시지는 사업적인 성공도 불러왔다. 2006년 전 세계 최대 화장품 기업 로레알이 10억 달러 가까운 금액에 더바디샵을 인수하면서 아니타 로딕은 2억 달러를 벌었다. 기업 경영에 대해 그녀는 이런 메시지를 전했다.

"사업의 한계를 넓힐 수 있는 새로운 길을 찾고 그 길이 긍정적인 변화의 원동력이 되도록 만들어라."

아니타 로딕은 이렇게 말했다. "마음을 움직이지 않는 지식은 위험하다." 커뮤니케이션의 천재답게 아니타 로딕은 사람들의 마음을 움직여 변화를 이끌어 내고, 사람들이 믿고 지켜야 할 가치를 제시했다.

나는 그녀의 메시지들 중에서 리더십의 핵심에 대한 메시지를 제일 좋아한다.

"리더십은 커뮤니케이션이다."

로딕은 리더로서 갖춰야 할 가장 중요한 자질로 커뮤니케이션 능력을 꼽았다.

"대담하고 기운차고 열정적으로 해야 한다. 커뮤니케이션을 할 수 없다면 그 자리에 있을 필요가 없다."

그녀가 사용한 또 다른 기법은 반복이다. 그렇다, 반복이 중요하다. 자신의 메시지를 전하고, 전하고 또 전하고, 계속해서 말하고, 또 말해야 한다. 아니타 로딕이 앞에서 말한 시드니 리더십 행사에서 전하고자 한 핵심 메시지는 이것이다.

"자기 생각을 반복해서 말하는 데에 지치고 남들도 같은 이야기를 계속 듣는 데에 지쳤다는 생각이 든다면… 그래도 다시 반복하라! 이제 겨우 당신의 메시지가 전달되기 시작했을 뿐이다."

실제로 아니타 로딕의 멋진 자서전 『영적인 비즈니스(Business as Unusual)』를 보면 거의 매 페이지마다 중요한 생각을 강조하기 위해 다른 글자들보다 두 배 더 크고 굵은 글씨체의 메시지가 등장한다. 이것이 그의 스타일이다.

2 | 앨런 카 ─ 먼저 사람들이 가진 믿음을 이해하라

껌, 니코틴 패치 등등 기발한 담배 대체품들 중에서 가장 최고는 『스탑 스모킹(Allen Carr's Easy Way To Stop Smoking)』이라는 책이 아닐까 싶다. 이 책은 정말 최고다. 강렬한 메시지와 그 메시지를 뒷받침하는 설명을 바탕으로 하는 이 책은 1천3백만 권이 팔렸고, 다음에 소개하는 유명 인사들을 포함해 수많은 열성팬을 보유하고 있다.

"마치 계시를 받은 듯 그 즉시 중독에서 벗어났다." ─ 안소니 홉킨스 경(영국 배우)

"이 책을 읽으면 무조건 담배를 끊게 되어 있다." ─ 엘렌 드제너러스(미국 코미디 배우 겸 토크쇼 진행자)

"책을 다 읽고 마지막 담배를 피우고 나서 그것으로 끝이다. 그 이후로 나는 담배를 피우지 않았다." ─ 애쉬튼 커쳐(미국 영화배우)

"그의 방법은 당신이 담배를 피우는 동안에도 담배에 대한 의존성을 없애 버린다. 나한테는 그 방법이 통했다." ─ 리처드 브랜슨 경(영국 버진그룹 회장)

33년간 하루 100개비를 피우는 골초였던 앨런 카는 금연에 성공했다.

그는 두 가지 중요한 정보로 인해 금연이 얼마나 쉬운 일인가가 마음속에 확고하게 자리 잡을 수 있었다고 말했다. 그 두 가지 정보는 다음과 같다.

첫째, 최면 심리 치료사가 흡연은 '단순한 니코틴 중독'이라고 알려 주었다. 앨런 카는 그 전까지 단 한 번도 흡연을 그런 식으로 생각해 본 적이 없었다. 둘째, 아들 존이 앨런 카에게 의학서적 한 권을 주었다. 그 책은 물리적으로 나타나는 니코틴 금단 증상을 '허전하고 불안한 느낌'에 불과하다고 설명했다.

이 두 가지 정보를 통해 앨런 카는 한 가지 메시지를 탄생시켰다.

"흡연은 스트레스를 풀어 주지 않는다. 흡연은 담배를 피워야만 벗어날 수 있는 지속적인 불안감을 불러일으킬 뿐이다."

담배를 피우는 사람들이 공통적으로 주장하는 믿음이 있다. 그것은 흡연이 스트레스를 해소해 준다는 것이다. 그들은 스트레스 가득한 이 세상에서 기댈 곳은 담배뿐이고 따라서 금연이 너무 힘들다고 하소연한다. 애연가들은 담배를 들어 입술에 물 때 다음과 같은 메시지를 떠올린다.

"담배는 스트레스를 해소해 준다."

사람들의 생각을 바꾸고 싶다면 우선 그들이 이미 가지고 있는 믿음이나 메시지를 먼저 이해해야 한다. 앨런 카는 흡연에 대한 애연가들의 생각을 이해하고 그 생각을 바꿔놓을 수 있는 방법을 개발해 냈다.

사실, 앨런 카의 책을 읽거나 그의 세미나에 참석하면, 주기적으로 담배를 피우라는 말을 듣게 된다. 그의 새로운 방법이 기존의 행동에 바탕을 두고 작동하기 때문이다. 그러다 책이나 세미나의 마지막 부분에 가서 마지막 담배를 피우게 되는데, 이때 새로운 메시지가 등장한다. 이제는 담배를 들어 입에 무는 순간, 이런 메시지가 떠오르는 것이다.

"담배가 불안감을 불러일킬 것이다."

물론 이런 메시지 하나로 금연에 성공할 수는 없다. 이 메시지를 뒷받침하려면 설명도 하고, 비유도 하고, 이야기도 많이 하고 사례도 제시해야 한다. 그래서 앨런 카는 책도 집필하고 자신의 메시지에 힘을 실어 주기 위한 3시간짜리 교육 프로그램도 개발했다. 이 프로그램을 통해 전 세계 수백 명의 심리학자들이 사람들을 그 힘들다는 금연으로 이끌었다.

앨런 카는 책과 교육 프로그램을 통해 담배에 대한 근거 없는 믿음들을 파헤치고 자신의 메시지에 대해 다음과 같이 설명한다.

근거 없는 믿음 ① 담배를 끊으려면 굳은 의지가 필요하다 : 앨런 카는 이런 믿음과 달리, 담배를 피우면 스트레스가 해소되고 마음이 편해지는 것이 아니라고 설명한다. 다만 그 전에 피운 담배로 인해 유발된 금단 증상이 해소될 뿐이며, 현재 피우고 있는 담배를 다 피우면 금단 증상이 더 심해질 뿐이라는 것이다. '스트레스가 해소되고 마음이 편해지는 느낌(흡연가들이 담배에 불을 붙였을 때 느낀다는 정상으로 돌아간다는 느낌)'은 비흡연가들이 하루 24

시간 내내 느끼는 느낌이다.

근거 없는 믿음 ② 흡연은 선택의 문제다 : 앨런 카는 흡연 실험을 통해 니코틴 중독에 발목이 잡혀 담배를 끊지 못하는 것이라고 설명한다. 한 번이라도 금연을 시도해 봤다면 흡연이 선택의 문제만은 아니라는 사실을 깨닫게 된다.

근거 없는 믿음 ③ 담배를 끊으면 말할 수 없을 정도로 끔찍한 금단 증상을 겪게 된다 : 앨런 카는 실제로 금단 증상이 심하지 않은데도 불구하고 금단 증상이 심할 것이라는 그릇된 믿음이 고통과 욕구불만의 주된 원인이라고 주장한다. 금단 증상을 야기하는 실제 원인은 힘들지 않을까, 하는 의심과 두려움(불확신)이기 때문에, 이런 의심과 두려움만 제거할 수 있다면 금단 증상은 알려진 것만큼 끔찍하지 않다.

이런 설명들을 보면서 사람들은 '담배가 불안감을 불러일으킬 것이다.'라는 앨런 카의 핵심 메시지를 이해하게 되고 결국 담배를 끊는다! 금연 메시지가 머릿속에 각인되면서 새로 깨달은 긍정적인 행동으로 달려가게 되는 것이다.

3 | 스티브 워 — 새로운 청중을 위한 리더십 메시지

스티브 워(Steve Waugh)는 1999년부터 2004년까지 호주 크리켓 팀 주장을 지낸 전설적인 크리켓 선수다. 경기장 밖에서도 뛰어난 리더십을 보여 준 그는 특히 자선 활동과 출판 활동을 활발히 하며 13권의 책을 출간했다.

얼마 전 나는 스티브 워가 하루 종일 진행하는 기업 행사를 위한 리더십 아이디어 구축 과정에 참여했다.

리더가 각자의 분야에서 본능적으로 리더십과 지혜를 발휘하는 것과 그 지혜를 이해하기 쉬운 표현으로 만들어서 무대에 서서 강연하는 것은 별개의 능력이다.

스티브 워가 자신의 지식을 전하기 위해 가장 먼저 해야 할 일은 강연 대상인 청중이 공감할 수 있는 메시지와 사례들을 정하는 것이었다. 이것은 훌륭한 강연자에게 꼭 필요한 기술이다. 이야기의 주제가 무엇인가? 이 행사에서 배워갈 것이 무엇인가? 강연자가 전하려는 메시지가 무엇인가? 청중은 이런 것들을 궁금해한다.

스티브 워는 처음에는 어떻게 시작해야 할지 막막해했다. 그렇지만 전하고자 하는 메시지들을 정하고부터는 각각의 메시지를 뒷받침할 설명들을 쉽게 생각해 냈다.

크리켓 선수로서 성공하고, 작가로서도 대성공을 거두고, 호주에서 자선 행사와 자선 조직 활동에 활발히 나서는 스티브 워는 여러 가지 인생을 사는 사람 같다.

다음은 스티브 워가 살아온 여러 인생에서 얻은 핵심 메시지들과 그에 대한 설명들이다.

첫 번째 메시지 : "그 무엇도 추정하지 마라."

"승리하면 현재에 안주하게 됩니다. 이것은 인간의 본성입니다. 그런데 이런 본성이 덫이 될 수 있습니다. 과거의 성공에 만족하지 말고 앞으로 나아가 현실을 직시해야 합니다. 이 말이 무슨 뜻인가 하면, 때로는 어렵거나 남들이 좋아하지 않을 결정이라도 궁극적으로 팀(또는 조직)에 이득이 된다면 밀고 나가야 한다는 뜻입니다. 여러분이 듣고 싶지 않고 믿고 싶지 않은 일이라도 그렇게 해야만 합니다. 인기 많은 선수를 차기 테스트 시리즈(크리켓에서 두 팀이 하루 6시간씩 5일에 걸쳐 경기를 하는 방식 – 옮긴이)에 기용하지 않는 것이 이런 경우에 해당한다고 볼 수 있겠습니다. 뿐만 아니라, 그 무엇도 추정하지 말라는 것은 더 이상 통하지 않는 방법을 계속 고집해서는 안 된다는 뜻이기도 합니다. 언제든 이게 아니다 싶을 때는 다시 검토하고 다시 시작해야 합니다."

두 번째 메시지 : "실수를 한다면 그것은 내 결정으로 인한 실수여야지, 남의 결정으로 인한 실수여서는 안 된다."

"리더는 자신의 직감을 믿고 팀의 성공을 향한 비전이 있어야 합니다. 그러기 위해서는 위험도 감수해야 합니다. 실수를 할 수 있다는 각오도 필요합니다. 하지만 여러분의 결정으로 인한 실수여야 합니다. 그래야지만 그 실수로부터 배움을 얻을 수 있기 때문입니다.

호주 크리켓 대표팀 주장을 맡은 초기에 저는 감독님의 조언을 따랐습니다. 그런데 실수를 하고 말았습니다. 물론 실수는 누구나 합니다. 그렇지만 나는 당시에 이런 생각이 들었습니다. '정말 바보 같은 짓이었어! 실수를 한 것도 문제지만, 내 결정으로 인한 실수가 아니었어, 그래서 뭐가 잘못되었는지도 모르고 이 실수에서 배울 수 있는 것도 없잖아.'

책을 출간하면서도 비슷한 경험을 했습니다. 저는 가장 최근에 쓴 책을 자비 출판했습니다. 많은 사람들이 잘못된 결정이라고 말렸지만 우리는 자비 출판에 대해 잘 알아보고 모험을 하기로 결정했습니다. 자비 출판을 한 책 『행운의 의미(The Meaning of Luck)』는 비슷한 도서들의 반값에 판매해서 엄청난 부수가 팔려나갔고 출판사를 통해 출간했을 경우의 예상 수익보다 훨씬 큰 수익을 거둬들였습니다. 실수가 될 뻔한 결정이 엄청난 성공을 가져다주었습니다."

세 번째 메시지 : "매 경기마다 이기는 게 왜 불가능하지?"

"저는 리더의 기대치가 현실적이어야 한다는 것을 중요하게 생각합니다. 목표가 실현 불가능하다고 생각되면 힘을 낼 수가 없기 때문이지요. 포지션이 배트맨(크리켓의 타자 – 옮긴이)이었던 저는 제게 날아오는 공에 집중하자는 최소한의 목표만 세웠습니다. 호주에서 첫 번째 경기를 할 때 제 목표는 높은 점수를 내는 게 아니라 '바보짓은 하지 말자'였습니다. 정말 그것뿐이었습니다! 그런 게 현실적인 기대치입니다.

그런데 리더는 비전도 제시할 수 있어야 합니다. 그래서 어느 날, 저는 경기 결과를 보고서 팀원들에게 이렇게 물었습니다. "이번 원정에서 매 경기마다 이기는 게 불가능한 일은 아니잖아?"

이 질문에 대해 잠시 생각을 해봅시다. 우리는 우리가 얼마나 잘하는지도 잘 알고, 우리 전략에 대해서도 잘 알고, 상대 팀들에 대해서도 잘 압니다. 그렇다면 매 경기마다 이기는 게 불가능한 일만은 아니지 않을까요? 그래서 우리는 매 경기마다 이겼습니다. 이 질문이 선수들 한 사람 한 사람의 마음에 확고하게 자리 잡았기 때문에 가능했던 결과입니다. 이 질문은 우리가 지금껏 그 누구도 생각 못 한 목표를 이루도록 집중하게 만들었습니다. 그리고 테스트 매치 16연승이라는 세계기록을 세우도록 이끌어 주었습니다."

네 번째 메시지 : "억울해하는 대신 더 나아지도록 애써라."

"힘을 제대로 집중해야 더 나은 결과를 얻을 수 있습니다. 여러분 자신이나 팀을 이끌어갈 수 없는 일에 에너지를 낭비하기를 원치는 않을 것입니다. 저는 승부욕이 강하고 다른 팀들을 이기고 싶은 욕심이 큰데 억울해하고 화내기만 하는 사람을 보면 그런 행동이 힘을 집중하는 것인지 아니면 힘을 낭비하는 것인지 꼭 물어봅니다. 그래서 크리켓 시합에서 절망적인 상황이 벌어지거나, 상대팀과 경쟁이 치열해질 때면 저는 우리 선수들이 억울해하고 화내는 대신 더 나은 플레이를 하는 데에 집중하도록 만들었습니다."

4 | 정치인 —
오렌지 한 개를 기르는 데에 얼마만큼의 물이 필요할까?

사막이 많은 호주에서는 물을 효율적으로 사용하기 위한 논쟁이 많이 일어난다. 그리고 머리강(Murray River)의 경우처럼 과일 농사를 위해 강의 수로를 바꾸는 문제에 대해서도 농업인, 정치인 그리고 환경 운동가들 사이에 논쟁이 자주 일어난다.

이런 논쟁은 대단히 치열하고 과격했으며, 호주 농산물의 상당수가 해외 수출용이라는 사실이 상황을 복잡하게 만들기도 했다. 그러던 어느 날, 간단한 메시지 하나가 모든 사람들의 생각을 바꿔놓았다.

"과일 수출은 곧 물 수출이다."

이 메시지가 발표되자마자 다음과 같은 질문들이 쏟아졌다. 물의 물리적 비용이 얼마인가? 물의 기회비용은 얼마인가? 물을 수출하면 얼마를 벌어들일 수 있는가?

물에 대해 다양한 생각들이 쏟아져 나오면서 과거보다 좀 더 균형 잡힌 논쟁이 가능해졌다. 강렬한 메시지의 놀라운 힘이다.

5 | 의사 —
새로운 아이디어를 받아들이도록 메시지로 설득하다

　　　　　좋아, 질, 거기, 나는 제대로 말했다. 좀 어색하긴 했지만 다른 외과 의사들의 행동을 변화시키려는 한 의사의 노력에 대해 설명하려면 이 명칭을 말해야만 했다.

　　2, 3년 전, 나는 호주 멜버른의 여성비뇨기과 전문의 마커스 캐리 (Marcus Carey) 박사가 새로운 아이디어를 '판매'하는 일을 돕게 되었다. 그는 획기적인 질탈 치료법을 개발했는데 이 치료법을 전 세계 외과 의사 들에게 전파하려면 그들을 설득할 수 있는 언변이 필요했다.

　　캐리 박사는 미국의 다국적 제약회사 존슨앤드존슨과 협업하여 새로운 수술법을 개발했지만 외과 의사들이 기존의 치료법을 포기하고 새로운 기법을 받아들이도록 설득하기가 쉽지 않았다.

　　좋은 생각이라고 해서 남들이 무조건 다 잘 받아들여 주는 것은 아니 다. 그래서 캐리 박사는 리더라면 누구나 해야 하는 일을 했다. 생각을 바 꾸도록 사람들을 설득한 것이다. 그런데 사람들은 노력이 필요하고 불확 실성이 뒤따를 때 변화를 거부한다.

아무리 좋은 아이디어라도 설득하지 못하면 실패한다

사람들의 행동을 바꾸려면 그들을 설득해야 한다. 그래서 캐리 박사는 전 세계를 돌면서 의료 콘퍼런스에서 강연을 했다.

그러자 세계 각국에서 그의 새로운 치료법에 대한 자료 요청이 쏟아져 들어왔다. 생각해 보라. 기존의 수술법은 외과 의사들에게 엄청난 기술을 요구하는데, 그 요구에 부응할 수 있을 정도로 숙달된 의사의 수가 충분하지 않았다. 게다가 기존의 수술은 3시간이 소요되는데 캐리 박사의 새로운 수술법은 1시간도 채 걸리지 않았다. 인구 노령화로 질탈 수술이 45퍼센트 증가했다. 여성 여덟 명 중 한 명이 이와 관련한 증상을 겪는다.

캐리 박사의 새로운 수술법은 여러 가지 면에서 기존의 방법보다 훨씬 효율적이었다. 그런데 새로운 수술법에 대한 초기 설명은 너무 길고 기술적인 부분에만 치중했다. 그래서 캐리 박사와 나는 메시지를 대폭 수정하기로 했다.

"새로운 수술법은 기존의 방법에 비해 월등한 장점이 네 가지 있다.

1. 더 빠르다 – 외과적 위험을 줄일 수 있다.
2. 기존 방법보다 소극적 수술이다 – 회복이 더 빠르다.
3. 수술 후 합병증 발병 가능성이 더 적다.
4. 환자들에게 설명하기가 훨씬 더 쉽다."

캐리 박사의 초기 설명에도 위의 내용들이 포함되어 있었지만 자세한 설명을 하다 보니 메시지를 강조하지 못했다. 위의 네 가지 장점 메시지를 정하고 나자 캐리 박사는 융통성 있고, 기억하기 쉽고, 20초 안에 전달할 수 있는 간결한 설명이 가능해졌다. 간결하고 짧아졌다는 사실만으로도 사람들이 이 메시지를 다시 떠올릴 가능성이 많아졌다.

이 사례는 기존의 것보다 훨씬 나은 아이디어/기술/방법에 대한 이야기다. 남들이 여러분의 생각에 귀 기울이도록 만들고 싶다면 이 사례가 도움이 될 것이다. 안타깝게도 사람들을 설득시키지 못해서 그대로 사장되고 마는 좋은 아이디어들이 너무 많다.

CHAPTER 6

메시지는 퍼스널 브랜드를 만든다

여러분의 지식을 메시지, 프레젠테이션, 아니면 '주제가 있는 대담 (focused conversation)'에 잘 담아넣으면 여러분의 퍼스널 브랜드(personal brand : 차별화된 가치와 역량을 브랜드화해서 다른 사람들에게 널리 알리는 것 - 옮긴이)도 키울 수 있고 아이디어의 가치도 높일 수 있다.

1 | 줄스 룬드 – 제목이 바뀌면 모든 것이 바뀐다

줄스 룬드(Jules Lund)는 나와 처음 만났을 때 이미 텔레비전과 라디오 사회자로 잘 알려진 스타였다. 그런 그도 호주 라디오 콘퍼런스에서 1천 명 청중을 상대로 한 프레젠테이션을 앞두고는 다소 긴장했다. 이런 '비즈니스 프레젠테이션'에 대한 경험이 별로 없었기 때문이다. 게다가 그는 이 기회를 이용해 소셜미디어 전문가로서의 입지를 다지려고 했다.

줄스 룬드는 내게 많은 질문을 했다. 아이디어를 체계화할 수 있는 제일 좋은 방법이 무엇인가? 세부적인 내용은 얼마나 담아야 하나? 청중의 관심을 끌어들일 수 있는 최고의 연설 기술은 무엇인가? 등등……

그런데 함께 작업을 시작하자마자 우리가 한 어떤 일이 이 모든 질문들에 대한 대답을 제시해 주었다.

우리가 한 일은 '소셜미디어 활용법'에서 '당신의 디지털 포트폴리오'로 제목을 바꾼 것이다

제목 하나 바꾼 것으로 어떻게 그런 변화를 이끌어 낼 수 있었을까?

처음 제목은 정확하고 정보를 제공할 수 있을 것처럼 보이기는 하지만 100명의 다른 소셜미디어 전문가들과 차별성이 느껴지지 않았다. 그 때문에 줄스 룬드가 기회를 잡지 못했던 것이다. 나는 그와 대화를 나눠본 후에 그가 '이제는 소셜미디어를 잘 활용할 줄 알아야 하는데 그렇게 할 수 있는 방법을 설명하겠다'가 아니라 단지 소셜미디어가 라디오 자체보다 더 중요하다는 이야기만 했다는 것을 알 수 있었다. 그래서 우리는 제목을 '당신의 디지털 포트폴리오'로 바꿨다.

이제 라디오 방송국도 '디지털 포트폴리오'가 있다

다른 말로 하자면, 방송 스튜디오, 비싼 방송권, (가장 가치가 큰 자산처럼 짐작되는) 산꼭대기에 있는 송신탑으로 이루어진 라디오 네트워크는 이제 사업의 일부분일 뿐이라는 뜻이다. 라디오 방송국에 소셜미디어 기능을 더해야 하는 시대가 온 것이다. 따라서 투자의 방향을 재조정할 필요가 있었다. 왜냐하면 이제 라디오는 세 가지를 포함한 '디지털 포트폴리오'가 있는 엔터테인먼트 사업이기 때문이다.

1. 기존의 라디오 방송국
2. 웹사이트
3. 소셜미디어 청취자

이제는 이 세 가지 모두 똑같이 가치 있고 중요하다. 이런 변화는 라디오 방송국 경영진이 기존에 가지고 있던 인식을 크게 뒤흔들었다. 그리고 줄스 룬드의 프레젠테이션 청중들로서는 받아들이기 힘든 변화이기도 했다. 라디오 방송권의 가치가 궁극적으로 회계상 감가상각으로 처리되어야 한다는 뜻이기 때문이다. 그런데 이런 변화는 너무도 빨리 다가와서 실제로 변화가 일어나는 것을 아무도 눈치 채지 못했다.

그래서 이런 변화(그리고 그 변화에 어떻게 대처할 것인가)에 대한 줄스 룬드의 프레젠테이션은 청중들 모두를 완벽하게 사로잡았다. 호주와 아시아의 최대 방송 네트워크 사주들과 경영진들은 디지털 포트폴리오라는 새로운 시각으로 자산 분배와 경영 전략을 다시 생각하기 시작했다. 이 프레젠테이션을 통해 줄스 룬드는 엔터테인먼트업계에서 통찰력 있는 리더로 자리매김하게 되었다.

제목 하나가 어떻게 이런 변화를 가져올 수 있었을까?

제목 하나 바꿨을 뿐인데(결국은 메시지를 바꾼 것이지만) 어떻게 강연이나 프레젠테이션의 다른 모든 중요한 요소들까지 변할 수 있었을까? 그것이 가능했던 것은 다음의 세 가지 이유 때문이다.

첫째, 명료성 : 우리가 제목을 바꾼 것은 '진짜 메시지'를 찾아냈기 때문이었다. 진짜 메시지를 찾아낸 덕분에 줄스 룬드는 면도날처럼 정확하게 초점을 맞출 수 있었고, 그로 인해 프레젠테이션에 무엇이 필요하고 무엇이 필요 없는가를 분명하게 결정할 수 있었다. 아이디어를 체계적으로 정리하는 것도 훨씬 쉬워졌다. 예를 들어, 우리는 '청크 구조(chunk structure)'를 이용했는데, 이 덕분에 줄스 룬드는 소셜미디어의 작동 원리를 설명하는 20장의 슬라이드가 더 이상 필요 없다는 것을 쉽게 이해할 수 있었다.

둘째, 에너지 : 메시지가 분명해지자 프레젠테이션은 힘과 자신감이 넘쳤다. 줄스 룬드의 태도도 변했다. 바쁜 스케줄에 쫓기면서 겨우겨우 시간을 쪼개서 어려운 프레젠테이션을 하던 모습에서 업계 모두에게 중요한 메시지를 전한다는 분명한 목표 의식을 가진 자신만만한 모습으로 변했다.

셋째, 태도 : 진짜 메시지를 찾아냄으로써 얻게 된 명확함과 에너지는 프레젠테이션에서 줄스 룬드가 하는 단어 하나하나, 행동 하나하나에 고스란히 묻어났다. 명확함과 자신감이 불안감과 걱정을 지워 버렸다. 그의 프레젠테이션은 환상적이었다. 청중은 열광했고 줄스 룬드는 영향력 있고 이윤 창출을 할 줄 아는 전문가라는 입지를 탄탄히 다지게 되었다.

2 | 재닌 앨리스 ─ 자연스러운 스타일의 힘

부스트 주스(Boost Juice)의 거칠 것 없는 성공은 창업자 재닌 앨리스(Janine Allis) 덕분이라고 해도 과언이 아니다. 재닌 앨리스는 자신과 자신의 사업을 홍보하는 데에 가히 천재적이라 할 만하다. 다시 말하자면, 기억에 남을 메시지를 전달하는 데에 천재적인 소질을 타고났다는 뜻이다. 부스트 주스를 소비자들의 뇌리에 각인시킨 브랜딩 스토리는 자주 회자된다.

'16살에 학교를 중퇴한 세 아이의 엄마가 자기 집 부엌에서 시작한 부스트 주스는 현재 200개 매장의 기업으로 성장했다.'

이것은 저녁 모임이나 평범한 대화 중에 자연스럽게 전해질 수 있는 이야기다. 마트에서 주스를 고르다가 '부스트 주스 한 번 마셔보자. 그런데 부스트 주스 사장이 16살 때 학교를 중퇴했다며?'라고 대화할 수도 있다.

재닌 앨리스에 대한 유명한 이야기로, 그녀가 낙스 기술학교(Knox Technical School)에서 타자와 용접 기술에 대한 정식 자격은 받았지만 기업 경영을 위한 경영학은 배운 적이 없다는 일화가 있다. 내가 이 사실을 아는 것은 재닌 앨리스 자신이 핵심 메시지를 전달하기 위해 '타자와 용접 기술' 일화를 수도 없이 반복해서 말했기 때문이다. 이 일화는 부스트 주스 팬들에게는 이제 전설이나 다름없다.

문제를 해결하고 단순하게 만들기

재닌 앨리스는 언론에 '메시지를 전달'하는 데에도 아주 뛰어난 재주를 가지고 있다. '학력도 낮고 정식 교육 과정을 거치지 않았는데도 사업에 성공할 수 있었던 비결이 무엇이라고 생각하십니까?'라는 질문에 그녀는 이렇게 대답했다.

"제가 모든 걸 다 잘하지는 않습니다. 하지만 문제를 해결하고 일을 단순하게 만드는 건 잘하죠."

중요한 이야기다. '문제를 해결하고 단순하게 만들기' 이것은 잡지 헤드라인으로 실릴 만한 메시지다. 그리고 실제로 그렇게 됐다! 메시지를 반복해서 말하면 자신의 브랜드를 더욱 부각시킬 수 있다.

사업 성공 초기에 재닌 앨리스가 강연할 기회가 늘어나면서 나는 그녀와 함께 일하는 기쁨을 누리게 되었다. 그런데 점점 더 유명해지고 강연의 규모가 커지자 그녀는 있는 그대로의 모습으로 편안하게 무대에 서지 못할 때가 많다는 생각이 들기 시작했다. 재닌 앨리스는 정장을 즐겨 입지 않는데, 정장 차림의 청중 500명 앞에 설 때는 아무래도 복장에 신경이 쓰일 수밖에 없었다.

재닌 앨리스는 자신의 브랜드, 자연스러운 스타일, 새로운 청중의 기대치에 대해 고심에 고심을 거듭했다. 하지만 해답을 찾을 수 없었고 그로 인해 확신이 사라지고, 그 결과 자신감이 떨어지면서 강연에 대한 걱정이 늘어갔다.

꼭 대본대로 해야 하나?

재닌 앨리스는 이런 의문이 생겼다. 꼭 짜인 대본대로 해야 하나? 청중이 바뀌면 내 스타일과 접근 방식도 바뀌어야 하는 건가? 만약 바꾼다면 얼마나 바꿔야 하는 걸까? 그리고 만약 내가 바뀌면 나 자신을 잃어버리게 되는 것은 아닐까? 그리고 다양한 청중을 만족시켜야 하는 상황에서 명확하게 생각하고 자연스럽게 말하는 능력도 잃어버리게 되는 것은 아닐까?

그녀가 처한 상황에서는 얼마든지 생각해 볼 수 있고 또 중요한 질문들이다.

이런 의문들로 고민할 때 재닌 앨리스가 겪은 어려움 중에 하나가 대본대로 하는 것에 대한 거부감 때문에 (재미있는) 이야기를 하다가 강연이 옆길로 샐 때가 많다는 점이었다. 그리고 이야기가 옆길로 새면 어떻게 다시 본론으로 돌아가야 할지 몰라서 당황했다.

대단히 실용적인 사고방식의 소유자이면서 상황에 대한 통제력이 뛰어난 사람답게 재닌 앨리스는 이 유쾌하지 않은 불확실함을 개선하고 싶어했다.

우리는 사람들이 그녀의 남다른 접근 방식과 자연스러운 스타일을 좋아한다는 점에 대해 이야기했다. 사람들이 재닌 앨리스의 이야기에 귀를 기울이는 것은 투박하다 싶을 정도로 진실한 모습 때문이었다.

"잘됐네요! 나는 내 스타일을 바꾸고 싶지 않아요. 그런데 내 스타일을 바꾸지 않고도 연설을 잘할 수 있는 방법이 있을까요?" 재닌 앨리스가 물었다.

우리 앞에 놓인 문제는 이런 것이었다. 청중의 규모에 상관없이 재닌 앨리스가 편하게 느낄 수 있는 무대를 만들려면 어떻게 해야 할까? 대본대로 하는 것은 대안에서 제외되었다. 대본을 곧이곧대로 따른다고 해서 말하는 사람과 청중이 교감하는 데에 도움이 되는 것은 아니기 때문이다.

해답은 강연의 핵심 메시지를 파악하는 것이었다. 그러면 이야기가 옆길로 새거나 처음 계획했던 것보다 더 길어져도 어떻게 끝맺어야 하는지를 알 수 있었다.

재닌 앨리스에게는 메시지가 연설, 프레젠테이션, 언론 인터뷰에서 중심을 잡아 주는 닻 역할을 했다. 이런 접근법은 그녀에게 잘 통했다. 덕분에 불안감은 줄어들고, 자신감이 높아지면서 대규모 프레젠테이션에 대한 두려움도 사라졌다.

날것 그대로의 모습이 청중을 사로잡다

2005년 출간된 재닌 앨리스의 전기 『재닌 앨리스(Janine Allis : Business secrets of the woman behind Boost Juice)』를 쓴 저자이자 경제 전문 언론인인 제임스 커비(James Kirby)는 앨리스의 강연에 대해 '다듬어지지 않은 날것 그대로의 모습을 보여 주는 자연스러운 스타일이 청중을 사로잡았다'라고 설명했다.

바로 그것이다. 다듬어지지 않았다는 표현이 이제는 칭찬이 되었다. 분명한 핵심 메시지로 인해 긴장하지 않고 여유롭게 그리고 자연스럽게 말할 수 있게 된 재닌 앨리스는 이제 전 세계 각종 행사에서 수백 명부터 수천 명에 이르는 청중에게 자신의 이야기를 들려주고 있고, 이런 활동은 부스트 주스를 더욱 큰 성공으로 이끌고 있다.

3 | 고위 관리자 – 아는 것을 문자화하기

나는 작가, 과학자, 학교장, 광고 전문가, 마케팅 책임자, 최고 경영자 등 다양한 계층의 많은 사람들이 머릿속 지식을 강렬한 메시지와 이런 메시지를 뒷받침하는 설명으로 전환할 수 있도록 도와주었다. 지금부터는 라디오 네트워크의 콘텐츠 최고 책임자와 함께 일한 경험을 소개하고자 한다.

모 라디오 네트워크의 콘텐츠 최고 책임자 A는 여러 라디오 방송사들을 거느리고 글자 그대로 100개의 아침 프로그램 제작팀, 프로그램 그리고 매일 수백만 명의 청취자들을 만나는 진행자들을 관리한다. 상업 라디오 방송에 대해 여러분이 어떤 생각을 가지고 있든, 그들이 생산해 내는 새로운 아이디어의 양은 어마어마하다.

하루 24시간 생방송을 할 수 있는 텔레비전 방송국이 얼마나 될까? 하나도 없다. 재미를 선사하면서, 청취자와 소통하고, 세상 소식을 설명해 주는 일을 동시에 할 수 있는 아침 쇼를 만드는 것은 결코 쉬운 일이 아니다. 그런 쇼를 만들려면 프로그램 하나에 재미있는 내용, 바보스러운 내용, 논쟁, 정치 분석, 스포츠, 지역 뉴스를 모두 다 집어넣어야 한다. 이런 프로그램과 이 프로그램을 만드는 제작팀은 우연히 만들어지는 게 아니다.

아는 것을 문자화하고 활용하는 법

A는 우수한 품질의 방송 콘텐츠 제작을 돕기 위해 비행기 마일리지가 어마어마하게 쌓일 정도로 쉴 새 없이 출장을 다녔다. 제작팀마다 제작 단계가 다르기 때문에 대화 내용이 다를 수밖에 없었다. 그리고 직접 만나 아무리 효과적으로 이야기를 한다고 해도, 하루 24시간이라는 시간적 제약은 벗어날 수 없었다. 그래서 자연스럽게 '최대한 많은 사람들에게 내 지식을 전달해 줄 방법이 없을까?'라는 생각을 하게 되었다.

A와 내가 제일 먼저 한 일은 그가 아는 것들을 짧은 프레젠테이션 원고로 만드는 작업, 즉 자신의 지식을 문자로 정리하는 작업이었다. 그래서

'우수한 방송팀 구성을 위한 3단계 전략'이 탄생했다. 굉장히 쉬워 보이기는 하지만, 그 이전까지는 3단계 전략 같은 구조로 설명한 적이 없었다. 3단계 전략을 간단히 살펴보면 다음과 같다.

1. 재능 있는 인력을 선발한다(함께 일하는 데에 적합한 사람을 고른다).
2. 작업 생태계를 구축한다(PD, 방송국 관리자, 그 밖의 지원 인력들로 이루어진 제대로 된 지원팀 구성을 위한 실용적인 접근).
3. 프로그램 브랜드를 홍보한다(다양한 전략과 단계를 통해 실행에 옮긴다).

위의 3단계 전략을 만들자마자 조직의 모든 구성원들이 관심을 보이며 활용에 나섰다. 그러자 A는 자신감이 높아지고 자신의 역할에 대한 자부심도 커졌다.

'지식을 문자화'한 3단계 전략은 단순함과 융통성 덕분에 상황에 따라 다양하게 변형해서 활용하기가 쉽다. 예를 들어 일대일 대화를 위한 '30초 메시지'는 다음과 같다.

"우수한 방송팀 구성을 위해서는 재능 있는 인력 선발, 작업 생태계 구축, 프로그램 브랜드 홍보의 3단계 전략을 거쳐야 합니다."

위의 내용을 손가락을 하나씩 꼽으며 이 이야기를 하고 또 하는 모습을 상상해 보자. 그 다음에는 할 수 있는 모든 수단을 총동원해서 각 단계를 자세히 설명하는 방법을 생각해 보자. 자세한 설명을 덧붙여 서류 형태로 만들어 직원들에게 배포하는 방법이 있다. 자세한 설명을 담은 교육용 자료로 만들 수도 있다. 단계별로 하나씩 동영상을 만들어 설명할 수도 있다. 그리고 강연회나 콘퍼런스를 위해 좀 더 길게 프레젠테이션을 만들 수도 있다. 3단계라는 기본 구조는 그대로 유지하면서도 얼마든지 형식을 바꿀 수 있다. 상황에 따라 어느 정도까지 자세하게 설명할 것인가란 디테일의 수준만 정하면 된다.

작은 노력으로 더 큰 효과를

방송국의 모든 구성원이 A가 만든 우수한 방송팀 구성 전략을 익혔고, 그로 인해 신입 직원에 대한 교육이 훨씬 더 효율적이고 효과적으로 이루어지게 되었다. 자신이 가진 지식을 이런 식으로 활용하면 간접적인 영향력의 효과도 극대화시킬 수 있다. 아이디어를 전파하는 노력은 줄어들지만 더 많은 사람들이 아이디어에 접근할 수 있기 때문에 아이디어의 파급력은 더 커지는 것이다.

내 고객들 중에는 이렇게 '지식을 문자화한' 프레젠테이션 덕분에 전문가 반열에 오르고 전 세계 콘퍼런스에서 강연을 해달라는 요청을 받는 이들이 많다.

지식의 문자화를 통한 메시지 전달은 조직의 브랜드뿐만 아니라 메신저로서의 개인의 브랜드도 함께 높여 준다. 그러면 재능 있는 인재들이 조직에 관심을 갖고 모여 들게 된다.

CHAPTER 7

메시지는 사업을 널리 퍼뜨린다

1 | 리처드 브랜슨 — 입에서 입으로 전해지는 광고

리처드 브랜슨은 메시지의 달인이다. 말할 때 '음' 그리고 '어' 같은 소리를 자주 내고 걸핏하면 샴페인을 터뜨리며 파티를 하거나, 열기구에서 뛰어내리는 등 기행을 일삼지만, 그가 전달하는 메시지는 언제나 짧고 기억에 또렷이 남는다.

버진머니(Virgin Money – 버진그룹의 금융 서비스 기업)든, 버진애틀랜틱항공(Virgin Atlantic)이든, 버진그룹(Virgin Group) 산하 모든 기업에 대해서 리처드 브랜슨이 언론에 보여 주는 메시지는 똑같다. 그는 언론의 관심을 끌어모으는 데에 천부적인 소질을 가지고 있고, 자신의 사업에 대한 메시지를 알리는 데에 이 소질을 잘 이용하고 있다.

예를 들어, 얼마 전 리처드 브랜슨은 호주와 남아프리카를 운행하는 신규 노선 출범을 축하하는 파티를 열었다. 물론 이번에도 리처드 브랜슨 경은 사람들의 기대를 저버리지 않았다. 셔츠를 벗어던지고는 '아프리카 전통' 복장을 차려 입어 언론의 주목을 끌었다. 그렇지만 그의 진짜 목표는 자신의 메시지가 언론에 문자화되는 것이다. 헤드라인에 등장하면 더할 나위 없고 말이다. 그가 어떻게 했는지 보자. 다음은 이 파티에 대한 언론의 헤드라인들이다.

'브랜슨, 호주 – 요하네스버그 간 버진항공 신규 노선 홍보 위해 호주로'
'브랜슨, 버진항공 아프리카 노선 개설 축하 위해 사파리 파티 열어'
'리처드 브랜슨, 멜버른 출장이 영화 〈행오버〉 같았다고 말해'

세 개 중 두 개는 나쁘지 않았다. 세 번째 헤드라인을 채택한 〈헤럴드 선〉은 전년도 자동차 경주 대회에서 리처드 브랜슨이 만취했던 사건으로 기사를 시작했다. 그래도 어쨌든 메시지를 언론에 알리려는 그의 목적은 달성되었다. 위의 세 번째 헤드라인 밑에 그가 전하고자 한 핵심 메시지들이 빠짐없이 인쇄되었으니 말이다.

일상적인 대화 중에 메시지를 끼워넣어라

2, 3년 전 리처드 브랜슨은 마음을 파고드는 메시지로 큰 성공을 거뒀다. 주택융자 전문업체인 버진홈론(Virgin Home Loans)을 설립한 그는 여러 텔레비전 쇼 프로그램에 출연하면서 엄청난 공짜 홍보 기회를 얻었다. 우주 비행 경험담과 열기구 여행 기록 이야기 사이사이에 브랜슨은 자신의 새 사업 이야기를 슬쩍 끼워넣었다.

첫 번째 메시지 : "은행들이 수수료를 너무 많이 뜯어간다고 다들 하소연하기에 이 사업을 시작하게 된 겁니다."

브랜슨은 그 뒤로 프로그램 진행자와 다시 한참 동안 이런저런 이야기를 나누다 다시 새 사업 이야기를 슬쩍 했다.

"멜버른과 시드니로 비행하는데 거기 있는 고층 빌딩들이 전부 은행 소유더라고요."

이것은 은행들이 이용자들한테서 수수료나 이자를 너무 많이 가져간다고 암시하는 말이었다. 그 뒤로 다시 생생한 메시지가 이어졌다.

두 번째 메시지 : "버진의 대출을 이용하면 평균 주택 소유자가 3만 달러를 절약할 수 있어요."

브랜슨의 대화 스타일은 대화 전체를 미리 준비하는 것이 아니라, 그때 그때 자신의 메시지를 부각시킨다.

나는 그 다음날 사람들이 위의 메시지들을 (글자 하나 빠뜨리지 않고 그대로) 따라하는 것을 많이 들었다. 메시지들이 너무 인상 깊어서 사람들은 일상적인 대화 중에 브랜슨의 메시지들을 언급하면서 자기도 모르는 사이에 브랜슨의 회사 홍보를 해 주고 있었던 것이다! 이거야말로 입에서 입으로 전하는 광고이고, 광고 방법들 중에서 제일 강력한 방법이다(팁 : 이 방법은 메시지가 너무 길면 곤란하다).

겁이 나거나 불편해도 상관없다

이처럼 리처드 브랜슨은 미디어를 이용해 메시지를 전하는 데에 천재적인 소질을 타고났다. 정말 대단하다. 하지만 그런 브랜슨도 전혀 의외의 모습이 있다.

그도 카메라 앞에 서거나 대중 앞에서 연설을 할 때면 불안해지고 겁이 난다고 한다. 그는 연설할 때 불안하고 겁이 난다고 공개적으로 말했고 자서전에서도 그런 사실을 밝혔다.

그래도 문제없다. 대중 앞에서 말하는 것이 불안하고 겁나도(믿어지지 않지만) 그는 신경 쓰지 않는다. 이런 마음가짐은 사람들 앞에서 말하기에 대한 두려움을 줄이는 데에 도움이 된다. 두려움은 분명히 있지만 그런 두려움을 갖는 데 대해 걱정하거나 절망하지 않는다는 뜻이기 때문이다.

그렇다, 가슴이 두근거리거나, 몸이 떨리고, 얼굴이 붉어지는 것 같은, 신체적인 증상이 나타날 수도 있다. 그렇지만 그런 증상 때문에 당황하지 말고 메시지를 전달하거나 생각을 설명하는 데에 집중하면 불안감이 조금 줄어든다.

멋진 연설을 하는 사람들 중에 많은 수가 여전히 남들 앞에 서는 것에 두려움을 느낀다고 하면 다들 놀랄 것이다. 그들을 보면 알 수 있듯이 그런 두려움을 느끼는 게 별 것 아니라고 생각하면 정말로 별 것 아니다(두려움과 불안감 극복에 대해서는 '10장 명료함 최우선의 법칙'에서 좀 더 깊이 살펴보려고 한다.)

2 | '뜨거운 온수 스파가 있는 스키장 호텔'을 홍보하라

나는 호주 폴스크리크의 눈 덮인 산 속에 있는 오래된 스키 산장을 위한 홍보 메시지 제작에 참여한 적이 있다. 마케팅 메시지 제작 경험 중에 제일 재밌었던 일로 기억된다.

나는 스키를 좋아한다. 그리고 하루 종일 스키를 탄 후 욱신거리는 몸을 뜨거운 욕조에 담그는 것만큼 좋은 것이 없다. 특히 아지랑이처럼 피어오르는 김 속에 녹아드는 눈송이를 바라보며 별빛 아래 노천 욕조에 몸을 담그고 있으면 천국이 따로 없다.

20년 전까지만 해도 호주에는 설선(고산지대에서 겨울에 내린 눈이 녹지 않고 쌓이는 가장 낮은 높이의 경계선 – 옮긴이) 위로는 뜨거운 온수 스파를 갖춘 숙박 시설이 흔하지 않았다. 그래서 나는 피퍼콘 산장(Pfeffercorn lodge)에

주로 묵었다. 그곳에는 거대한 와인통을 반으로 잘라 만든 멋진 노천 스파가 있었다.

자주 가다보니 그곳 주인과도 친해졌는데, 그는 숙소 홍보가 쉽지 않다고 이야기하곤 했다. 그가 가지고 있는 문제점은 두 가지였다.

경쟁업체들 사이에서 눈에 띌 수 있는 방법은 무엇인가?

첫 번째 문제점은 그가 하는 홍보가 전혀 기억에 남지 않는다는 것이었다. 숙소의 위치, 규모, 스키의 즐거움, 침실 개수, 옵션 사항 등을 소개하는 것까지는 좋은데 그런 것들은 다른 업체들도 모두 똑같이 하고 있었다. 그래서 시설이 조금 다른 것 말고는 차별성을 찾아볼 수 없었다.

1965년에 지어진 퍼퍼콘은 고전적이고 아담한 스키장 산장이다. 마을 한가운데에 위치해 있어서 장소도 그리 특별할 게 없고, 뾰족 지붕이 있는 다른 많은 경쟁업체들보다 더 오래되고 더 작았다.

두 번째 문제점은 이름이었다. '퍼퍼콘' 영어 철자도 어렵고 발음도 어렵다. 이것은 아주 중요한 문제다. 마케팅이 성공하는 데 있어 입소문이 차지하는 역할이 아주 크기 때문이다. 이름이 발음하기 어려우면 친구들끼리 이야기할 때에 화제에 오르기 쉽지 않다.

어느 날 내가 손님 서너 명과 함께 퍼퍼콘의 뜨거운 욕조에서 몸을 녹이고 있는데 그곳 주인이 다가와 홍보 전단 하나를 건네면서 의견을 구했다. 그날의 대화는 이렇게 이어졌다.

주인 : 새 전단지 어떻게 생각하세요?

나 : 너무 어수선하고 핵심도 없어 보이는데요. 온수 욕조에 초점을 맞춰 보는 건 어떻겠습니까? 다른 곳하고 차별이 되는 건데.

주인 : 그것도 여기 나와 있어요, 12번째 줄에……

나 : 그건 그런데, 온수 욕조만 부각시켜 보는 건 어떨까 싶네요. 세계 최고의 퍼퍼콘 스파! 이렇게 말입니다. 전단 내용의 70퍼센트를 온수 욕조 소개로 채우는 거죠. 추운 날 온수 욕조에서 몸을 녹이는 사람들 그림도 넣고요. 오래된 대형 포도주통으로 만든 세계에서 제일 근사한 온수 욕조라는 걸 보여 주면……

주인 : 그럼 다른 중요한 정보들 소개는 어떻게 하고요?

나 : 세부 사항은 작게 인쇄하면 되죠. 여기 오면 스키 탈 수 있다는 건 다들 알잖아요. 이곳이 폴스크리크에 위치해 있다는 것도 다들 알고, 침대가 있다는 것도 다들 알고 말입니다. 다들 아는 거 말고 제일 중요한 핵심 메시지 딱 한 개만 알리는 겁니다!

결론부터 말하자면 숙소 주인은 내 말대로 했다. 그리고 마케팅은 성공을 거뒀다. '폴스크리크에 근사한 온수 스파가 있는 스키 숙소가 있다'는 입소문이 퍼져나가기 시작했다. 사람들은 와인통으로 만든 욕조라는 이야기도 빠뜨리지 않았다. 와인을 담던 통에 몸을 담글 수 있다는 것은 재미있는 이야기니까 당연했다.

오래지 않아 온수 욕조는 아주 유명해졌다. 2004년 낡은 퍼퍼콘 산장 건물을 철거하고 새 스키 산장이 들어섰다. 이름은 허스키 산장. 그리고 허스키 산장 홍보 전단의 핵심 포인트는 무엇이었을까?

"허스키의 주간 스파 고객들을 위해 퍼퍼콘의 상징이었던 온수 욕조는
그대로 유지합니다."

이 산장에도 온수 욕조가 있습니까?

이제 폴스크리크는 스키장들 중에서 1인당 온수 욕조가 제일 많은 지역
이 되었다. 기존의 산장들은 온수 욕조를 추가했고 새로 짓는 산장들은
설계에 온수 욕조를 기본으로 포함시켰다. 왜냐고? 이곳을 찾는 고객마
다 물어보는 '이 산장에도 온수 욕조가 있습니까?'라는 질문에 그렇다고
대답해야 했기 때문이다.

3 | CSIRO ─ 메시지로 연구 기금을 모으다

메시지는 주제에 대한 자세한 설명으로 들어가는 문이다.

CSIRO(호주연방과학산업기구)는 19개 분야로 구성되어 있다. 과학자들
이 주도하고 운영하는 조직이지만 기금은 비과학자들, 다시 말하자면 정
치인들로부터 얻어야 하는 실정이다.

그런데 기금 마련을 위해 만날 때마다 CSIRO의 과학자들은 과학 연구
에 대해 지나치게 세세하게 설명하고, 정치인들은 무슨 말인지 알아듣지

못해서 멍한 눈빛으로 바라보다가, 서로 너무 다른 세계에 있다는 사실만 확인하는 일이 빈번히 벌어졌다.

그러던 중 CSIRO의 한 부서에서 내게 메시지 전달 교육을 요청했다. 그 부서는 CSIRO 수익의 20퍼센트를 창출해 내야 하는데 아직 필요 기금의 5퍼센트밖에 마련하시 못했다는 문제를 안고 있었다.

비과학자들에게 어떤 메시지가 통할까?

'문제는 커뮤니케이션입니다' 내 말에 부서장은 이렇게 말했다. "우리가 가장 성공적인 부서라고 주장은 하지만, 사실 우리가 뭘 하는지 제대로 아는 사람이 아무도 없습니다. 우리 부서가 하는 일은 '우리는 와이파이 네트워크를 개발했습니다'라거나 '우리는 생산가를 줄였습니다'처럼 간단하게 말할 수 있는 게 아닙니다. 우리가 하는 일을 설명하려면 너무 복잡해진단 말입니다."

그래서 나와 부서장은 부서의 수석 연구원들을 회의실로 불러 아주 단순한 메시지를 만들었다. 과학의 문외한도 쉽게 알아들을 수 있을 정도로 쉽게 말이다.

처음에는 전혀 과학적이지 않은 용어를 사용한다는 데 대해서 과학자들의 저항이 있었다. 그렇지만 결국 그들도 자신들의 이야기를 들어줄 청중(여기서는 정치인들)이 사용하는 언어로 말해야만 기금을 모을 수 있다는 사실을 깨달았다. 그래서 메시지(즉, '당신들 부서에서 하는 일이 뭡니까?'라는 질문에 대한 답)는 이렇게 정했다.

"우리는 끝내주는 신물질을 개발하고 있습니다."

과학자들이 '끝내주는'이라는 단어를 사용하는 데에 동의하다니! 다시 말하지만, 메시지는 주제에 대한 자세한 설명으로 들어가는 문이다. 이 간단한 메시지 뒤에는 각각의 과학자들이 맡은 전문 분야에 대한 사례들이 이어졌다. '당신들 부서에서 하는 일이 뭡니까?'라는 질문에 다음과 같은 식으로 대답하는 것이다. "우리는 끝내주는 새 물질을 개발하고 있습니다. 그러니까…"

"… 예를 들자면, 공기가 통하는 스마트 플라스틱 같은 물질을 들 수 있습니다. 스마트 플라스틱을 이용하면 눈이 아프지 않은 소프트 렌즈를 만들 수 있습니다."

"… 인공 심장 판막이나 지폐에 사용할 수 있는 아주 얇으면서도 아주 강한 플라스틱 같은 것 말입니다."

"… 약이 보다 효과적으로 작용할 수 있도록 도와주는 새로운 분자 같은 것 말입니다."

'끝내주는 신물질'이라는 자세한 설명으로 이어지는 문에 초점을 맞춤으로써, CSIRO의 과학자들은 자신들의 전공 분야와 연관되어 있으면서 동시에 보다 더 흥미로운 대화를 정치인들과 할 수 있게 되었다. 게다가 대화를 길게 하지 않아도 짧은 시간 안에 자신들이 하는 일을 비과학자인 정치인들에게 충분히 설명할 수 있게 되었다.

4 | 가톨릭교회 — 프란치스코 교황 효과

프란치스코 교황은 가톨릭교회의 이미지에 얼마나 큰 영향을 미쳤는지 모른다. 지난 수십 년간 가톨릭의 메시지 정책은 한마디로 무계획 그 자체였다. 1962년까지 가톨릭교회는 '우리는 수 세기 전에 만들어진 교리를 고수한다'는 기본 메시지를 고수했고 교회의 역할은 '그 교리를 가르치는 교사'로 규정했다.

50년 묵은 낡은 메시지

가톨릭교회는 1962년부터 1965년까지 '제 2차 바티칸 공의회'를 열어 가톨릭교회와 현대 사회의 관계에 대해 논의했다. 당시로서는 혁명적인 이 일로 인해 가톨릭교회는 '기존 교리'에서 조금 벗어나는 모습을 보여 주었다. 다수의 규칙들과 규제들이 불필요하다는 판정을 받았다. 그리고 경직된 모습에서 벗어나 융통성을 보여 주기도 했다.

그렇지만 이런 변화에 어울리는 존재를 찾을 수 없었다. 베스트셀러 『포지셔닝』에서 공동저자인 알 리스와 잭 트라우트는 이렇게 주장한다. '새로운 교회가 어떤 생각을 가지고 있는가에 대한 분명한 표현이 부족하다는 점이 몹시 안타까웠다.'

그 누구도 제 2차 바티칸 공의회에서 어떤 일이 있었는가를 쉬운 메시지로 표현할 생각을 하지 않았다. 교황 요한 23세가 종종 하던 '가톨릭교회의 창문을 열어 새로운 공기가 들어오도록 해야 할 때'라는 말과 연관된 '창문을 열다' 정도가 그나마 가장 알려진 메시지였다.

하지만 그것만으로는 부족했다.

교회가 교리를 가르치는 교사가 아니라면 무엇인가?

독실한 신자가 물었다. "가톨릭교회가 교리를 가르치는 교사가 아니라면 무엇이란 말입니까?" 이에 대한 대답은 오랜 시간이 흘러도 나오지 않았다. '현대 사회에서 가톨릭교회의 역할은 무엇인가?'라는 질문에 대한 답은 '같은 실수는 하지 않는다'였다. 하지만 일관된 메시지의 부재로 가톨릭교회는 존재 의미에 대한 혼란을 불러일으키고 영향력을 잃어갔다.

알 리스와 잭 트라우트는 가톨릭교회의 메시지 부재를 '정체성의 위기'라고 명명했다. 그들은 가톨릭교회의 이미지를 재정립하고 점점 멀어지는 교회 내 자유파와 보수파의 간극을 좁힐 수 있는 커뮤니케이션 프로그램을 제안했다. 하지만 그 제안은 받아들여지지 않았고 가톨릭교회의 인식은 교회의 비평가들이 주도했다.

그러다 마침내 프란치스코 교황이 나섰다. 그것도 아주 맹렬하게! 프란치스코 교황은 1965년 이래로 모든 교황들이 했던 것보다 훨씬 더 많이 전달력 있는 메시지를 발표했다. 그는 공식적으로 가장 자주 인용되는 그리스도의 대리자(교황을 가리켜 이르는 호칭- 옮긴이)들 중 한 명이기도 하다. 프란치스코 교황의 인기가 높아지는 데에는 그가 강렬한 메시지를 많이 제시하고 또 많은 사람들이 그 메시지를 인용하는 것도 한몫을 한다.

요즘은 '어제 교황님이 한 말 들었어?'라는 말로 대화를 시작하는 경우를 흔히 볼 수 있다. 예를 들어, 프란치스코 교황은 〈라 치빌타 카톨리카(La Civilta Cattolica : 이탈리아 예수회에서 월 2회 발간하는 이탈리아에서 가장 오래된 잡지, 1850년 창간 - 옮긴이)〉에서 가톨릭교회는 다른 이슈들, 특히 가난하고 소외된 이들을 돕는 의무가 외면당하고 있는 상황에서 낙태, 피임, 동성애에 대해 끊임없이 말할 필요가 없다고 했다. 뿐만 아니라 그 의미를 강조하기 위해 두 가지 은유도 전했다. 그는 이렇게 말했다.

'가톨릭교회의 사목은 고압적으로 시행되는 일관성 없는 다수의 교리들을 전달하는 데에 매달려서는 안 됩니다. 우리는 새로운 균형을 찾아야합니다. 그러지 않으면 가톨릭교회의 도덕적 체계는 카드로 만든 집처럼무너지고, 복음은 새로움과 향기를 잃게 될 것입니다.'

프란치스코 교황 하에서 가톨릭교회가 자신들의 역할에 대해 전하고자하는 새로운 메시지는 이런 것 같다. '우리의 역할은 연민과 포용의 마음으로 돕는 것이지, 교리와 원칙을 내세워 비난하는 것이 아니다.' 교황은이렇게 말한 것으로 잘 알려져 있다.

"내가 어찌 감히 심판을 할 수 있겠습니까?"

그리고 동성애자 신도에 대한 가톨릭교회의 견해에 대해 교황은 다음과 같이 말했다.

'가난한 자를 돌본다고 해서 당신이 공산주의자가 되는 것은 아닙니다.'

프란치스코 교황은 자신의 견해에 대해 이렇게 설명했다.

"진화는 사실이며 신은 마법사가 아닙니다. 그리고 빅뱅 이론은 창조론에 대한 기독교의 믿음에 위배되지 않습니다."

위의 메시지들은 전 세계 언론의 헤드라인에 등장한 글들이다. 교황이 이 문제에 대해 실제로 한 말은 다음과 같다.

"하느님은 신성한 존재도 아니고 마법사도 아니지만 모든 것에 생명을 불어넣어 준 창조주이십니다." 프란치스코 교황은 말했다. "자연계의 진화론은 창조론과 불일치하는 것이 아닙니다. 왜냐하면 진화가 이루어지기 위해서는 진화하는 존재의 창조가 있어야 하기 때문입니다."

프란치스코 교황이 헤드라인을 만드는 기자들처럼 짧고 기억에 오래 남을 메시지를 만드는 솜씨는 없을지 몰라도, 그의 메시지는 입에서 입으로 전해져 사람들에게 큰 영향을 미친다.

'프란치스코 교황의 영향력'이 넓게 퍼졌다는 증거는 아주 많다. 〈워싱턴 포스트〉지는 최근 이루어진 퓨 리서치센터의 조사에서, 프란치스코 교황에 대한 지지율이 전 세계적으로 60퍼센트에 이르며, 특히 미국에서는 78퍼센트, 유럽에서는 84퍼센트에 이른다고 보도했다. 그리고 2014년

5월에 실시된 여론 조사에서, 가톨릭 신자 네 명 중 한 명이 해당 년도에 가난한 사람들에게 기부한 액수가 증가했다고 답했다. 그리고 이렇게 답한 사람들의 77퍼센트가 이런 결과가 나타난 것이 프란치스코 교황의 영향이라고 답했다.

반발?

하지만 모든 사람들이 이런 빠른 변화를 반기는 것은 아니다. 그래서 논쟁이 지속되고 있는데, 이때도 분명한 메시지를 제시하는 사람들이 우위에 서게 될 것이다. 예를 들어, 미국의 레이먼드 버크(Raymond Burke) 추기경은 프란치스코 교황의 리더십에 대해 다음과 같이 말했다.

> "많은 사람들이 제게 우려를 표하고 있습니다. 교회가 방향키 없는 배와 같다는 의견이 상당합니다."

이 말은 광고 카피처럼 부각되었다. 그러자 프란치스코 교황은 이렇게 응수했다.

> *"하느님께서는 새로운 것을 두려워하지 않으십니다."*

이 논쟁이 어떻게 이어질지 지켜보는 것은 흥미롭다. 결과가 어떻게 되든, 최고의 메시지를 제시하는 쪽이 논쟁의 우위를 차지할 것이다.

5 | 메시지 — 커뮤니케이션의 성배

커뮤니케이션의 궁극적인 목표는 '널리 전해질 수 있는 메시지 (transferable message)'다. 쉽게 기억할 수 있고, 한 사람에게서 다른 사람으로 계속 전해지는 전파력을 가진 메시지 말이다. 바이럴 마케팅(네티즌들이 이메일이나 소셜미디어를 통해 자발적으로 기업이나 상품의 정보를 홍보하고 퍼뜨리는 마케팅 기법 – 옮긴이)처럼 보이지만, 널리 전해질 수 있는 메시지는 굳이 소셜미디어의 힘을 빌리지 않아도 된다. 그저 메시지를 분명히 밝히고 청중이나 이야기를 듣는 상대에게 전달하기만 하면 된다.

그렇게 하면 적은 노력으로 많은 사람들에게 메시지를 전달할 수 있는 쉬운 길이 열린다. 길고 고된 기존의 스피치를 피할 수 있는 것이다.

무엇으로 칭찬받고 싶은지 생각해 보자. 사람들이 여러분의 목소리를 좋아한다는 말을 듣거나 여러분이 준비한 슬라이드가 멋지다고 하는 말을 들으면 기분 좋을 수 있다. 그렇지만 가장 좋은 칭찬은 남들이 여러분의 아이디어를 마치 자기 생각인 양 말하고 또 말하는 것이다! 아이디어의 승리가 곧 여러분의 승리이다.

나쁜 메시지란 이런 것이다

"그게 눈덩이였어요?
난 우리가 코코넛에 대해 이야기하고 있는 줄 알았는데요."

1 | 호주 총선을 날려 버린 케이크

불분명한 메시지와 강렬한 메시지의 차이점을 분명히 보여 주는 한 가지 사례를 소개하겠다. 호주 정계에서 일어난 일이다. 1991년 호주 자유당의 존 휴슨 대표는 새로운 통합 간접세(GST) 부과에 대한 질문을 받았다.

그리고 그 질문에 대한 답으로 인해 당대표의 자리를 잃었다.

그로부터 5년 후인 1996년, 새로운 자유당 대표 존 하워드(John Howard)가 똑같은 질문을 받았다. 그런데 그는 그 다음 선거에서 승리하여 호주 역사상 두 번째로 재임 기간이 긴 수상으로 기록되었다.

두 당대표는 새로운 조세 제도(GST)를 호주에 도입하려고 했다. 그런데 한 명은 실패했고 다른 한 명은 성공했다. 그들이 어떻게 말했는지 살펴보자.

기자 : "통합 간접세 적용 하에 생일 케이크를 사게 되면 제가 돈을 더 내게 되나요 아니면 덜 내게 되나요?"

호주 자유당 당대표 (1991) : "우선 오늘 현재 제과점에 있는 케이크가 판매세 적용을 받느냐 받지 않느냐에 따라 달라지게 되는데, 아마 판매세가 적용이 될 겁니다. 만약 케이크가 판매세 적용을 받지 않고 생일 케이크가 판매세 면제라면 당연히 그걸 살 때 판매세를 안 내도 되겠지요, 면제니까요, 우리 시스템 하에서는 통합 간접세를 내지 않아도 되죠. 정확한 대답을 드리려면 어떤 종류의 케이크인가를 알아야 할 것 같습니다, 그래야 자세한 대답을 드릴 수 있을 것 같군요."

결과 : 1991년 자유당 당대표는 선거에서 패했고 당대표 자리를 잃었다.

그로부터 5년 후, 같은 기자가 새로운 자유당 당대표에게 똑같은 질문을 했다. 마치 이 질문이 통합 간접세 도입을 결정하는 리트머스 시험지라도 되는 것 같았다.

기자 : "통합 간접세 적용 하에 생일 케이크를 사게 되면 제가 돈을 더 내게 되나요 아니면 덜 내게 되나요?"

새로운 호주 자유당 당대표 (1996) : "2~4 퍼센트 정도 가격이 올라갈 겁니다. 그렇지만 (다른) 세금들이 절감되는 효과로 인해 여러분 호주머니에는 더 많은 돈이 들어가게 될 겁니다."

결과 : 자유당이 선거에서 승리해서 현재 모든 호주인들이 이 멋진 세제의 혜택을 누리고 있다.

두 번째 대답은 질문에 정확한 답이 되었을 뿐만 아니라, 첫 번째 대답과는 다른 설득력을 가지고 있었다. 추가로 내야 하는 세금보다 새로 도입되는 세제의 감세 효과가 더 크다는 점이 바로 그것이었다.

첫 번째 대답은 글자 수가 170자가 넘는데도 제대로 된 답을 제시하는데에 실패했다. 그런데 두 번째 대답은 글자 수가 60자도 되지 않지만 분명한 답을 제시했을 뿐만 아니라 새로운 세제에 대한 가장 큰 걱정거리를 해소했다.

커뮤니케이션에서 사람들이 원하는 것은 양이 아니라 질이다.

정보는 병째 주지 말고 잔에 담아서 주어야 한다.

2 | IBM은 '생각'이란 걸 하지 않았다

IBM은 '생각하다'라는 뜻의 영어 단어 '싱크(think)'로 유명하다. IBM의 노트북 컴퓨터 이름은 '싱크패드(ThinkPad)'였고 데스크톱 컴퓨터 이름은 '싱크스테이션(ThinkStation)'이었다. IBM 창업자들은 'THINK'(생각하라)라는 메시지를 벽마다 커다랗게 붙여놓고 모든 직원들에게 헨리 포드가 '세상에서 가장 하기 힘든 일'이라고 말했던 일 즉, '생각'을 하라고 일깨웠다.

이 메시지는 IBM 문화가 전파된 모든 곳으로 퍼져나갔다. 하지만 결국 IBM은 정말 예상치 못한 방식으로 실패하고 말았다.

정확히 무슨 생각을 하라는 건가요?

문제는 '생각'이라는 단어가 굉장히 모호한 메시지라는 점이었다. 받아들이는 사람의 입장에 따라 얼마든지 다른 의미로 해석할 수 있는 단어다. IBM 간부와 팀원의 대화를 한번 상상해 보자.

간부가 물었다. "존, 생각은 하고 있는 겁니까?" 그러자 팀원이 이렇게 대답한다. "그럼요, 엄청나게 하고 있습니다!"

물론 생각은 누구나 한다. 문제는 무슨 생각을 하느냐인 것이다.

사실 IBM이 한창 성공가도를 달릴 때 IBM 문화가 집중했던 메시지는 따로 있었는데 시간이 지나면서 변질되었다. IBM을 성공으로 이끌었던 원래 메시지는 이것이었다.

'한 발 앞서 생각하라 : Think ahead'

그냥 '생각하라'보다 훨씬 분명한 메시지다. 무엇을 생각해야 하는지도 분명히 제시하고 제대로 생각하는지도 확인할 수 있는 메시지다. 그리고 빠른 변화에 대처하지 못하면 순식간에 뒤처질 수 있는 컴퓨터업계에 있는 IBM에게 딱 맞는 메시지이기도 하다. 당시 상황에 대해 〈타임〉 지는 이렇게 적었다.

'급변하는 업계에서 뒤처질지 모른다는 두려움 때문에 최고 경영자 톰 왓슨 2세(Tom Watson Jr.)는 신경질적이고 까다로운 인물들을 승진시키고 그들에게 한 발 앞서 생각하라고 압력을 가했다.'

역사상 최악의 사업상 결정?

'한 발 앞서 생각하라'는 분명한 메시지와 이런 메시지가 탄생할 수 있었던 기업 문화는 오랜 기간 동안 IBM을 성공으로 이끌었다. 1950년대와 1960년대에 IBM은 기하급수적으로 성장했다.

그런데 1970년대 들어 생각 메시지에서 '한 발 앞서'라는 부분을 삭제했고 그것은 역사상 최악의 사업상 결정이라는 오명을 불러들였다. 그 결정은 '한 발 앞서 생각하라'는 메시지와는 정반대되는 실수였다.

1977년 애플은 IBM이 방심한 틈을 노려 최초의 '퍼스널 컴퓨터'를 출시했다. IBM은 괴짜 컴퓨터광들이나 퍼스널 컴퓨터를 좋아할 것이라고 생각하고 무려 3년이나 관심을 두지 않았다. 결국 IBM은 애플의 포물선 성장을 눈으로 확인하고서야 IBM 퍼스널 컴퓨터(PC)를 출시해야겠다는 필요성을 절감했다.

그런데 IBM의 최고 경영자는 아무것도 없는 상태에서 2년을 준비해 IBM PC를 출시할 때까지 기다릴 수가 없었다. 시간을 절약해서 하루라도 빨리 시장에 새로운 PC를 선보이기 위해 IBM은 두 가지 부품을 외부에서 공급받기로 했다.

우선 인텔(Intel)에게 마이크로프로세서 제작을 요청했고, 마이크로소프트(Microsoft)라는 아주 작은 기업에게 운영체제 개발을 요청했다. 그리고 IBM은 마이크로소프트의 빌 게이츠가 제시하는 두 가지 엄청난 조항을 받아들였다.

1. IBM은 운영체제(DOS) 자체를 구매하는 것이 아니라 사용 라이선스만 구입하는 것이며, 그 소유권은 마이크로소프트가 소유한다.
2. 마이크로소프트는 DOS를 다른 컴퓨터 제조업체에 팔 권리를 갖는다.

그 뒤로 어떤 일이 벌어졌을까? 첫째, 초기에는 IBM PC가 엄청난 성공을 거뒀다. 1980년대 중반까지만 해도 IBM PC가 엄청난 차이로 애플을 따돌리고 PC시장을 점유했다.

그런데 그로부터 불과 2, 3년 사이에 IBM은 몰락하고 말았다. 마이크로소프트가 모든 컴퓨터업체에 DOS와 윈도우 사용권을 판 것이다.

컴퓨터 하드웨어는 어디서나 구할 수 있는 흔한 공산품이 되었다. 델(Dell) PC로도 똑같은 운영체제와 똑같은 프로그램을 사용할 수 있는데 두 배나 비싼 IBM 컴퓨터를 살 사람이 누가 있을까? IBM은 경쟁이 되지 않았다. 거의 파산 직전까지 간 IBM은 직원을 무려 2십만 명이나 감축해야 했다.

이 이야기는 한때 컴퓨터 시장을 지배했던 IBM이 손실을 초래하는 PC 부문을 2005년 중국 기업 레노버(Lenovo)에 팔았다는 것으로 끝났다. 이제 IBM PC라는 것은 더 이상 존재하지 않는다.

주위에 보면 뜻이 모호하고 사람마다 다른 해석을 초래할 수 있는 메시지들이 너무 많다. IBM의 사례처럼, 글자 몇 개만 더하고 빼도 엄청난 차이를 만들 수 있다.

3 | 혼란을 주는 산불 경고 — '남는다 아니면 피한다'

'생각하라'와 '한 발 앞서 생각하라' 메시지를 통해 몇 개 안 되는 글자가 얼마나 큰 차이를 가져올 수 있는지 살펴봤다. 여기 그런 사례가 하나 더 있다. 이 사례는 170명이 넘는 사망자가 발생하면서 검은 토요일(Black Saturday)로 불리게 된 2009년 호주 빅토리아의 비극적인 산불 사건과 관련 있다.

이 비극적인 사건이 발생하고 많은 방송인들과 호주 왕립위원회는 소방당국이 좀 더 분명한 경고 메시지를 제시했어야 했는가, 하는 문제로 논쟁을 벌였다. 당시 소방당국이 제시한 경고 메시지 '남는다 아니면 피한다(Stay or go)'는 정확한 판단을 내리는 데에 도움이 안 된다. 그저 두 가지 대안이 있다는 것만 알려줄 뿐이다. 이 경고는 개인이 어떤 대안을 선택해야 하는지 그리고 왜 그 대안을 선택해야 하는지에 대해 아무런 지침도 주지 못한다.

이 경고 메시지는 아쉽게도 너무 짧다. 잡목림 산불 상황 시 지역사회 안전을 위한 실제 정책은 '대비하고, 남아서 진화한다 아니면 일찍 피한다'인데, 경고 문구로는 너무 길어서 '남는다 아니면 피한다'로 알려진 것이다. 메시지는 상세함과 간결함이 적절하게 조화를 이루어야 한다. 예를 들어, 다음은 산불 경고 메시지를 위한 샘플들이다.

'남는다 아니면 피한다'

'남는다 아니면 일찍 피한다'

'남아서 진화한다 아니면 일찍 피한다'

여러분이라면 어떤 것을 선택하겠는가?

솔직하게 말하자면, 소방당국은 산불이 빈번히 발생하는 지역 주민들과의 소통에 큰 문제가 있다. 소방당국은 주민들이 빠르게 행동에 돌입할 수 있도록 조치를 취해야 하는데, 그러기 위해서는 간단하고 '바로 알아들을 수 있는' 메시지가 필요하다. 하지만 호주 왕립위원회가 지적한 바와 같이, 소방당국은 산불 발생 시 대처 요령에 대한 판단이 수많은 요인에 의해 결정되기 때문에 남을 것인가 피할 것인가 둘 중 하나만 고르면 되는 간단한 선택이 아니라는 사실 역시 해당 지역 주민들에게 알려 주어야 할 의무가 있다.

"'남는다 아니면 피한다' 라는 두 가지 분명한 대안을 제시하는 복잡하지 않은 정책 구조의 장점을 인정하지만 이런 접근 방식은 지나치게 단순하다. 현실적인 조언은 어쩔 수 없이 더 복잡하고 자세한 설명이 따를 수밖에 없다."

주제가 심각하기는 하지만 기억에 남을 강렬한 메시지를 만들어 내기 위해서는 피할 수 없는 선택들이다. 짧으면 기억하기는 더 쉽지만 명확성이 떨어진다. 반대로 길면 분명하고 확실하지만 기억하기 어려울 수 있다. 그런데 단어 하나만 더하거나 바꾸면 의미가 크게 달라질 수 있다.

결국 제대로 균형을 잡으려면 잘 판단해야 한다.

4 | 포맷 전쟁 — 블루레이 vs HD – DVD, 이걸 어떻게 한 문장으로 만들지?

　잘 만든 메시지는 일상 대화에서 자연스럽게 입에 오르내린다. 여러분은 블루레이(Blu-Ray)가 영상 저장 포맷 전쟁의 승자라는 사실을 아는가? 현재 기준으로 사용되는 소니(Sony)의 블루레이는 도시바(Toshiba)의 경쟁 포맷을 물리쳤다. 2006년부터 2008년까지 3년간 불붙었던 두 회사의 포맷 전쟁은 블루레이의 승리로 끝났다.

　'블루레이'가 도시바의 'HD-DVD'를 이긴 이유를 설명하는 몇 가지 이론이 있다. 많은 사람들이 엑스박스(Xbox)와 소니의 게임기 플레이스테이션(Playstation)에 블루레이 기능이 있다는 점을 블루레이의 승리 요인으로 꼽았다. 그것은 블루레이 플레이어를 소유한 소비자가 그만큼 많다는 뜻이고 그 결과 영화사들과 관련 기술업계에서 블루레이를 채택했다는 것이다.

　하지만 나는 그보다 훨씬 더 근본적인 요인이 작용했다고 본다. 'HD-DVD'라는 명칭은 일상 대화에서 틀리지 않고 자연스럽게 말하기가 결코 쉽지 않다.

이 명칭의 두 부분은 각각 의미하는 바가 따로 있다. 'HD'는 텔레비전, 컴퓨터 모니터, 카메라, 디지털 비디오 등등의 해상도를 나타내는 용어(High Definition)로 이미 널리 알려져 있는 상태였다.

뿐만 아니라 HD는 컴퓨터, 디지털 카메라 등에 들어 있는 하드 드라이브(Hard Drive)의 약사로도 사용된다. 'HD'라는 용어는 이미 너무 많은 곳에서 사용되고 있었기 때문에 오해와 혼란을 불러올 가능성이 많다.

게다가 'DVD'도 사정은 마찬가지였다. 한번 상상해 보자. 지금 여러분은 새로운 영상 포맷에 대해 알아보려고 전자제품 상점에 왔다. 다음의 문장을 소리 내어 말해 보자.

"저기요, HD-DVD가 지금 우리 집에 있는 HD TV와 DVD에 연결해서 사용할 수 있습니까?"

다들 제대로 발음하긴 했는가? 그럼 이번에는 다음 문장을 소리 내어 말해 보자.

"저기요, 블루레이가 지금 우리 집에 있는 HD TV와 DVD에 연결해서 사용할 수 있습니까?"

여러분 모두 두 번째 문장이 훨씬 말하기 쉽다는 걸 경험했을 것이다. 물론 기술 자체는 여전히 두 가지 다 이해하기 어렵지만 '블루레이'라는 이름은 훨씬 더 말하기 쉽고 따라서 대화중에 이름이 생각 안 나서 멍해질 가능성이 훨씬 적다. 그럼 또 다른 질문을 한번 살펴보자.

"HD-DVD가 DVD 이전 기종과 호환이 될까요?" 또는 "블루레이가 DVD 이전 기종과 호환이 될까요?"

이런 단순한 질문은 포맷 전쟁 내내 계속된 기술 논쟁을 수박겉핥기 식으로 재현했을 뿐이다.

그렇지만 블루레이라는 명칭을 사용한 대화가 훨씬 더 이해하기 쉽고 구체적으로 이어졌을 것이다. 위의 대화를 할 때 'HD-DVD'라는 명칭을 말할 때보다 '블루레이'라는 명칭을 사용할 때 훨씬 더 분명하고 확실하게 들렸다. 내가 상상하기에, HD-DVD에 대해 이야기하는 사람들은 틀리지 않기 위해 좀 더 집중해도 여러 번 발음 실수를 했을 것이다.

이름 선택이 얼마나 중요한지는 여러분 스스로 판단할 문제다. 다만, 여기서 하고 싶은 말은, 메시지를 점검할 때 일상 대화에서 얼마나 자연스럽게 말할 수 있느냐를 따져보기 바란다는 것이다.

다음은?

여기까지 보고 나면 이런 생각이 들 수 있다. "대단하군요, 캠. 과연 메시지의 달인이라 불릴 만하네요. 그런데, 내가 궁금한 다른 모든 질문들에 대답을 해 주면서 동시에 훌륭한 연설가가 되기 위해 모자란 점을 채워 줄 수 있는 단계별 방법 같은 건 없습니까?"

물론 있다! 있고말고. 그게 바로 '2부 메시지의 법칙'의 내용이다. 지금부터 본격적으로 단계별 방법을 살펴보자.

메시지의 법칙

▼

책의 실전 파트에 온 것을 환영한다. 이 책을 포기하지 않고 여기까지 읽어 준 데 경의와 감사를 표한다. 지금부터는 사람들을 휘어잡는 강연과 프레젠테이션을 할 수 있는 메시지 비법들을 소개하려 한다.

현재 전 세계에서 1분마다 5만 건 가까운 프레젠테이션이 이루어지는 것으로 추산된다. 한 달로 따지면 약 20억 가까운 숫자다. 그리고 이런 프레젠테이션의 결과로 중요한 결정이 이루어지고, 프로젝트가 승인되거나 취소된다. 입찰의 성공 여부가 결정되기도 하고, 고용과 승진이 결정되기도 한다.

안타깝게도 이런 프레젠테이션 중에서 상당수가 청중을 사로잡지 못해서 실패한다. 연설이나 프레젠테이션을 하는 사람들은 자신의 생각을 청중이 이해하는 방식으로 표현하는 것을 어려워한다. 그 결과 나쁜 결정을 하게 되고 경력이 위협받게 된다. 이런 일은 시간, 돈 그리고 재능의 낭비로 이어진다.

메시지의 법칙은 훌륭한 강연과 프레젠테이션을 계획하고 실행에 옮길 수 있도록 여러분을 이끌어 줄 것이다. 하지만 그 비법들을 배우기 전에 먼저, 스피치를 어렵게 만드는 오해부터 없애도록 하자.

CHAPTER 9

스피치에 대한 오해

1 | 보디랭귀지 — 여러분이 아는 모든 것이 틀렸다

보디랭귀지도 언어다. 그런데 우리들 대부분은 보디랭귀지와 말하기의 관계에 대한 잘못된 오해에 노출되어 왔다. 이 잘못된 오해란, 상황에 관계없이 '비언어적 커뮤니케이션이 우리 입에서 나오는 말 자체보다 더 중요하다'는 것이다.

영향력의 90퍼센트가 비언어적인 요소다? — 아니다!

2005년도 영화 〈미스터 히치〉에서 월 스미스는 인생의 짝을 찾는 남자들을 도와주는 '데이트 닥터'라는 역할로 등장한다. 영화에서 월 스미스가 고객이 좀 더 자신감 있고 지적으로 보이도록 도와주기 위해 '유명한 통계'를 인용하는 장면이 나오는데, 어떤 통계인가 하면, 한 개인이 미치는 영향력의 90퍼센트를 보디랭귀지와 목소리 같은 비언어적 요소가 차지한다는 것이었다. 우리가 하는 말 자체가 미치는 영향력은 겨우 10퍼센트에 불과하다는 뜻이다.

이 통계를 그 후 수많은 책과 커뮤니케이션 강좌에서 종교의 교리처럼 떠받들고 있지만 사실은 잘못된 통계다. 주장을 뒷받침하는 것처럼 보이는 이 구체적인 통계 수치들은 대중 앞에서 말하는 경우에 국한되어 있다.

- 개인이 미치는 영향력의 55퍼센트는 얼굴 표정, 보디랭귀지, 외모와 같은 시각적 요소가 좌우한다.
- 38퍼센트는 목소리가 좌우한다.
- 7퍼센트는 말이 좌우한다.

위의 통계 수치들, 그중에서도 특히 우리가 하는 말이 미치는 영향력이 극히 적다는 마지막 통계 수치는 전 세계 말하기 '전문가'들이 지난 40년간 지속적으로 인용해 왔다. 그런 전문가들 때문에 원래 자신의 모습을 그대로 보여 주는 자연스러운 스타일 대신 과장된 '연기'를 해야 한다는 생각이 진리처럼 자리 잡게 되었고, 결과적으로 대중 앞에서 하는 말하기가 실제보다 훨씬 더 어렵고 복잡한 것처럼 보이게 만들었다.

하지만 이 통계는 진실이 아니다. 완전히 틀렸다.

오해 그 자체다.

위의 통계 수치들은 1971년 『침묵의 메시지(Silent Messages)』를 출간한 앨버트 메라비언(Albert Mehrabian) 박사의 연구에서 나온 것이다. 메라비언 박사는 신뢰할 수 있는 연구를 한 존경 받는 교수였다. 그런데 앞의 통계에 등장하는 수치들은 전후 관계를 무시하고 인용된 것이다. 대중 앞에서 말하기의 모든 상황에 무조건 적용하면 안 된다는 뜻이다.

나도 수년 전 스피치 강좌를 수강할 때 앞의 통계 수치들을 배웠고, 그로 인해 크게 상심했다. 그러다 그 통계 수치들이 잘못되었다는 것을 알고 난 후 메라비언 박사와 직접 연락을 취했다. 그를 통해 내가 알게 된 첫 번째 사실은 자신의 연구가 대단히 오해 받고 있다는 사실에 대해 메라비언 박사가 불만스러워한다는 점이었다. 그의 통계 수치를 인용하는 사람들 중에 실제로 그의 책을 읽었거나 그 통계 수치가 등장하는 내용을 제대로 이해하는 사람이 거의 없다고 했다. 메라비언 박사는 이렇게 말했다.

"이 수치들은 모순이 존재할 때, 즉 당신이 하는 말이 당신의 비언어적 표현과 모순될 때만 유의미한 것입니다."

그러더니 박사는 내게 이런 질문을 했다. "신용카드를 가지고 계십니까?"

침묵…… "음, 네. 비자카드요." 내가 대답했다.

"제 책 한 권 사시겠습니까?"

"물론이죠!"

그래서 메라비언 박사는 5장 시작 부분에 손수 메모를 적은 포스트잇을 붙인 책 한 권을 내게 직접 보내 주었다. 포스트잇에는 '이 다섯 쪽을 꼭 읽어 보십시오.'라고 적혀 있었다. 바로 그 유명한 통계를 다룬 5장의 제목은 '두 가지로 해석될 수 있는 메시지'였다. 이 제목을 보자마자 모든 것이 착착 들어맞는 느낌이 들었다.

문제의 5장은 우리가 이따금 모순된 메시지를 내보내는 상황에 대해 다루고 있다. 예를 들어, 지금 여러분은 흥분한 상태로 배우자와 이야기 중이다. 이때 남편 또는 아내가 눈썹을 치켜뜨고, 두 손은 허리를 짚은 채 이를 악물고 이렇게 말한다.

"아니! 나 화 안 났거든!"

여러분이라면 이 말을 믿을 수 있겠는가? 평소대로라면 나는 청중에게 이 이야기를 사례로 들 때 두 손으로 허리를 짚고 이를 악문 채 실제로 소리를 질렀을 것이다. 이런 모습으로 말하면 청중은 내 말이 거짓말이라는 것을 금방 알아차릴 것이다. 내 태도에 화가 났다는 기색이 역력하기 때문이다. 내 태도와 내가 하는 말 사이에는 분명히 모순이 존재한다.

간단히 말하자면, 시각적인 요소 그리고/또는 목소리가 하는 말과 서로 어울리지 않고 모순적일 때는 시각적인 요소들이 듣는 사람에게 훨씬 더 큰 영향을 미치게 된다는 것이다. 여기까지는 인정할 수 있다.

그런데, 메라비언의 법칙은 강연이나 프레젠테이션 같은 스피치를 전제로 하는 것이 아니다! 사실 메라비언은 자신의 연구에 대한 오해를 몹시 불만스럽게 여긴다고 자신의 개인 웹사이트에 분명히 밝혔다.

"언어적 메시지와 비언어적 메시지의 중요성에 대한 여러 등식은 (좋다-싫다처럼) 감정과 태도에 대한 커뮤니케이션 실험에서 도출된 것입니다. 감정이나 태도에 대해 이야기하는 상황이 아닌 경우에는 이런 등식이 적용되지 않습니다."

메라비언의 진짜 메시지 : 자연스럽게 행동하라

내 생각에, 메라비언 박사의 연구가 전하고자 하는 진짜 메시지는 '자연스럽게 행동하라'인 것 같다. 원래의 자신이 아닌 다른 사람처럼 행동하거나 부자연스럽게 행동하면 이런 모순된 메시지가 전해질 수 있기 때문이다.

정말 터무니없을 정도로 역설적이라고 생각되지 않는가? 한 사람이 어렵게 연구를 했다. 행동과 말이 모순된 메시지가 영향력을 감소시키고 듣는 사람을 혼란스럽게 만든다는 연구였다. 그런데 이 연구를 오해한 수천 명의 전문가들이 청중 앞에서 효과적으로 말을 하려면 행동과 태도도 바꿔야 하고, 진짜 자기 모습을 감춰야 하고, 심지어는 외모와 패션까지 바꿔야 한다고 가르친 것이다. 그 결과, 수많은 사람들이 모순된 메시지를 전달하는 혼란이 벌어진 것이다!

남들 앞에서 말할 때 보디랭귀지는 얼마나 중요한가?

보디랭귀지도 중요하다. 여러분이 하는 말을 뒷받침할 수도 있지만 반대로 여러분이 하는 말과 모순될 수도 있기 때문이다.

물론 이런 생각이 들 수도 있다. TV드라마 〈멘탈리스트(The Mentalist : 뛰어난 통찰력으로 행동이나 말 속에 숨은 뜻을 찾아내 수사하는 영매가 등장하는 미국 드라마－옮긴이)〉나 〈라이 투 미(Lie to Me : 표정과 행동을 보고 상대의 거짓말을 가려내는 범죄 심리 전문가가 주인공인 미국 드라마－옮긴이)〉를 보면 주인공이 보디랭귀지를 통해 사람들의 생각을 읽어내는 능력을 가지고 있는데 그건 어떻게 된 거지? 보디랭귀지가 마법 같은 영향력을 가지고 있는 거 아닐까? 그렇다면 연설을 할 때 보디랭귀지를 활용하는 방법을 배워야 하는 거 아닌가?

그건 상황에 따라 다르다. (아닐 수도 있지만) 다음의 사례를 살펴보자.

보디랭귀지의 달인 – 앨런 피즈

나는 앨런 피즈(Allan Pease)를 좋아한다. 1981년 보디랭귀지에 대한 첫 번째 책을 출간한 후로 '미스터 보디랭귀지(Mr. Body Language)'라고 불리는 앨런 피즈는 영리하고 유쾌한 인기 강연가다. 나는 전국 강연가 연합(National Speaker's Association)에서 그를 두세 번 만나 대화한 적이 있다.

앨런 피즈와 그의 아내 바바라 피즈(Barbara Pease)는 천만 부가 팔려나간 베스트셀러 『말을 듣지 않는 남자 지도를 읽지 못하는 여자』도 함께 펴

냈는데, 남자와 여자의 차이가 잘 드러나 있는 이 책은 겉으로 드러나지 않는 진실이 담겨 있어서 더 재미있고 흥미롭다.

앨런 피즈의 보디랭귀지 책들에는 특정 상황에 숨겨진 진실에 대한 연구가 소개되어 있다. 그리고 코를 만지지 말 것(코를 만지는 것은 거짓말을 한다는 신호다), 손바닥은 위로 향할 것(이렇게 하면 공격적으로 보이지 않으며 남들로부터 긍정적인 반응을 유도할 수 있다), 손가락 모으기(권위적으로 보인다), 팔꿈치가 밖으로 향하도록 할 것(힘 있고 강해 보인다), 상대와 거리를 유지할 것(상대가 불편해서 뒤로 물러나는 일을 예방할 수 있다) 그리고 미러링, 즉 상대의 보디랭귀지 흉내 내기(친밀감을 빠르게 형성할 수 있다)와 같은 비법들도 소개되어 있다.

이런 비법들은 상황에 따라 딱 들어맞을 때도 있다. 그리고 앨런 피즈는 재미있고 흥미로운 방식으로 이 비법들을 소개한다. 하지만 이 비법들이 모든 상황에 다 적용될 수 있는 것은 아니다.

따라서 만약 그의 책에 나오는 보디랭귀지 비법을 무작정 아무 때나 적용하다 보면 어색하고 거짓말을 하는 것처럼 보일 위험이 있다. 왜냐하면 이 보디랭귀지 비법들이 상황은 생각하지 않고 진심이 아닌 계산적이고 작위적이고 부자연스러운 행동을 하게 만들기 때문이다.

앨런 피즈의 저서 『당신은 이미 읽혔다』를 한번 보자. 그 안에는 이런 내용들도 있다.

- 고개 끄덕이기
- 고개 젓기
- 목 움츠리기

- 기본적인 손 위치

- 고개 *끄*덕이기에 대해 배워야 하는 이유

- 머리 위로 안경 올리기

- 안경 너머로 쳐다보기

- 서 있을 때 기본적인 네 가지 자세

- 카우보이 자세

- 말 타듯 양다리를 벌려 의자에 거꾸로 앉기

- 폐쇄적인 자세에서 개방적인 자세로 변화하는 과정

- 유럽식 다리 꼬기

- 미국식 4자 모양 다리 걸치기

- 그리고 260가지 더……

이 중에 어떤 것을 적용해야 할지 결정하려면 얼마나 복잡하고 혼란스러울지 상상해 보자! 무엇을 선택해야 할까 고민하느라 오히려 자연스러운 행동이 방해받지 않을까?

보디랭귀지 속의 진짜 과학

지난 수년 간 여러 훌륭한 학자들이 비언어적 커뮤니케이션이 미치는 영향에 대해 많은 연구를 했다. 1952년 동작학(또는 제스처학 Kinesics)을 독립적인 연구 분야로 만든 인류학자 레이 버드휘스텔(Ray Birdwhistell)은 동물과 인간의 얼굴 표정, 제스처, 자세, 걸음걸이 그리고 눈에 보이는 팔과 몸의 움직임을 연구했다.

그는 '대화나 교류에서 언어로 전해지는 사회적 의미는 35퍼센트를 넘지 않는다'라는 말로도 유명하지만, 보디랭귀지가 고정된 의미를 갖는다는 생각으로 해석하거나 적용해서는 안 된다는 사실 역시 잘 알고 있었다. 『인류학 사전(The Dictionary of Anthropology)』(1997)을 보면 '보디랭귀지'에 버드휘스텔의 생각이 잘 요약되어 있다.

> "버드휘스텔은 '인간의 제스처가 다의어적이며, 그 제스처가 생성된 의사소통의 문맥에 따라 여러 가지 다른 의미로 해석될 수 있다는 점에서 다른 동물들의 그것과 다르다'고 지적했다."
>
> "그는 '보디랭귀지'가 완벽하게 해석될 수 있다는 생각에 반대했다."
>
> "모든 신체 동작은 의사소통에 사용되는 다른 요소들과의 관계 속에서 광의적으로 해석되어야 한다."

너무도 중요한 말이다. 그러니까 언제든 화술 전문가가 '연구에 따르면 'X' 제스처, 태도, 혹은 행동이 'Y'라는 의미를 나타낸다'라고 말한다면 그것은 정확하지 않은 말이다.

그보다는 다음과 같이 말하는 것이 맞다. '연구에 따르면, 상황에 따라서 'X' 제스처, 태도, 혹은 행동이 'Y'라는 의미를 나타낼 수도 있지만, 우리가 자신 있게 말할 수 있는 것은 모든 사람에게 또는 모든 상황에서 똑같은 의미를 갖는 것은 아니라는 사실이다.'

그런데 이런 정확한 설명을 하는 사람들은 보디랭귀지 전문가로 텔레비전에 출연할 수 없다. 텔레비전에 출연해서 이른바 '보디랭귀지 전문가' 대접을 받으려면 X 보디랭귀지가 반드시 Y라는 뜻을 나타낸다는 틀린 말을 할 줄 알아야 한다.

사람마다 생각이 다르고 의사소통을 하는 모든 상황이 저마다 다르다면 문제는 '맥락'이다. 다시 말해서, 보디랭귀지가 여러분을 말 잘하는 사람으로 만들어 주는 게 아니라는 뜻이다.

빌 게이츠의 나쁜 보디랭귀지

우리는 해마다 수천 명에게 스피치를 가르치는데, 고객들 중에 소속 강연가들이 모두 똑같이 하도록 요청하는 경우는 한 번도 없었다. 하지만 그 반대의 요청은 많았다.

고객들은 이렇게 말한다. "이틀 동안 진행되는 콘퍼런스에서 모든 강연가들이 똑같은 스타일로 말하는 통에 다들 눈물까지 흘리며 하품을 했습니다. 제발 부탁이니……."

어쩌면 서툴고 완벽하지 않은 스타일이 청중의 관심을 집중시킬지도 모른다. 다음의 사례를 한번 보자.

몇 년 전 나는 스피치에 대한 비법을 연구하다가 미국 의회에서 있었던 보디랭귀지에 대한 환상적인 사례 하나를 찾아냈다.

현재는 애플, 삼성, 구글 같은 회사들이 컴퓨터업계의 선두를 다투고 있지만 1997년도까지만 해도 마이크로소프트가 업계를 지배하다시피 했다. 마이크로소프트의 시장 지배력과 시장 점유율이 너무 커지자 미국 의회는 독과점으로 규정하고 두 개의 회사(윈도우 운영체제 부문과 어플리케이선 부문)로 분리해야 한다는 결정을 내렸다.

당시 마이크로소프트의 최고 경영자였던 빌 게이츠는 의회 청문회에 출석해 의원들의 날카로운 질문 공세에 시달렸다. 그는 질문에 대한 답변으로 짧은 프레젠테이션을 했다. 의회 청문회 진행 상황은 매일 텔레비전, 경제 뉴스 방송, 기술 관련 프로그램에 보도되었다.

그런데 내가 청문회 보도를 자세히 살펴본 바에 의하면, 뜻밖에도 수많은 헤드라인들과 논평들이 빌 게이츠의 보디랭귀지에 초점을 맞췄다. 그들은 빌 게이츠가 의자에 앉아 있는 자세, 질문에 대답한 시간, 그리고 의자에 앉아 이상하게 몸을 흔드는 것에 대해 이야기했다. 만약 여러분이 헤드라인들을 보고 논평을 들었다면 빌 게이츠가 청문회에서 곤욕을 치렀고 의회가 이겼다고 생각할지도 모른다. 하지만 그것은 겉으로 보인 모습에 불과했다.

어쨌든 승자는 빌 게이츠

모든 관심이 빌 게이츠의 보디랭귀지로 향하느라 사람들은 진짜 핵심, 그러니까 그의 설명, 논쟁, 메시지를 놓치고 말았다. 빌 게이츠는 완벽하게 핵심을 전달했다. 그래서 의원들과의 논쟁에서 이겼다! 겉으로 드러난 '어색한' 보디랭귀지는 그의 설명과 메시지에 방해가 되지 못했다.

마이크로소프트가 둘로 분리되었는가? 아니다. 빌 게이츠의 스타일이 '퍼포먼스'적인 측면에서는 완벽하지 않았을지 모르지만 굳이 완벽할 필요는 없다. (잘못된) 보디랭귀지 전문가들은 다르게 평가했을지 모르지만 말이다.

그렇다고 해서 내가 지금 보디랭귀지가 전혀 중요하지 않다고 말하는 걸까? 그건 아니다. 물론 상당히 중요하다. 보디랭귀지는 여러분이 하는 말에 힘을 실어 준다. 내가 하고자 하는 말은, 자연스러우면서도 효과적으로 보디랭귀지를 활용할 수 있는 더 나은 방법이 있다는 것이다. 메시지를 분명히 전달하면서 그때 본능적으로 몸이 움직이는 대로, 자연스럽게 행동하기만 하면 된다.

왜 우리는 계속해서 틀에 박힌 실수를 반복하는가?

1800년대 프랑스에서는 비언어적 커뮤니케이션의 영향력을 이해하고자 하는 중요한 시도가 있었다. 1811년 출생한 프랑수아 델사르트(Francois Delsarte)는 파리국립고등음악원(Paris Conservatory)에서 예술을 공부했지만 그곳에서 가르치는 정형화된 연기 스타일에 실망했다. 그래서 사람들을 관찰하기 시작했는데, 특히 공공장소에서 사람들이 실제로 움직이고 현실 상황에 반응하는 모습에 주목했다.

그는 연기와 무대 위에서의 공연이 그 당시 주류를 이뤘던 나무 막대기처럼 뻣뻣한 연기 스타일 대신, 현실을 반영하는 좀 더 자연스러운 모습이기를 바랐다. 그래서 목소리, 호흡, 신체 움직임과 관련된 표현의 패턴을 연구했다. 그리고 감정을 나타내는 몸동작에 관심을 가지고 있었지만, 연기를 할 때는 배우가 실제로 똑같은 감정 상태가 아니기 때문에 현실에서 같은 감정일 때 나타나는 동작을 똑같이 흉내 내기 어렵다는 사실을 인정했다.

그는 '응용미학(the Science of Applied Aesthetics)'이라고 명명한 학문을 발전시켰다. 응용미학이란 기본적으로, 배우의 내적 감정 경험을 제스처와 신체 움직임에 연결 지어 관객에게 정확한 감정 표현을 보여 주는 연기 방식이다.

역설적이게도 그의 목표는 자유로운 몸동작이었다

델사르트는 제약에서 벗어나 자유로운 몸동작으로 감정을 정확히 전달하도록 가르치려고 시도했다. 그러면 관객과 제대로 교감할 수 있다고 믿었기 때문이다. 멋진 생각이었다. 그런데 안타깝게도 델사르트는 자신의 연기 방법론에 대해 책을 쓰지 않았다. 하지만 그가 죽은 지 14년 뒤인 1871년, 델사르트의 제자들 중 한 사람이 『델사르트의 표현 시스템(The Delsarte System of Expression)』이라는 책을 출간해서 엄청난 인기를 끌었다.

문제는 몸동작이 내면에서, 즉 실제 감정의 연장선상에서 자연스럽게 표출되어야 한다는 델사르트의 근본 이론이 빠졌다는 점이다. 게다가 그의 이론에 반대되는 이론이 연기 교육을 주도하게 되었다.

1890년대에 이르러서는 델사르트 시스템이 전 세계로 퍼져나가, 감정이 몸동작의 바탕이 되어야 한다는 사실을 제대로 모르는 교사들이 이 시스템을 가르쳤는데, 특히 미국에서 델사르트 시스템이 큰 인기를 끌었다. 오래지 않아 몸동작과 보디랭귀지 교육은 틀에 박힌 기계적인 자세 교육으로 변질되었다. 델사르트가 벗어나고자 했던 나무토막 같은 연기 스타일로 다시 돌아간 것이다.

스티븐 왕그(Stephen Wangh)는 자신의 저서 『연기에 대한 신체적 접근 (A Physical Approach to Acting)』에서 '(잘못된 델사르트식 교육은) 연기를 정형화시키고 델사르트가 되찾고자 했던 진실한 감정이 결여된 과장된 제스처만 강조했다'라고 적고 있다.

강연이나 프레젠테이션을 할 때 듣는 사람을 끌어당기는 힘은 자신의 아이디어에 대한 믿음과 확신이다. 아마추어 연기 기술이 아니다. 있는 그대로의 자연스러운 모습과 자신이 하는 이야기에 대한 자신감이 가장 중요하다. 쓸데없는 기술과 기교로 머리를 복잡하게 만들거나 이야기를 이리저리 뜯어 고치는 게 중요한 게 아니다.

그러니 제발 보디랭귀지에 너무 신경 쓰지 않아도 된다.

2 | 스피치에 대한 근거 없는 믿음 7가지

보디랭귀지 말고도 스피치를 할 때 여러분의 힘을 낭비하게 만들고 메시지가 지닌 힘을 약화시키는 장애물이 많다. 그런 장애물은 여러분을 혼란스럽고, 불안하고, 심지어는 죄책감까지 들게 만든다. 지금부터 그 장애물들을 부숴 버리자. 여기에 일곱 가지 근거 없는 믿음을 정리해 보았다.

근거 없는 믿음 1 : 나쁜 첫인상은 절대 바꿀 수 없다

청중이 처음 30초 동안 아니면 처음 8초 동안 받은 첫인상을 영원히 기억한다는 말을 들어본 적 있는가?

이것은 정말 엄청난 오해이고 근거 없는 헛소문이다. 이 말이 사실이라면 여러분이 하는 말 속에 담긴 지혜나 선명한 메시지, 정보는 하나도 중요하지 않다는 뜻이다. 그저 처음 몇 초간 보여 준 여러분의 모습만 중요하다는 말이 된다. 이런 근거 없는 믿음 때문에 사람들은 시작이 잘못되면(혹은 첫 단추를 잘못 꿰면) 이제 다 끝났다고 좌절하게 되는 것이다.

그러면 시작의 부담감이 너무 심해진다. 스피치는 그렇게 어려운 것이 아니다. 그렇게 신비로운 일도 아니고.

첫인상에 대한 오해는 여러 가지가 있다. 가장 최근에는 말콤 글래드웰의 저서 『블링크』가 인기를 끌면서 즉흥적이거나 무의식적인 인상들이 신중히 생각해서 만든 인상만큼 중요하다는 생각이 널리 퍼졌다.

그렇지만 이 책은 『생각에 관한 생각』의 저자인 노벨상 수상자 대니얼 카너먼을 비롯해서 많은 학자들에게 비판을 받았다. 카너먼은 글래드웰의 책은 직관이 마법 같은 힘을 가지고 있다는 생각을 심어 주는데 그것은 사실이 아니라고 말했다.

그렇다면 현실은 어떨까? 아무리 시간을 잘게 쪼개도 처음 몇 초는 첫인상만을 좌우할 뿐, 영원히 기억에 남는 인상을 만들어 주지는 않는다.

이 오해가 어떻게 여러분의 기를 꺾는지 살펴보자. 여러분이 청중 앞에 서게 되었다고 상상해 보자. 여러분은 첫인상이 모든 것을 좌우한다는 믿음에 사로잡혀 있다. 그리고 처음 시작할 때가 가장 불안정한 순간이기 때문에 불안감도 최고조에 이른다는 사실을 잘 알고 있다. 만약 이때 말이 헛 나오거나 발이 줄에 걸려 비틀거린다거나 시작 부분에 하려던 말이 생각나지 않는다면 어떻게 될까?

처음 30초가 엉망이니 이제 망했다는 생각이 들 것이다. '아무리 애써도 바로 잡을 수 없어!'라는 생각이 들 것이다. 그러면 더 긴장하게 되고, 더 불안해지고, 머릿속은 흐리멍덩해지고, 다음에 할 이야기는 생각이 안 난다. 다 끝났다는 생각 때문에 그 생각에 맞게 행동이 이어지고 계속해서 엉망인 모습만 보여 주게 된다.

그렇지만 청중이 여러분에 대해 갖는 인상은 여러분이 이야기를 하는 내내 차곡차곡 쌓여간다. 내가 아는 사람들 중에도 연설을 시작할 때는 어설프지만 마지막에는 청중의 환호를 받는 사람들이 많다. 시작이 엉망이었다고 해서 이 연설은 망했다고 포기해서는 안 된다. 실수는 가볍게 웃어넘기자.

그리고 실수를 만회하면 청중에게 더 큰 호감을 얻을 수 있다. 농담에 대한 반응이 신통치 않을 때 능숙한 코미디언은 그 사실을 인정하고 그냥 웃어넘긴다. 마찬가지로 여러분도 실수를 했을 때 미소를 짓고, 자신이 한 실수를 언급하면서 '실수를 만회하면' 청중은 여러분이 자신의 실수를 파악했다고 생각하게 된다. 이렇게 실수를 인정하고 나면 긴장이 해소되고 그러면 문제도 해결된다.

예를 들어, 프레젠테이션에 사용하는 기계가 말을 안 듣는다. 이때 당황하지 않고 미소를 지으며 이렇게 말한다. "이게 말을 안 듣네요." 그리고 기계 문제가 해결되는 동안 다른 이야기를 했다가 다시 프레젠테이션을 계속한다.

문제가 생겼을 때 여러분이 당황하지 않고 미소를 지으며 문제 상황에 대해 말하면 청중도 당황하지 않고 미소를 짓게 되는데, 이것은 청중과 여러분이 문제에 대해 똑같이 생각한다는 뜻이다. 여러분과 청중 사이에 교감이 형성된 것이다. 프레젠테이션이나 강연을 하기 전에 연습하고 리허설은 많이 하지만 청중과 교감을 시도하는 경우는 많지 않다.

다른 말로 하자면, 무대 위에서 문제가 생긴 순간을 잘 넘기면 '무결점'의 완벽한 프레젠테이션을 한 것보다 더 큰 점수를 얻을 수 있다. 실수에 신경 쓰지 말고 다음에 할 말에 집중하자. 실수는 잊고 다시 프레젠테이션이나 연설에 집중하면 청중은 시작하고 30초 만에 무슨 일이 벌어졌든 상관없이 여러분에 대해 전반적으로 긍정적인 기억을 가지고 그 자리를 떠나게 될 것이다.

근거 없는 믿음 2 : 스피치를 잘하는 사람은 불안감을 전혀 안 느낀다

많은 사람들의 머릿속에 맴도는 생각이 하나 있다. '내가 말을 잘하는 사람이면 남들 앞에 서도 불안하지 않을 거야. 그런데 난 남들 앞에 서면 불안해. 이건 내가 말을 잘하는 사람이 아니라는 뜻이야.'

불안하다는 사실을 인정하는 것은 스스로 나약하다고 인정하는 것이라고 생각하는 사람들은 사람들 앞에서 말할 기회가 생길 때마다 점점 더 불안해지기 마련이다.

그런데 현실을 보면, 남들 앞에서 말할 때 불안해지는 것은 지극히 당연한 현상이다. 경험 많고 노련한 사람도 마찬가지다.

리처드 브랜슨도 사람들 앞에서 연설을 할 때는 불안하다고 털어놨다. 10대 시절부터 그랬다고 한다. 하지만 그는 불안감에 발목을 붙잡히지 않았고, 현재 지구상에서 가장 인기 있는 강연가다. 나는 많은 프로 선수들과 TV 진행자들과 함께 일했는데, 그들 역시 중요한 이벤트를 앞두고 늘 불안해한다. 배우들, 음악가들은 물론이고 풋볼 선수들, 테니스 선수들도 무대나 경기에 나가기 전에 불안감을 다스리기 위해 자신만의 방식대로 시간을 보내는 경우가 많다.

불안감을 느끼는 것은 당연한 일이다. 그리고 우리는 불안감을 좀 더 넓은 시각으로 바라볼 필요가 있다. 불안감에 사로잡혀 벌벌 떨고 아무것도 못 할 수도 있지만 불안감으로 인해 오히려 현재에 집중하고 그래서 더 나은 결과로 이어질 수도 있다. 불안감은 반드시 없애야 할 골칫거리만은 아니다. 제대로 이해하기만 하면 된다.

근거 없는 믿음 3 : 능력 있는 강연가는 메모가 필요 없다

실력 없다고 걱정하는 강연가들이 공통적으로 하는 말 중에 이런 것이 있다. "아, 그 사람 정말 대단한 강연가예요. 메모 한 번 안 보잖아요!"

메모 좀 본다고 큰일 나나?

메모나 원고를 안 보고 말해야 잘하는 것이라고 믿는 사람들이 많다. 하지만 실전에서는 명료하고 자신감 있게 말하는 데에 도움이 된다면 메모나 원고를 보는 것이 전혀 문제가 되지 않는다. 스티브 잡스는 유명한 '스탠퍼드대학교 졸업식 연설'을 할 때 원고를 줄줄 읽었지만 이는 세계에서 가장 유명한 연설 중 하나로 손꼽히고 그 어떤 TED 강연보다도 인기가 많다.

물론 메모를 잘못 사용하는 경우는 문제가 될 수 있다. 특히, 내용을 전혀 모르는 티가 역력하게 드러나도록 메모나 원고를 읽는다면 그것은 문제다. 예를 들면 다음과 같이 말이다.

"안녕하십니까, 제 이름은 캠…
(종이를 넘길 때까지 다음 단어를 말 못 하고 머뭇거린다.)
바버입니다. 만나게 되어 정말 기쁩니다. 오늘 제가 여러분에게 들려드릴 이야기는…
(종이를 넘길 때까지 다음 단어를 말 못 하고 머뭇거린다.)
알아듣기 쉬운 커뮤니케이션에 대한 것입니다."

억지스러운 사례이긴 하지만, 마치 힘들이지 않고 대충하려고 메모나 슬라이드를 사용하는 것처럼 보이는 사람들이 있다. 이것은 텔레프롬프터(TelePrompTes : 원고 내용을 컴퓨터에 입력하고 필요할 때에 원하는 순서, 속도, 형태로 연설가용 화면에 디스플레이 할 수 있는 장치 - 옮긴이)나 오토큐(auto-cue : 텔레비전 방송 등에서 출연자에게 말할 대사를 보여 주는 장치 - 옮긴이)도 마찬가지다. 이런 것들을 잘 활용하면 괜찮지만 잘못 사용하면 말하는 사람이 하기 싫은데 억지로 하는 것처럼 보일 수 있다. 슬라이드를 한 번 확인하고 청중에게 이야기하는 것은 괜찮다. 하지만 청중에게 등을 돌린 채로 슬라이드를 글자 하나 빼지 않고 줄줄이 읽어 내려가는 것은 결코 바람직하지 않다.

그러니까 메모를 사용하는 것 자체가 문제가 아니라 메모를 어떻게 사용하느냐, 그것이 문제다.

메모나 원고를 참고하는 것을 부끄럽게 여기지 않아도 된다. 상황과 주제에 맞게 메모나 원고를 적절하게 사용하기만 하면 된다. 전문 강연가들은 똑같은 강연을 몇 번씩 반복해서 하는 경우가 있다. 이런 경우에는 메모의 도움이 필요 없을 수도 있다. 하지만 업무를 위한 프레젠테이션을 하는 사람들은 같은 프레젠테이션을 여러 번 할 기회가 없기 때문에 메모 없이 연설하는 사람들과 자신의 실력을 비교할 필요가 없다.

메모나 원고의 도움을 받으면 훨씬 더 자신감 있고 분명하게 말할 수 있겠다고 생각될 경우에는 메모나 원고를 참고하자. 메모나 원고를 보고 말하는 것과 안 보고 말하는 것의 적절한 균형은 청크 구조 관련 부분에서 살펴보려고 한다.

근거 없는 믿음 4 : 실수가 전혀 없어야 훌륭한 강연이다

전혀 도움이 안 되는 오해가 또 하나 있다. '실수를 하나도 안 하면 훌륭한 강연가가 될 수 있다.' 이런 근거 없는 믿음을 따르는 훈련 강좌는 피해야 할 실수들을 줄줄이 읊어댄다. 그리고 여러분이 그런 실수를 하는 모습을 동영상으로 만들어 같이 강좌를 듣는 사람들에게 보여 주고 오로

지 실수를 없애는 데에 온 힘을 집중하게 만든다. 그들이 피해야 한다고 말하는 실수는 이런 것들이다.

- '음' '어'라고 하지 말 것, 절대로!
- 두 손을 호주머니에 넣지 말 것.
- '개방적인' 자세를 취할 것. '폐쇄적인' 자세는 절대 해서는 안 된다.
- 공간 안을 너무 많이 돌아다녀서는 안 된다(반대로 너무 적게 돌아다녀서도 안 된다).
- 적절한 시간 동안 눈맞춤을 유지한다.
- 말을 멈추는 것은 3초가 적당하다.
- 기타 등등……

실수가 절대 없어야 한다는 생각은 쓸데없는 데에 힘을 낭비하게 만들고 자신의 행동에 지나치게 신경 쓰게 만들어서 유명한 '마이클 베이(Michael Bay) 공황 사태' 같은 결과를 가져올 수 있다.

여러분은 마이클 베이의 공황 사태를 알고 있는가? 2014년 미국 라스베이거스에서 열린 국제 전자제품 박람회(Consumer Electronics Show)에서 인터뷰를 하던 할리우드 인기 영화감독 마이클 베이는 대사 한 줄을 빼먹는 바람에 대사를 알려 주는 오토큐와 3초 정도 차이가 생겼다. 그러자 너무 당황하고 부끄러운 나머지 그는 인터뷰 중간에 고개를 푹 숙이고 기가 죽은 채 무대를 내려와 버렸다. 물론 관객들과 인터뷰 진행자 모두 망연자실했다.

작은 실수가 일을 망칠 수 있다는 생각 때문에 더 큰 실수를 하게 되는 어처구니없는 상황이 찾아온 것이다. 마이클 베이는 자신이 실수를 하면 안 되는 완전무결한 사람이어야 한다고 믿었고, 이런 믿음은 불안감을 급증시켜 전 세계 신문 첫 페이지를 장식하는 황당한 결과를 선택하게 만들었다. 만약 그가 1, 2초 정도 대사를 놓치는 실수를 대수롭지 않게 여겼다면(정말로 그건 대수롭지 않은 일이었다.), 그 순간을 여유 있게 넘기고 별일 없이 인터뷰를 끝마쳤을 것이다.

작은 실수들을 모두 없애면 훨씬 더 효과적으로 청중을 사로잡을 수 있을 거라고 생각하는가? 아니다. 업무 프레젠테이션에서 청중이 기대하는 것은 브로드웨이 연극 무대의 관객이 기대하는 것과 다르다. 브로드웨이 연극 무대의 관객은 프로 배우들이 대사를 완벽하게 암기하고 단 한 번의 실수도 하지 않을 것이라고 기대한다. 하지만 업무 프레젠테이션은 다르다. 업무 프레젠테이션을 듣는 사람들이 원하고 기대하는 것은 일과 관련 있는 유용하고 확실한 정보와 가치 있는 아이디어다. 한두 번 말실수하는 것쯤은 얼마든지 눈감아 줄 수 있다.

물론 말의 영향력을 퇴색시킬 수도 있는 '음'이나 '어' 같은 불필요한 소리를 지나치게 많이 하지 않도록 조심해서 나쁠 건 없다(이야기가 지루하거나 알아듣기 어려우면 청중은 지루해서 관심이 다른 것으로 옮겨갈 수 있다. 여러분이 코를 몇 번 만지는지, '음'이라는 소리를 몇 번 하는지 등으로 말이다. 그렇지만 여러분의 이야기가 흥미롭다면 청중은 여러분의 이상한 버릇 같은 것은 알아차리지 못하거나 신경 쓰지 않을 것이다).

'작은 실수나 어설픈 면'은 경우에 따라 문제가 될 수도 있고 안 될 수도 있다. 예를 들어, 필요한 말보다 '음' 소리가 더 많으면 이야기를 알아듣기 힘들다. 이런 경우에는 적당한 균형을 찾아야 한다. 실제로 특이한 (때로는 거슬리는) 버릇이 있는 사람들도 있지만, 청중을 사로잡기만 한다면 그런 버릇은 문제가 되지 않는다.

그러니까 실수에 겁먹지 말고 명확한 메시지와 자연스러운 스타일로 무장하고 앞으로 돌진하자! 완벽보다는 분명하고 진실한 모습이 훨씬 더 강하다.

근거 없는 믿음 5 : 스피치에 어울리는 목소리가 따로 있다

목소리가 나빠서 연설이나 프레젠테이션을 못 할 거라고 걱정하는 사람들이 있다. 말도 안 되는 생각이다. 그리고 그 반대도 사실이 아니다. '라디오 디제이'처럼 멋진 목소리를 가졌다고 해서 무조건 남들 앞에서 말을 잘하는 것은 아니다.

나는 정계에 입문하려는 욕심이 있는 고위직 여성 공무원을 교육한 적이 있다. 그녀는 5년 전 스피치 전문가로부터 여자이기 때문에 낮고 차분한 목소리로 말해야 진지해 보일 것이라는 충고를 들었다고 말했다. 이 충고가 그녀에게 어떤 영향을 미쳤을까? 5년 내내 남들 앞에서 말할 때마다 한 마디 한 마디 발음하는 데에 신경 쓰느라 강연에 대한 불안감만 더 쌓여갔다.

설령 이 근거 없는 믿음이 사실이라도 뭘 어쩌겠는가? 평생 말을 안 할 수는 없는 일 아닌가? 그리고 목소리를 바꾸려고 한들 마음대로 될까? 괜히 힘만 낭비하고 불안감만 커질 뿐이다.

목소리가 어떻든, 자신감과 확신만 있으면 설득력 있게 상대를 사로잡을 수 있다.

일반적으로 믿음직하고 듣기 좋은 목소리를 가졌다는 아나운서들이 기업 관리자가 되는 경우가 많지만, 프로젝트를 위해 이사회의 지지를 끌어내거나 자금 확보를 해야 할 때는 그 좋은 목소리가 딱히 장점이 되지 못한다. 스피치에서 중요한 것은 듣기 좋은 목소리가 아니라 주제와 관련있는 메시지이기 때문이다.

처칠이나 존 F. 케네디는 과장된 목소리로 연설을 했지만 청중의 마음을 사로잡았다. 마틴 루터 킹 목사는 흥분해서 떨리는 목소리로 그 유명한 '나에게는 꿈이 있습니다'라는 연설을 해서 청중을 열광시켰다. 하지만 여러분이 해야 할 업무 프레젠테이션 내용은 이런 연설들과 좀 다르지 않은가? 설마 여러분도 흥분해서 떨리는 목소리로 '나에게는… 보고서가… 있습니다!'라고 소리칠 생각은 아니겠지?

감미로운 발라드 가수의 목소리는 푹신한 의자에 앉아 들을 때는 달콤하지만 업무 보고회에서 프레젠테이션을 할 때는 별 도움이 안 된다.

근거 없는 믿음 6 : 연기력이 필요하다

이 이야기는 앞에서도 했다. 실제로 프레젠테이션 교육 강사들 중에는 배우 출신이 많다.

나는 최근에 세계 최고의 강연가들을 초대한 기업의 최고 경영자를 교육한 적 있다. 그녀는 2,500명의 청중을 상대로 미국의 유명 경영 컨설턴트 짐 콜린스(Jim Collins) 앞 순서에 오프닝을 하게 되어서 몹시 긴장하고 있었다. 오랜 세월 연설에 대한 불안감을 해소하지 못했는데, 너무도 중요한 이벤트였기 때문에 그녀는 제대로 잘 해내고 싶었다.

나를 만나기 전에 그녀는 호주국립연기예술학교(NIDA)에서 이틀짜리 강좌를 수강했다. 여느 프레젠테이션 기술 강좌들과 마찬가지로 이 강좌도 배우들이 교육을 담당했다. 그녀는 유용한 호흡법을 몇 가지 배우긴 했지만 모델 같은 배우 강사가 드라마 찍듯 과장된 프레젠테이션 기술을 가르치는 바람에 이틀째 되는 날은 진이 빠지고 정말 효과가 있을까에 대한 의심만 생겼다고 했다.

내 강좌에서는 근거 없는 믿음을 깨고, 브래드 피트나 안젤리나 졸리와 연기 대결을 펼쳐야 한다는 부담감을 떨쳐내고, 정말로 중요한 것에 집중한다. 생각을 체계화하고, 체계화한 생각들을 입 밖으로 소리 내어 표현하고, 자연스럽게 말하는 법을 가르쳤다는 뜻이다. 그렇게 며칠 교육을 받고 난 후 그녀는 짐 콜린스 앞 순서에서 매력적이고 유머러스하게 강연을 해냈다.

물론 이것은 한 사람의 경험담일 뿐이다. 연기 강좌에서도 쓸모 있는 것들을 배울 수 있다. 호흡법, 말을 잠시 멈추는 법, 행동의 효과를 극대화할 수 있는 타이밍 찾는 법, 무대 매너 등등. 하지만 스스로에게 한 번 물어보자. 배우들이 가르치는 프레젠테이션 강의를 들은 후에 어떤 생각이 들었는가? 스피치가 어렵지 않다는 느낌이 들었는가? 자신의 있는 그대로의 모습으로 말해도 된다는 생각이 들었는가? 내가 아닌 다른 사람처럼 행동할 필요가 없다는 생각이 들었는가?

아니면, 연극배우처럼 연기를 해야겠다는 생각이 들었는가? 연기력이 필요하다는 근거 없는 믿음 때문에 멋진 스피치를 하려면 배울 것이 너무 많다는 부담감이 생겨 어깨가 축 처진 사람들은 없었는가?

나는 이렇게 제안하고 싶다. 메시지 전달에 우선 집중하고 케이크의 아이싱 역할 같은 연기력을 배우는 데에 시간을 투자할지 말지는 그 다음에 결정하자.

연기력의 필요성에 대한 근거 없는 믿음은 프레젠테이션이나 강연에서 이야기의 주제보다 '겉모습'이 더 중요하다는 잘못된 생각을 심어 주게 된다. 하지만 실제로는 '겉모습'에 신경을 덜 쓰면 오히려 스피치 실력이 더 빨리 그리고 더 쉽게 성장하는 것을 알 수 있다.

왜 그런 것일까?

그 이유는 '겉모습'을 걱정하는 데에 힘을 낭비하지 않고 자신의 스타일대로 자신의 생각을 설명하기 때문이다. 괜히 아마추어 연기 실력을 발휘하려 하다 보면 나무토막이나 로봇처럼 부자연스러워 보일 수 있고 청중과 교감하는 것만 방해할 뿐이다.

연기를 잘하고 겉모습에 신경 쓴다고 해서 더 나은 업무 프레젠테이션을 할 수 있는 게 아니다. 필요한 것은 설득력 있는 메시지 그리고 이해하기 쉬운 설명이다.

근거 없는 믿음 7 : 예행연습을 아주 많이 해야 한다

연습! 연습! 연습! 스피치를 잘하기 위한 비법으로 종종 손꼽히는 것이 바로 끝없는 연습이다.

물론 연습은 도움이 된다. 생각을 입 밖으로 소리 내서 말하고 프레젠테이션 방법을 다듬으면 생각을 좀 더 분명하게 전달할 수 있고 자신감도 생긴다. 그렇지만 우리는(1만 5천명 넘는 사람들을 대상으로 교육하고 함께 일한 결과), 연습은 길게 하는 것보다 짧게 하는 게 더 효과적이라는 것을 알게 되었다. 아주 짧은 시간만 연습해도 자신감을 쌓을 수 있다(책 뒤쪽에서 1분 예행연습에 대해 살펴볼 예정이다).

하지만 너무 많은 연습은 실제로 프레젠테이션이나 강연을 하는 그 순간에 대한 몰입을 방해하는 장애가 될 수 있다. 정작 실전의 그날, 제일 잘한 연습 때 했던 말이 머릿속에서 맴돌아 그 순간에 해야 하는 설명에 집중하지 못하게 만든다. 연습 때 했던 말을 떠올리는 데에 정신이 팔려서 그 순간에 집중하지도 못하고 현장의 흐름에 따라 설명하지도 못하게 되는 것이다.

그리고 잘 계산된 연습과 무분별한 연습 사이에는 엄청난 차이가 있다. 예를 들어, 글자 하나 빠뜨리지 않고 모두 기억하려고 연습하면 엄청난 시간과 노력을 낭비하기 쉽다. 그리고 이런 식으로 완벽함을 추구하는 연습은 불안감을 불러올 가능성이 많다. 그래서 사람을 기진맥진하게 만든다. 반면에 잘 계산된 연습은 힘이 전혀 안 들 수도 있다.

내 고객들 대부분은 글자 하나하나까지 전부 다 암기하는 것이 결코 좋은 연습 방법이 아니라는 것을 잘 안다. 그들은 시작 부분, 끝부분, 핵심 포인트만 연습한다. 대신 구조와 메시지 그리고 언제 설명을 해야 하는지를 정확히 파악한다. 그런 다음 실전에서 청중과 교감할 수 있다고 스스로를 믿는다. 고객들 중에 특히 새로운 주제를 다룰 때 강연 전 과정을 똑

같이 연습하는 사람도 있지만, 그래도 절대 글자 하나하나까지 외우려고
하지는 않는다.

대부분의 경우는 1분 예행연습이 잘 통한다. 1분 예행연습은 다음과 같
은 장점이 있다 :

시간이 오래 안 걸린다.

적은 노력으로 여러 번 반복할 수 있다.

머릿속으로 떠올리기가 훨씬 더 쉽다.

핵심 포인트와 짜임새 같은 큰 덩어리에 집중하기 때문에 세부적인 사
항에서는 융통성을 발휘하기 쉽다.

복잡하지 않고 간단해서 부담감에 압도되지 않는다.

메시지의 법칙은 세 부분으로 나누어진다

요즘은 강연이나 프레젠테이션을 완전히 피할 수 있는 직업이 많지 않다. 부끄러움 때문에 남들 앞에서 말할 기회를 피하면 자신의 능력과 지혜 그리고 가치를 보여 줄 수 있는 기회를 놓치게 된다.

사람들이 첫 번째로 꼽는 두려움이 스피치에 대한 두려움이라는 점을 감안할 때, 메시지 비법을 정복하면 긍정적인 자아상을 키우고 능력의 범위도 넓힐 수 있다.

메시지 비법은 스피치를 단순화하고 모르는 사람들 앞에 서서 말해야 한다는 걱정과 불안감을 해소하는 법을 가르쳐 준다. 그리고 스피치로 인한 불안감을 다스리는 방법들은 삶의 다른 많은 영역에도 적용할 수 있다.

메시지의 법칙은 단계별로 여러분을 이끌어 줄 것이다. 그리고 다음과 같이 크게 세 부분으로 이루어져 있다.

1 불안감을 다스리고 명료하게 생각할 수 있도록 이끌어 주는 **명료함 최우선의 법칙**
2 아이디어를 명확히 하고 체계적으로 정리해 주는 **아웃라인의 법칙**
3 훌륭하게 설명해서 청중과 교감할 수 있는 **연결의 법칙**

CHAPTER 10

명료함 최우선의 법칙

자, 근거 없는 믿음들은 이제 모두 떨쳐 버렸다. 지금부터는 명료하게 생각하고 불안감을 다스릴 수 있는 명료함 최우선의 법칙에 대해 살펴보자. 이것은 모두 5가지의 원칙으로 구성된다.

원칙 1: 불안감은 불확실성에서 비롯된다.

원칙 2: 메시지 전달력이 핵심 포인트다.

원칙 3: 지식의 저주에 빠지지 마라.

원칙 4: 자연스러운 스타일은 언제나 옳다.

원칙 5: 불안을 이해하면 불안감을 다스릴 수 있다.

1 | 제1원칙 — 불안감은 불확실성에서 비롯된다

중요한 프레젠테이션을 위해 상담 받기를 희망하는 사람들의 전화를 받다 보면 무슨 이야기를 할지, 남들이 자신에게 무엇을 기대하는지 그리고 그 기대를 충족시킬 능력이 자신에게 있는지 없는지를 제대로 모르는 경우가 많다. 다른 말로 하자면, 불확실한 것투성이다. 그런 사람들과의 통화는 이런 식으로 이어지곤 한다.

캠 : "그래서 어떤 행사를 준비 중이십니까?"

상대 : "그냥 업계와 관련된 큰 행사라는 것밖에 모르는데 여기서 깊은 인상을 남겨야 합니다. 자세한 설명서는 비서가 가지고 있습니다."

캠 : "어떤 주제로 말씀하실 예정입니까?"

상대 : "아직 결정을 못 했습니다. 제가 다룰 수 있는 주제는 많습니다."

캠 : "그 행사에서 다른 사람들은 어떤 주제를 다루나요?"

상대 : "잘 물어보셨습니다. 그것도 아마 비서가 가지고 있는 설명서에 있을 텐데……"

전화 상대방의 마음속에 온통 불확실한 것투성이라는 걸 여러분도 알 수 있을 것이다. 그리고 각각의 불확실함은 불안감을 야기한다. 어느 정도의 불안감은 정상적이고 건강한 것이지만, 통제 불가능한 수준의 불안감은 정상적이지도 않고 건강하지도 않으며, 프레젠테이션이나 강연의 효과를 감소시킨다. 게다가 재미까지 반감시킨다.

'명료함 최우선의 법칙' 중 제1원칙은 '불안감은 불확실성에서 비롯된다'이다. 다른 말로 하자면, 다가올 프레젠테이션에 대해 불확실한 것이 많을수록 불안감이 높아질 가능성이 크다는 뜻이다. 당신의 불안은 불확실성의 결과이다.

그 반대도 마찬가지다. 준비를 잘 했다는 생각이 들고, 주제, 장소, 청중이 기대하는 바를 잘 안다는 느낌이 들면 불안감은 줄어든다.

불안하다는 사실 때문에 불안한가?

불확실성이 미치는 영향은 말로 다 할 수 없을 정도로 엄청나다.

연구에 따르면, 불확실성은 물리적 힘과 이미 입증된 능력에 대한 자신감에 영향을 미치고 심지어는 면역체계까지 약화시킬 수 있다고 한다.

이에 대한 사례로, 심리학자 스탠리 샥터(Stanley Schachter)의 연구를 살펴보자. 스탠리 샥터는 피실험자들에게 아드레날린과 비슷한 약을 지급했다. 그런 다음 피실험자들을 두 그룹으로 나눠서 첫 번째 그룹에게는 기분이 좋아질 것이라고 알려 주고 실험 내내 최고의 기분을 느끼게 될 것이라고 지속적으로 피드백을 했다. 반면에 두 번째 그룹에게는 약 때문에 기분이 나빠질지도 모른다고 불확실하게 알려 주고 실험 내내 안 좋은 경험을 하게 될 것이라는 피드백을 계속 했다.

제공받은 조건(약)은 두 그룹 모두 똑같았지만, 기분이 좋아질 것이라고 기대하고 어떤 일이 일어날 것인가에 대해 확신을 갖게 하는 피드백을 받은 그룹은 아드레날린이 급격히 증가했다. 반면에 불확실한 정보만 받은 데다 안 좋은 경험을 하게 될 것이라는 피드백을 받은 그룹은 불안감이 증가했다.

불확실함은 정신과 육체를 약하게 만든다

또 다른 예는 간단한 근육 테스트다. 여러분의 이름이 조 스미스라고 가정해 보자. 이제 여러분은 한 팔을 수평이 되게 앞으로 들어 올린 채로 '나는 조 스미스다'라고 소리 내서 말한다. 이때 들어 올린 여러분의 팔을 내가 힘껏 누르면 여러분은 힘껏 저항할 것이다. 그런데 만약 이때 여러분에게 똑같은 행동을 시키면서 '나는 안젤리나 졸리이고 우주비행사다' 라고 말하도록 하면 내가 팔을 누를 때 여러분이 저항하는 힘은 처음보다 훨씬 줄어들 것이다. '나는 누구? 여긴 어디?' 같은 정체성에 대한 불확실함은 단순히 정신에만 영향을 미치는 것 같지만 사실은 신체에도 영향을 미친다.

강연이나 프레젠테이션을 준비하기 시작하면 우리 마음은 쉽게 대답할 수 없는 질문을 하기 시작한다. 예를 들어 다음과 같은 질문들 말이다.

- 사람들이 나에 대해 뭐라고 평가할까?
- 할 말을 잊어버리면 어쩌지?
- 내가 준비를 충분히 했나?
- 질문에 제대로 대답을 못 하면 어쩌지?

이런 질문들이 야기하는 불확실함을 해소하지 못하면 그 불확실함은 불안감을 증폭시키고 그로 인한 신체적 증상이 뒤따르게 된다. 가슴이 뛰고, 손이 떨리고, 몸이 여기저기 쑤시고, 목소리가 흔들리고, 입이 바싹바싹 마르고…… 등등 별의별 증상이 다 나타난다. 몸과 마음이 모두 불확실함에 압도당한 것이다.

반대로, 앞의 질문들을 미리 해결하면 청중 앞에 설 때 힘이 솟고 해야 할 일에 대한 자신감도 생긴다.

물론 모든 일에 항상 완벽하게 확신을 가질 수는 없다. 그런 것은 바라지도 않는다. 살면서 모든 일에 100퍼센트 확신할 수 있다면 삶이 얼마나 재미없을까. 우선, 우리는 청중의 요구를 충족시켜 주어야 한다. 예를 들어 회의마다, 강연마다 청중들은 다른 질문을 할 텐데, 언제 누가 어떤 질문을 할지 우리는 예상할 수 없다. 그리고 사용하는 기계가 뜻대로 작동하지 않는 것 같은 예상치 못한 일이 발생할 때 대처해야 한다(이에 대해서는 뒤에서 좀 더 자세히 살펴볼 예정이다).

확신을 높이기 위한 4가지 방법

이 원칙은 단순하면서도 세계 어디에서나 보편적으로 통하고, 좀 더 주의를 기울여서 말할 수 있도록 여러분의 뇌가 정신이 번쩍 들게 만든다. 그래서 강력하다. 제1원칙을 소리 내어 말해 보자. "불안감은 불확실성에서 비롯된다." 이쯤 되면 이런 현실적인 생각이 머릿속에 떠오를 수 있다. "음… 내가 불확실하게 느끼는 점은, 특히 이번 프레젠테이션에서는… 내가 좀 더 확신을 얻으려면 어떻게 해야 할까?"

강연이나 프레젠테이션을 하기 전에 불확실성을 줄이고 확신을 높이기 위해 신경 써야 할 네 가지 영역을 살펴보자.

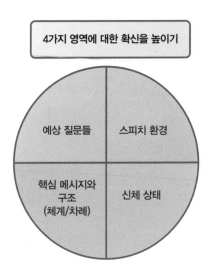

① 이야기할 환경을 파악하라

장소는 어떻게 생겼나? 무대는 있나? 강의대는? 자료를 보여 줄 때 사용할 프로젝터는 어떤 것인가? 의자들(그리고 탁자들)은 어떻게 배치되는가? 누가 나를 소개하나? 내 앞과 뒤 차례는 누구인가?

이미 아는 장소라면 잘됐다. 모르는 장소라면 앞의 질문들에 대답할 수 있도록 행사 전에 직접 찾아가 보든지, 아니면 그곳을 사진처럼 설명해 줄 수 있는 사람과 전화 통화라도 하자. 그리고 정해진 환경 조건을 순순히 받아들이지 말고 원하는 사항이 있으면 미리 행사 관리자들에게 여러분의 취향을 알려 주자. 겁낼 것 없다. 장소의 조건을 정하는 데에 여러분도 어느 정도까지는 관여할 수 있다.

마이크를 예로 들어보자. 강의대 뒤에 서서 고정된 마이크를 사용하는 것을 선호하는 사람이 있는가 하면, 자유롭게 움직일 수 있도록 옷깃에 달거나 헤드셋 형태의 무선 마이크를 선호하는 사람도 (나를 포함해서) 많이 있다.

슬라이드를 조종하는 미니 리모컨도 미리 확인해 두는 게 좋다. 강연 장소에 도착하고 보니 버튼이 2, 30개나 있는 텔레비전 리모컨 같은 걸 넘겨받는 당혹스러운 경험을 하고 싶지 않다면 슬라이드 조종 리모컨 상태도 미리 파악해 두는 게 좋다. 슬라이드를 넘기는 간단한 일을 해 줄 버튼을 찾느라 리모컨을 붙잡고 끙끙대는 프레젠터들을 나는 여럿 봤다.

미니 리모컨이 있는지 혹은 어떤 것인지 잘 모를 때는 간단한 해결책이 있다. 개인용 미니 리모컨을 가져가는 것이다. 여러 기기에 호환이 가능하고 값싼 미니 리모컨을 준비하면 작동법을 몰라 헤매는 일은 영원히 일어나지 않을 것이다.

강연이나 프레젠테이션을 할 장소에 대해 미리 알아두자. 그리고 당일에는 일찍 가서 장소를 확인하고 사용할 장비들을 확인하고 편안히 움직일 수 있는 동선도 파악해 두자.

② 핵심 메시지와 구조를 정확히 파악하자

'메시지와 구조'에 대해서는 앞으로 다룰 예정이기 때문에 여기서는 자세히 다루지 않겠다. 다만, 메시지와 구조를 정확히 파악하면 확실한 것이 그만큼 많아진다는 정도만 말해 두겠다.

③ 예상 가능한 질문들을 뽑아 보자

준비를 철저히 하는 강연가들을 힘들게 만드는 것이 바로 예상 가능한 질문이다. 준비를 철저히 하는 강연가들은 긍정적인 논쟁을 굉장히 열심히 준비하느라 그 반대 의견에는 좀처럼 신경을 쓰지 못하고, 따라서 반대 의견에 맞설 대응을 충분히 못 한다.

이런 사람들의 프레젠테이션은 멋지게 이어지다가 곤란한 질문이 나오는 순간 갑자기 균형을 잃는다. 강연가가 예상 밖의 질문을 받고 놀라며 당황하는 것보다 더 나쁜 상황은 없다. 왜냐하면 강연가가 자신의 주장에 대해 철저히 파악하지 않은 것처럼 보이기 때문이다.

물론 대답하기 어려운 질문이 있을 수는 있다. 하지만 강사가 너무 놀라서 입이 떡 벌어지거나 할 말을 잃는 상황이 벌어지는 건 아무도 바라지 않을 것이다. 어려운 질문에 대비할 수 있도록 몇 분만 준비하면 그런 일은 얼마든지 피할 수 있다.

가장 좋은 방법은 청중석 맨 뒤에서 적의를 품은 사람이 당신에게 가장 어려운 질문을 소리쳐 묻는 상황을 상상하는 것이다. 그런 질문들을 글로 적어보자. 상상할 수 있는 가장 공격적이고 거친 표현으로 적어보자. 대개의 경우, 두 개에서 다섯 개 정도의 질문이 떠오를 것이다.

그러면 이번에는 어려운 질문들 옆에 여러분이 할 대답을 적어보자. 쉽게 술술 나오는 대답도 있지만 그다지 마음에 안 드는 대답도 있을 것이다. 상관없다. 최소한 대답을 찾아내기는 했으니까 좀 더 자신 있고 준비된 모습으로 조금 더 확실성을 가지고 프레젠테이션에 임할 수 있다.

아무도 질문 안 할 거라는 헛된 기대를 품고 예상 가능한 어려운 질문을 회피해서는 안 된다. 그런 헛된 기대를 할수록 피하고 싶은 질문은 반드시 여러분을 찾아올 것이다.

④ 자신의 신체 상태를 파악한다

자신의 신체 상태를 파악한다는 것은 불안감을 느낄 때 몸에 어떤 증세가 나타나는가를 미리 알아둔다는 뜻이다. 스트레스와 불안감에 자신의 몸이 어떻게 반응하는지 알면 불확실성을 더 많이 줄일 수 있다. 불안감을 완전히 제거할 생각을 하기보다는, 불안감을 느낄 때 나타나는 신체 반응을 인지하고 객관적으로 관찰하고, 받아들이는 법을 배우자. 불안감을 느낄 때 나타나는 신체 반응을 알면 불안감을 다스릴 수 있다. 이에 대해서는 제 5원칙에서 제대로 살펴볼 예정이다.

2 | 제2원칙 — 메시지 전달력이 핵심 포인트다

프레젠테이션이나 강연 전 그리고 도중에 느끼는 불안감은 여러분이 어느 정도의 불확실성을 가지고 있는지 직접적으로 보여 주는 척도다. 이런 불안감에서 벗어나려면 불안감으로 인한 신체 증상들을 감추는 것이 아니라 불안감의 '원인들'을 처리해야 한다.

〈펄프 픽션〉이라는 영화를 봤다면 '부치'라는 캐릭터를 기억할 것이다. 권투 선수인 부치(브루스 윌리스)는 범죄 조직 두목을 배신해서 목숨을 잃을 위기에 처했다. 부치의 여자 친구는 그의 지시에 따라 미국을 떠나 도망치려고 짐을 챙겨왔다. 그런데 여자 친구가 아파트에서 가져온 짐들을 살피던 부치는 그녀가 자신의 시계를 챙겨오지 않았다는 사실을 알았다.

영화 초반에 그 시계가 부치의 할아버지한테서 아버지로 그리고 다시 그에게로 전해진, 그가 가진 것들 중에 제일 소중한 물건이라는 사실이 확실하게 표현되었다. 다른 것은 다 돈으로 다시 살 수 있지만 그 시계만큼은 돈으로 다시 살 수 없다. 그런데 그런 소중한 시계를 여자 친구가 빠뜨린 것이다.

청중은 여러분의 마음을 읽지 못한다

부치는 분노한다. 그는 권투 선수에다 난폭하게 생겼다. 텔레비전을 방너머로 집어던지고, 여자 친구에게 소리를 질렀다. 그리고 더 심한 폭력을 저지를 것이라고 예상되는 순간, 그가 행동을 멈추고 분노를 억누르며 이렇게 말한다. "아니야, 이건 당신 잘못이 아니야. 내 잘못이야. 내가 당신한테 그 시계가 정말 중요한 거라는 걸 제대로 말 안 했어. 그러니 당신이 그 사실을 어떻게 알겠어? 당신이 내 마음을 읽을 수 있는 것도 아닌데 말이야."

부치는 여자 친구에게 해야 할 일 열 가지를 말했고, 그중에 아홉 가지는 완벽하게 이루어졌다. 그러니 그의 여자 친구는 90퍼센트는 제대로 했다고 주장할 수 있다. 하지만 말한 사람의 의도를 이해하는 데에는 실패했다.

부치는 생명이 위험할 수 있는데도 시계를 되찾기 위해 아파트로 차를 몰고 돌아가면서 화가 나서 운전대를 주먹으로 치고 소리를 지른다. "당신이 기억하기를 바란 건 오직 그거 하나였어. 다른 건 하나도 중요하지 않았어!" 결국 부치는 그 시계를 다시 찾지만 거의 목숨을 잃을 뻔했고 많은 것이 파괴되었다.

우리가 좋건 싫건, 메시지를 전달하는 사람은 그 메시지를 듣는 사람이 어떻게 받아들이느냐에 대해서 책임을 져야 한다. 부치는 어떻게 자기 생각을 표현해야 했을까? 애초에 이렇게 말해야 하지 않았을까. "뭘 하든 상관없으니까 그 시계만은 절대 잊어버리면 안 돼!"

메시지의 중요성을 강조하기 위해 같은 말을 반복하는 것도 필요했을지 모른다. 어쨌든, 부치가 여자 친구에게 한 다른 여러 부탁들에 가려져서 정말 중요한 메시지는 전달이 되지 못했다.

여러분은 부치의 여자 친구가 좀 더 주의를 기울였어야 했다고 비난할 수도 있다. 그 말이 맞을 수도 있다. 하지만 그렇다고 해도 결과는 달라지지 않았을 것이다. 리더든, 관리자든, 팀원이든, 메시지를 성공적으로 전달하지 못하면 지는 것이다. 청중이나 듣는 사람이 메시지를 제대로 이해하지 못했다고 비난한다고 해서 우리가 원하는 결과를 얻을 수 있는 것이 아니다. 그것은 커뮤니케이션 실패를 합리화하려는 변명에 지나지 않는다.

많은 프레젠터들이 자신이 무슨 메시지를 전해야 하는지 모른다

프레젠테이션을 할 때마다 반드시 기억해야 할 것이 하나 있다. 그것은 메시지 전달력이 성공으로 가는 길이라는 사실이다. 다른 것을 아무리 잘해도 메시지를 전달하지 못하면 소용없다.

제스처도 소용없다.

슬라이드도 소용없다.

말하는 속도도 소용없다.

목소리 톤이나 잠시 말을 멈추는 타이밍도 소용없다.

서 있는 자세, 눈 맞춤도 소용없다.

외모도 소용없다.

이 모든 것이 프레젠테이션의 성공에 어느 정도 영향을 미치기는 하지만, 주제와 관련된 분명한 메시지만 전달한다면 위의 모든 것이 어느 정도 잘못되어도 용서받을 수 있다.

(내가 이 책의 전반부에서 내내 이 내용을 강조했으니) 이 말이 맞다고 생각된다면 지금까지 여러분이 봤던 강연이나 프레젠테이션들을 한번 떠올려 보자. 자잘한 세부 사항들 사이에서 남들에게 다시 말해 주고 싶을 만큼 인상적인 메시지가 분명히 드러났던가?

내 경험에 의하면, 강연가 대부분이 자기가 무슨 메시지를 전해야 하는지 모르는 것 같다. 지난 수년 간, 나는 강연이나 프레젠테이션을 막 시작하려는 사람들 수천 명에게 이렇게 말했다. "청중에게 전하고 싶은 메시지를 한두 문장으로 말해 주시겠습니까? 청중한테 말할 때와 똑같이 말해

"저는 할 말이 없습니다. 왜 없는지 자세히 설명하겠습니다."

보세요." 그러면 대부분의 사람들이 잘 모르겠다고 하거나 아니면 불분명하게 대충 말한다. 혹은 자신의 생각은 한두 문장으로는 절대 설명할 수 없는 거라고 말한다. 과연 그럴까? 프레젠테이션 어딘가에 메시지가 존재하기는 하는데, 사소한 설명들 사이에서 헤매느라 묻혀 버렸을 것이다.

　그러면 여러분의 메시지는 무엇인가?

키포인트 | 메시지는 여러분의 생각으로 들어가는 문이다. 메시지는 정보에 생명을 불어넣는다. 그런데도 강연이나 프레젠테이션을 하는 대부분

의 사람들이 자기가 전하려는 메시지가 무엇인지 모른다. 이런 일이 벌어지는 가장 큰 이유는 자신이 해당 주제를 너무 잘 알기 때문이다. 우리는 이런 아이러니를 '지식의 저주'라고 부른다(그리고 이것이 다음에 살펴볼 원칙이다).

3 | 제3원칙 — 지식의 저주에 빠지지 마라

길을 물어볼 때 방향을 알려 주면서 '금방 눈에 딱 띌 거예요!'라고 대답하는 사람들이 있다(누구나 그런 사람을 본 적 있을 것이다).

그런데 정말 그 말대로 금방 눈에 딱 뜨이던가? 대개의 경우는 금방 눈에 딱 띄지 않는다. 절대 눈에 안 띈다.

이렇게 길을 묻는 사람과 길을 가르쳐 주는 사람 사이에 생각의 차이가 생기는 것은 길을 가르쳐 주는 사람이 주변 지리에 대해 정확히 알기는 하지만, 그가 하는 말이 머릿속의 정보를 모두 전달하지는 못하기 때문이다. 그래서 길을 가르쳐 주는 사람이 아는 정보와 길을 묻는 사람이 얻은 정보 사이에 차이가 생길 수밖에 없다.

1976년 작품인 이 한 컷 만화에는 다른 도시에서 온 남자에게 길을 가르쳐 주는 경찰관이 등장한다. 그러니까 경찰관이 '주제 전문가'(해당 직무나 과제에 대해 가장 잘 알고 경험이 있으며 잘 수행하는 사람 – 옮긴이)로서 주제에 대해 잘 모르는 남자에게 정보를 주고 있는 상황이다. 업무 프레젠테

이선도 이와 비슷하다. 주제 전문가가 분명한 정보를 원하는 청중에게 이야기를 한다. 여러분이 사람들 앞에서 이야기를 할 때, 여러분이 주제 전문가이고 청중은 해당 주제에 대해 관심이 있는 사람들인 경우가 대부분이다. 그러면 아래의 이야기를 읽으면서 업무 프레젠테이션에서 비슷한 상황을 벌어지는 것을 본 적 없는지 한번 생각해 보자.

이런 상황을 상상해 보자. 지금 여러분은 처음 와 보는 도시에 있는데 친구를 만나기로 한 카페를 찾으려고 경찰관에게 도움을 청하기로 했다.

"곧장 가세요." 경찰관이 말했다. "신호등이 나오면 왼쪽으로 돌아가세요. 그리고 빨간 건물이 나올 때까지 쭉 걸어가세요. 거기서 다시 조금 더 걸어가서 모퉁이를 돌면 바로 카페가 있습니다. 금방 눈에 띌 거예요."

여러분은 경찰관에게 고맙다고 인사하고 걸어가다가 신호등이 나타나자 왼쪽으로 방향을 틀어서 다시 곧장 간다. 그런데 쭉 가다 보니 '빨간 건물'이라고 볼 수 있는 건물이 여러 개 눈에 들어온다. 여러분은 그중에서 제일 빨간색 건물을 향해 곧장 걸어간다.

그런데 앞을 보니 이 도로에 교차로가 두 곳 있고, 모퉁이마다 아니면 모퉁이 근처마다 카페가 있다. 음… 어느 모퉁이를 말한 거지? (한번 생각해 보자. 여러분이 모퉁이에 서 있을 때마다 근처에는 다른 모퉁이가 또 존재한다, 안 그런가?) 그리고 그 경찰관이 '모퉁이를 돌면 바로'라고 했는데 그게 얼마나 더 가라는 뜻이었지? 다섯 걸음? 아니면 쉰 걸음? 음, 아무래도 금방 눈에 띌 것 같지 않네.

알면 알수록 그 지식을 모른다는 게 어떤 상태인지를 잊는다

앞의 이야기에 등장한 경찰관은 '지식의 저주' 즉 '너무 많이 아는 것도 병'이라는 문제에 딱 들어맞는 케이스다. 사실 우리는 누구나 '지식의 저주'라는 문제를 가지고 있다. 무슨 말인가 하면, 우리가 어떤 것에 대해 많이 알면 알수록―그것에 대해 경험도 많고, 많이 생각하고, 많이 연구할수록―그것에 문외한 다른 사람의 시선으로 그것을 바라보기가 힘들어진다는 뜻이다.

앞의 이야기에 등장한 경찰관의 경우 자신의 머릿속에는 너무도 뻔한 정보들이 가득 들어 있지만 그에게 '뻔한' 정보가 여러분에게는 너무도 생소한 것들이다. 그는 자기 생각에는 너무도 확실하고 뻔한 메시지를 전달했지만 듣는 사람 입장에서는 조금도 확실하지 않았다.

그러면 이번에는 아까 등장한 그 경찰관에게 일반적인 스피치의 관점에서 자신의 '프레젠테이션'이 어땠는지 물어보는 상황을 상상해 보자.

"완벽했죠. 흠잡을 데 없었어요!" 경찰관은 이렇게 말할 것이다. "나는 자신감 있게 말했고, 빠뜨린 것도 하나도 없고, 눈 맞춤도 잘했고, '음' 같은 소리도 안 냈고, 실수도 없었고, 열린 자세로 강한 보디랭귀지를 사용했다고요."

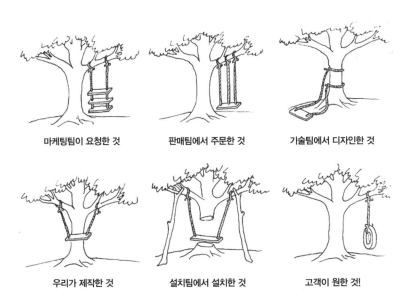

마케팅팀이 요청한 것　　판매팀에서 주문한 것　　기술팀에서 디자인한 것

우리가 제작한 것　　설치팀에서 설치한 것　　고객이 원한 것!

커뮤니케이션이란 : 말하는 사람과 듣는 사람이 같은 메시지를 공유하는 것

사용 승인 : T and W Fleet

* 유명한 '나무 그네 그림'(위)은 1960년대에 발표된 것으로 현재까지 여러 가지 버전이 만들어졌다. 세상을 하나의 관점에서만 볼 때 어떤 일이 벌어지는가를 잘 묘사한 작품이다.

하지만 그런 전통적인 기준들은 다른 도시에서 온 사람이 길을 찾는 데에 별 도움이 되지 못했다. 그렇다면 우리는 무엇을 신경 써야 할까? 다시 메시지 전달력이다!

'지식의 저주'에 대해 잘 모르는 것이 오늘날 강연과 프레젠테이션의 가장 큰 문세들 중 하나다. '너무 많이 아는 것도 병' 증후군 때문에 많은 사람들이 청중에게 생생한 메시지를 전달하는 데 실패하는 것이다. 자기 생각에는 분명한 메시지를 전달한 것 같지만 사실은 그렇지 않다. 청중은 확실한 정보를 얻었을 것이라고 생각하지만 그 생각은 틀렸다.

전문가의 딜레마

'지식의 저주'는 우리가 너무도 귀중한 그것, 그러니까 '듣는 사람이 쉽게 기억할 수 있고, 듣고 난 다음 남에게 쉽게 전달할 수 있는 명료한 메시지를 만드는 과정'에서 만나게 되는 가장 큰 장애물들 중 하나다. 동네 지리든, 직업상 전문 지식이든, 아니면 조직에서 차지한 위치로 인해 얻게 된 관점이든, 우리는 누구나 자신이 아는 것과 남이 아는 것을 구별하지 못하게 만드는 맹점을 가지고 있다. 나무 때문에 숲을 보지 못하는 것이다.

다른 말로 하자면, '무언가를 오래 알수록 그것을 모르는 상태가 어떤지 기억하기 힘들어진다'라고 표현할 수 있겠다. 우리는 청중의 관점에서 세상을 볼 필요가 있다(이 문제에 대해서 좀더 깊이 알고 싶은 사람은 히스 형제의 『스틱』을 참조할 것).

그렇다면 이런 현상이 일으키는 문제를 한번 살펴보자. 루이스 해리스

(Louis Harris)의 연구에 따르면, '경영진이 제시하는 목표와 방향성이 분명하다고 말하는 직원은 전체의 1/3 미만이다.' 그런데도 불구하고, 세계적인 컨설팅업체 포럼 코퍼레이션(Forum Corporation)이 포춘 500대 경영진을 상대로 한 조사에서 응답자의 82퍼센트가 '알아야 할 모든 사람'이 기업 전략을 잘 이해하고 있다고 답변했다.

다른 말로 하자면, 리더는 자신의 메시지를 조직원 모두가 이해한다고 믿고 있지만 사실은 그렇지 않다.

"그 사람들 전부 다 바보야"

내가 컨설팅을 해 준 어느 영업 담당 임원이 자신의 상품 기획팀 실적에 불만을 터뜨렸다. 그리고 나서 우리는 '우리는 일단 뭔가를 알고 나면 그걸 모르는 상태가 어떠했는지를 잊어버린다'라는 주제로 이야기를 했다. 그런데 갑자기 그의 표정이 변했다. 드디어 깨달은 것이다.

"기획팀 직원들이 다 알아들었을 거라고 우리 멋대로 결론 내렸다는 걸 이제야 깨달았습니다." 그가 말했다. "우리는 기획팀 직원들이 그 제품에 대해 우리만큼 훈련을 받지도, 경험하지도, 익숙하지도 않다는 사실을 잊고 있었습니다. 그래서 그들이 성과를 내지 못할 때 우리는 그들이 게을러서 그런 것이라고 말했습니다. 하지만 잘못은 우리한테 있었어요. 우리가 그들한테 분명하게 말하지 않았던 겁니다."

이 사례에서 중요한 것은 듣는 사람의 관점에서 세상을 봄으로써 영업 담당 임원은 자신의 문제를 해결할 수 있게 되었다는 것이다. 해결 방법은 간단하다. 새로운 관점으로 직원 훈련 방법을 다시 만들면 된다.

생생한 메시지를 만들어 내는 능력은 다른 사람의 입장이 되어보는 법을 배우는 데에 달렸다. 아참, 그런데, '너무 많이 아는 것도 병' 증후군이 자신과는 상관없다고 생각한다면, 그것은 가장 중증 단계라는 뜻이다. 그리고 그런 착각을 하는 것이 정상이다. 그렇다, 아주 정상이다.

모든 말이 모호하다

리처드 헤이먼(Richard Heyman)이 쓴 『왜 처음에 그 말을 안 했어요?(Why Didn't You Say That in the First Place?)』라는 흥미로운 책이 있다. 여기서 그는 민속방법론(ethnomethodology) ─ 쉽게 이야기해서 언어를 이용해 사람들이 서로를 이해하는 방법론 ─ 이라는 분야를 간략히 소개했다.

이 분야 연구의 중대한 발견은 오해가 지극히 정상적이라는 것이다. 그만큼 흔히 발생한다는 뜻이다. 그러니까 우리는 오해가 일어날 것을 미리 예상해야 한다. 커뮤니케이션이 모호하게 이루어질 것을 예상하지 않고 또 모호한 커뮤니케이션에 대처할 방법도 모른다면 인생이 힘들어지는데, 여러분은 그 이유조차 인지하지 못할 것이다.

예를 들어, 어느 최고 경영자가 주먹까지 휘두르는 열광적인 연설을 하면서 직원들에게 '서비스' 개선을 주문한다. 그는 이렇게 말한다.

"이 회사는 서비스를 바탕으로 세워졌고, 우리 모두 서비스에 집중하면 계속해서 번창할 것입니다. 알아듣겠습니까? 자, 나는 서비스 개선을 위해 무엇을 해야 하는가를 모두가 잘 안다고 생각합니다. 그러니까 이제 부터 가서 할 일을 하십시오!"

그 다음에 어떤 일이 벌어졌을까? 무엇을 해야 하는지 정확히 아는 사람이 아무도 없는데, 마케팅 팀장들과 영업 팀장들은 인력과 장비를 충원하기 위해 돈이 필요하다고 요구하기 시작했다. 그들은 돈을 펑펑 써도 좋다고 최고 경영자가 허락했다고 생각했다. 왜냐하면 서비스를 더 잘하려면 사람과 장비가 더 많이 필요하다는 게 그들 생각이었기 때문이다. 하지만 최고 경영자는 인력 충원도 예산 추가도 원하지 않았다. 그는 직원들에게 태도 변화를 요구했다고 생각했다. 이런 오해는 노력의 낭비로이어지고 결국 업무에 엄청난 차질을 불러오게 된다.

여러 가지 의미로 해석될 수 있는 단어는 무척 많다. '리더십', '품질', '생산성', '가치'… 이런 단어들은 다른 조직들 사이에서는 말할 것도 없고, 같은 회사 안에서도 부서마다 그리고 직위마다 다른 의미로 해석될수 있다.

유행어를 얼마나 좋아하는가?

그리고 유행어라는 것이 있다. 다음은 라디오 방송국 임원을 설득 중인광고대행사 측의 말이다.

"저희와 한 배를 타시지요. 그러면 귀사는 시장에서 엄청난 '시너지' 효과를 얻으실 겁니다. 그리고 우리 '크리에이티브'와 자원이 귀사의 '컷스루'를 도와드릴 겁니다."

'시너지', '크리에이티브', 그리고 '컷스루' 같은 말들은 유행어다. 문장을 명확히 하기 위해 질문 몇 개를 하고 난 뒤 그의 메시지를 이렇게 바꾸었다.

"이 6개월짜리 기획안을 수락하시지요. 그러면 귀사는 다른 어떤 언론사들보다 더 큰 잠재 시장을 개척하게 될 것입니다. 그리고 우리 크리에이티브 제작팀은 귀사 제품을 엄밀하게 선정한 청취자들이 최우선으로 선택하도록 포지셔닝할 수 있는 광고 캠페인을 제작할 것입니다."

처음보다 훨씬 더 구체적인 단어를 사용해서 잘못 해석될 가능성을 줄였다. '크리에이티브'와 '크리에이티브 팀'이라는 단어의 차이를 한 번 생각해 보자. 첫 번째 단어 '크리에이티브'는 1)자신들이 제작하는 광고 2)그 광고를 제작하는 팀 3)일반적으로 쓰이는 '창의력'이라는 의미까지, 다양한 뜻으로 해석될 수 있다.

그렇지만 '크리에이티브 제작팀'은 한 가지 뜻으로만 해석되기 때문에 듣는 사람이 오해할 가능성이 없다.

여러분이 몸담고 있는 업계나 조직에서 쓰는 용어들 중에 다중적인 의미로 해석될 수 있는 것이 있는가? 또는 누군가가 'X가 정확히 무슨 뜻입니까?'라고 물었을 때 제대로 설명 못 할 것 같은 단어가 있는가? '컷스루

(cut through)'는 또 어떤가? 다른 수많은 광고들을 제치고 주목받도록 하겠다고 쉽게 말하면 안 되는가? '시너지'니 '크리에이티브'와 같은 무분별한 유행어들이 오히려 생생한 메시지 전달을 방해하는 요인으로 작용할 수 있다.

훌륭한 통역가 되기

몇 년 전 휴가 때 나는 두바이의 호텔들에서 볼 수 있는 수백만 달러짜리 대형 상업용 수족관 사업으로 성공한 빌을 만났다. 그는 회사에서 하는 일이 뭐냐는 내 질문에 이렇게 대답했다. "기본적으로 통역가입니다."

그는 고객과 기술팀 직원과 함께했던 회의 경험담을 들려주었다. 그 고객은 수족관에 대해 생각해 둔 아이디어가 있었다. 그는 환상적이고 사람들을 끌어모을 수 있는 수족관을 원했다. 기술팀 직원은 현실적인 한계에 대해 잘 알고 있었다. 그리고 빌은 이 회의에서 자신이 해야 할 역할이 통역이라는 점을 알고 있었다. 이날 회의는 다음과 같이 진행되었다.

고객 : "고객들 머리 위로 지나가는 관에서 상어들이 헤엄치고 다니면 좋겠습니다. 그러면 정말 근사해 보일 겁니다."

기술팀 직원 : "생각하시는 것을 실제로 제작하는 데에는 한계가 있습니다. 유체역학 문제입니다. 물의 양이 충분해야 하는데……(전문적인 용어를 계속 이어갔다).

고객 : "이봐요, 우리가 여기 투자하는 돈이 2천5백만 달러나 됩니다. 우리

는 머리 위로 상어가 헤엄쳐 다니기를 원한다고요."

기술팀 직원 : "그렇지만 기술적인 제약이 있습니다, 유체역학 상……."

고객 : "그냥 요구하는 대로 해 주세요!"

이때 빌이 대화에 개입한다.

빌 : "그런 식으로 제작하면 상어가 죽습니다."

고객 : (침묵) "아, 그렇군요… 그럼 다른 방법은 없습니까?"

이 이야기 또한 '너무 많이 아는 것도 병' 증후군의 전형적인 예다. 기술팀 직원은 기술적인 관점에서만 상황을 봤고, 고객은 마케팅 관점에서만 상황을 봤다. 빌이 자처한 통역가 역할 덕분에 일이 어떻게 풀렸는지 한번 생각해 보자.

프레젠터나 강연가로서 여러분이 해야 할 역할이 바로 그런 통역가 역할이다. 듣는 사람의 마음을 들여다보고 여러분이 가지고 있는 정보를 '통역'하면 듣는 사람은 그 정보에 대해 여러분이 생각하는 가치를 이해하고 받아들일 것이다.

키포인트 | 우리는 누구나 '지식의 저주'에 빠지기 쉽다. 이 '너무 많이 아는 것도 병' 증후군에서 벗어나려면 정보를 의미가 정확하고, 이해하기 쉬운 메시지로 바꿔 주는 통역가로 변신해야 한다. 어떻게? 이렇게 말이다.

- 청중의 입장에서 생각한다.

- 청중이 알아듣기 힘들 것 같은 전문용어는 배제한다.
- 너무 많은 정보의 바다 속에서 중요한 메시지가 실종되지 않도록 한다(물은 병째가 아니라 컵에 담아서 준다).

4 | 제4원칙 ─ 자연스러운 스타일은 언제나 옳다

지금쯤 여러분은 이런 생각이 들지 모른다. 메시지 이야기만 하느라 청중과 교감하는 것은 잊어버린 거 아니야? 이야기를 하는 내내 청중의 관심을 사로잡아야 하는 것 아닌가? 좋은 질문이다. 그렇다, 그것은 정말 중요하다. 그리고 청중과 교감하기 위해서는 자신의 자연스러운 스타일을 유지하는 것이 가장 좋은 방법이다.

20여 년 전, 나는 생애 첫 기업 콘퍼런스 프레젠테이션을 하게 되었다. 당시 나는 호주 최대 라디오 방송국의 영업 파트와 마케팅 파트를 상대로 컨설팅 업무를 담당하고 있었다. 그들과 함께 일을 한 지 겨우 6개월밖에 안 되었던 때라 나는 제대로 내 능력을 각인시킬 기회가 왔다고 생각했다. 내게는 정말 큰 기회였다.

나는 두 번의 프레젠테이션을 하게 되었다. 첫 번째는 영업과 마케팅 전략에 초점을 맞춘 공식적인 프레젠테이션이었다. 그리고 두 번째 프레젠테이션 대해서는 '특별한 주제가 주어지지 않았다.' 나는 콘퍼런스 몇 주 전에 내 담당 관리자와 함께 두 번째 프레젠테이션에 대해 이야기를 나눴고 그녀는 그때 내가 제안한 아이디어를 이야기하라고 권했다.

콘퍼런스가 열리기 얼마 전, 나는 다른 프레젠터들과 함께 스피치 기술 교육 강좌에 참가하겠느냐는 제안을 받았다. 나는 참석하겠다고 적극적으로 나섰다. 나는 자신감 넘치고 설득력 있는 강연가가 되고 싶었는데 그 당시의 나는 아직 그런 존재가 아니었기 때문이다.

교육을 받고 나니 걱정이 더 늘었다

안타깝게도 스피치 강좌는 득보다 실이 더 많았다. 교육을 받고 나서 오히려 눈치를 더 많이 보고 더 많이 긴장하게 된 것이다.

콘퍼런스가 가까워지자 나는 그동안 배운 스피치 기법들을 총동원해서 공식적인 프레젠테이션을 열심히 준비했다. 정말 노력했다. 몇 번이고 연습에 연습을 거듭했고, 교육 강좌에서 '너무 자주 한다'라고 지적받은 제스처를 자제하려고 애썼다. 나는 프레젠테이션 규칙들을 '정확히' 지키려고 정말 열심히 노력했다.

하지만 내가 기울인 그 엄청난 노력에도 불구하고 결과는 그다지 좋지 않았다. 청중 앞에 서자마자 나는 온몸이 얼어붙으면서 내가 있어야 할 곳이 아닌 것 같은 어색한 기분이 들었다. 불안감도 심각할 정도로 점점 심해졌다. 뭔가 근사한 말을 해야 한다는 중압감은 밀려오는데, 프레젠테이션 규칙을 잊어버렸다는 느낌이 계속 들고, 규칙을 제대로 지키지 못한다는 생각도 들었다. 강한 '인상'을 심어 주려고 애를 쓰면 쓸수록 청중의 관심은 내게서 멀어지는 것 같았다.

한마디로 총체적 난국이었다.

손은 어떻게 해야 하고, 말은 얼마나 빨리 해야 하고, 얼마나 자주 말을 멈춰야 하고 등등 지켜야 할 모든 규칙들을 생각해 내려고 애쓸수록 머릿속은 복잡해졌다. 머릿속에 생각이 너무 많다 보니 무엇을 어떻게 해야 할지 판단이 서지 않았다. 점점 지쳐갔다. 내가 무슨 말을 했는지 정확히 기억나지는 않는데, 청중도 예의를 차리지는 않았다. 그들은 지루한 기색을 숨기지 않았다. 그날 첫 번째 프레젠테이션을 끝내고 나는 내가 한 모든 잘못을 자책했다.

그런데 두 번째 프레젠테이션을 하면서 신기한 일이 벌어졌다.

두 번째 프레젠테이션 때는 첫 번째보다 준비도 덜 했고 예행연습은 아예 안 했다. 이 프레젠테이션은 그냥 내 아이디어를 설명하는 시간이니까 멋지게 보이거나 격식을 차릴 필요가 없다고 판단해서였다. 그냥 편하게 수다를 떤다는 기분으로 임했다.

내가 이야기하고 싶은 아이디어에 대해 분명히 알고 있었기 때문에 내 담당 관리자에게 설명할 때처럼 청중에게 편하게 이야기했다. 하나의 아이디어에 대한 이야기가 끝날 때는 짧은 요약(메시지)으로 마무리하고 다음 이야기로 넘어갔다. 그렇게 하는 게 잘 어울린다고 생각해서였다. 정말 편하게 했다.

열심히 노력하지 않았더니 오히려 더 좋아했다?

두 번째 프레젠테이션이 끝나자 뜻밖에도 긍정적인 피드백이 돌아왔다.

내 담당 관리자는 감명 깊었다면서 그런 아이디어를 내 줘서 고맙다고 했다. 청중들도 내 이야기에 공감했다. 몇몇 사람은 내가 첫 번째 프레젠테이션에 비해 더 여유로워 보였다고 말해 주기도 했다. 그리고 나와 대화를 나눈 사람들 모두 내 아이디어를 따라서 말할 수 있었다. 내 메시지를 받아들인 것이다.

두 번째 프레젠테이션이 첫 번째 프레젠테이션과 가장 크게 달랐던 점은 손은 어떻게 움직이고, 몸은 어떻게 움직여야 하는지 같은 건 걱정하지 않고 청중이 내 아이디어를 이해할 수 있도록 도와야겠다는 생각에 집중했다는 것이다.

그때를 돌아보면 스피치에 대한 관습적인 생각이 방해가 되었던 게 확실하다. 처음에는 교육도 받고 연습도 했는데 어떤 결과가 나왔던가? 말도 못 할 정도로 불안하고 어색한 채로 앞뒤가 안 맞는 프레젠테이션을 하고 말았다. 그런데 규칙을 모두 무시하고 내 마음대로 이야기를 했던 두 번째 프레젠테이션에서는 내가 하고 싶은 말을 아주 분명히 전달할 수 있었다. 아무 노력도 들이지 않고 말이다.

나중에 프레젠테이션 기술 교육 강좌를 함께 들었던 동료들과 이야기할 기회가 생겼는데, 그들 중 절반 정도가 나와 같은 생각을 했다는 사실을 알게 되었다. 그들도 그 교육 강좌 때문에 오히려 더 불안해지고 더 눈치를 보게 되었다고 했다. 많은 수의 스피치 교육이 깊이가 없고, 모순적이고, 현실과 맞지 않다. 그런데도 여전히 많은 사람들이 쓸데없이 힘을 낭비하면서 엉뚱한 방향으로 가고 있다.

자연스러운 스타일이 감춰진 재능을 발굴한다

기억하자, 불확실성은 불안감의 원인이다(제1원칙). 그리고 사람들 앞에서 말할 때 자신의 원래 모습을 감추고 가면을 써야 한다고 생각할 때 불확실성이 커진다. 생각해 보자. 스피치를 할 때 있는 그대로의 자기 모습으로 임하면 어떻게 될까? 불확실성이 줄어들고 힘도 덜 들지 않을까? 그리고 무대 위에서 분명하게 제대로 생각하는 데에도 도움이 되지 않을까?

아참! 그런데 듣는 사람들은 어떻게 생각할까? 훌륭한 강연가는 어떠해야 한다는 나름대로의 기준을 가지고 있지 않을까? 그렇지 않다. 그런 기준 같은 건 애초에 없다. 자연스러운 모습으로 이야기하면 훨씬 더 신뢰성 있게 보인다. 그리고 더 진실하고 믿을 수 있게 보인다. 그러면 더 적은 노력으로 커뮤니케이션하면서 보다 더 분명하게 생각할 수 있다.

그리고 여러분이 스스로에 대해 자신감을 가지고 여유있게 행동하면 주위 사람들도 여유를 찾게 된다. 이에 대해 프랑스의 철학자 블레즈 파스칼(Blaise Pascal)은 이렇게 말했다.

"자연스러운 스타일을 접하게 되면 놀라우면서 동시에 기쁘다. 강연가 (speaker)*의 모습 안에 숨은 하나의 인간을 찾아냈기 때문이다."

---

* 나도 안다. 파스칼이 실제로 한 말은 '강연가speaker'가 아니라 '작가writer'이지만, 이야기의 핵심은 같다.

규칙의 문제점

중요한 프레젠테이션을 앞두고 여러분을 담당한 관리자('규칙은 반드시 지켜야죠' 씨라고 부르자)가 마지막으로 격려의 인사를 하겠다고 찾아왔다. '규칙은 반드시 지켜야죠' 씨는 자신의 지혜를 전수하겠다며 이렇게 말한다.

"첫인상이 모든 걸 결정합니다. 당신이 사용하는 보디랭귀지가 중요하니까 절대 구부정하게 있으면 안 됩니다. 개방적인 제스처를 쓰고 얼굴 표정을 다양하게 짓고 절대 청중에게 등을 돌려서는 안 됩니다. 두 손을 호주머니에 넣어도 안 되고요. 당신이 하는 말은 사실 중요하지 않아요, 비언어적 커뮤니케이션과 겉으로 보이는 모습, 그게 진짜 중요한 거예요. 이런! 행운의 넥타이라도 하고 오지 그랬어요. 어쨌든, 잊지 말고 꼭 미소 짓고, 긍정적으로 생각하고, 시작할 때 강한 인상을 남겨야 한다는 거 꼭 기억하세요. 첫인상이 모든 걸 좌우한다 이겁니다! 나쁜 첫인상은 절대 회복 불가능이에요. 그리고 케네디 대통령이나 윈스턴 처칠, 아니면 마틴 루터 킹 목사처럼 권위 있게 말하세요. '음'이나 '어' 같은 소리는 절대 하지 말고요. 특별히 전문가한테 슬라이드 제작을 맡겼으니까 슬라이드는 아주 완벽할 겁니다. 당신이 슬라이드를 미리 살펴볼 기회가 없어서 아쉽기는 한데, 방금 그래픽 팀에서 넘어와서 어쩔 수가 없네요. 자, 잘 기억하세요, 메모는 절대 보면 안 됩니다. 그건 프로답지 못한 행동이에요. 그리고 절대 스크린 앞을 걸어 다녀도 안 됩니다. 그런데 불안해진다 싶으면 모든 게 잘 된다고 상상하도록 하세요. 그래도 마음이 진정되지 않으면 청중이 벌거벗고 있다고 상상해요. 자, 그럼 가서 청중들을 끝장내버려요!"

이 조언이 청중 앞에서 여유를 찾고 자연스럽게 행동하게 해 줄 수 있을까? 여러분도 예전에 위와 같은 조언을 들은 적 있는가? 다소 과장된 사례이기는 하다. 저런 조언들을 한꺼번에 다 듣는 일은 좀처럼 없을 것이다. 오랜 시간에 걸쳐 이 사람 저 사람, 이 책 저 책 그리고 이런저런 강좌에서 들은 말들을 모아 봤다.

그래도 어쨌든 결과는 똑같다. 혼란스럽고 겁에 질리게 만들고 스피치가 현실 세계와는 동떨어진 흑마법의 세계처럼 무시무시한 것처럼 느껴지게 만든다. 위의 조언은 자연스럽고 여유롭게 말하는 데에 아무 도움도 안 된다. 그리고 위의 이야기에서 정작 중요한 것에 대해 아무런 언급도 하지 않았다는 것을 눈치 챘는가? 바로 메시지를 제대로 전달해야 한다는 것이다. 메시지의 중요성을 빠뜨리는 것이야말로 잘못된 조언들의 특징이다.

청중과의 교감을 단절 시키는 관습적 규칙들

청중과 교감하는 가장 좋은 방법은 진실하게 행동하는 것이다. 자신과 청중 사이의 장벽을 허물수록 더욱 효과적으로 교감할 수 있다. 나 아닌 다른 사람을 흉내 내는 스타일로는 청중과의 사이에 장벽을 더 높일 뿐이다.

관습적인 스피치 규칙들은 그 자체로 '생각하지 마!'라고 요구한다. 자신의 판단을 믿지 마라, 상황에 따라 판단해서도 안 된다, 무조건 규칙을 따라라, 언제 어디서든… 관습적인 규칙은 스피치를 하는 '옳은' 방법은 세상에 딱 하나뿐이며, 그것과 조금이라도 다른 방법은 '틀렸다'라고 규정한다. 다른 말로 하자면, '최적'의 스타일에 꼭 들어맞지 않으면 틀렸다는 뜻이다. 이런 생각을 따르다 보면 모든 강연가들이 틀로 찍어내거나 복제한 것처럼 똑같아질 수밖에 없는데, 최근 한 고객도 강연 기법 강좌를 들은 사람들에 대해서 그런 식으로 평가했다.

몇 년 전 나는 분당 여섯 개의 제스처를 해야 한다는 규칙을 배웠다. 다섯 개도 아니고 일곱 개도 아닌, 딱 여섯 개여야 한다. 그런데 나는 1분에 평균 60개의 제스처를 하니까 이 규칙을 기준으로 하자면 나의 자연스러운 스타일은 무려 10배나 틀린 것이 된다.

그런데, 미국의 심리학자 데이비드 맥닐(David McNeill)은 자신의 저서 『손과 마음(Hand and Mind)』에서 제스처는 인간의 사고 과정에서 자연스럽게 이루어지는 부분이라고 주장한다. 그래서 제스처를 정지시키거나 통제하려고 하면 사고의 흐름을 방해하게 된다. 또한 그는 제스처가 규격이나 기준에 지배당하는 것이 아니기 때문에 제스처를 강제적인 규칙의 틀에 끼워 맞추는 것이 불가능하다고 말했다. 다른 말로 하자면, 자신에게 자연스러운 제스처를 할 때 사고의 흐름이 가장 활발해진다는 뜻이다.

규칙이 아니라 가이드라인만 생각하자

영화 〈고스트버스터즈〉에서 시고니 위버는 악마가 씌어서 빌 머레이가 맡은 캐릭터를 유혹하는 여자 역할을 연기했다. 영화에서 빌 머레이는 이 렇게 말한다.

"나는 악마가 씬 사람들과는 사귀지 않는다고 규칙을 세웠어요."
(하지만 시고니 위버가 열정적으로 키스를 하며 계속 그를 유혹한다.)
"사실, 그건 규칙이 아니라 그냥 가이드라인이니까······."

그가 마음을 바꾸는 모습은 가이드라인이 가지는 융통성을 잘 보여 주 었다. 규칙은 고정된 것이지만 가이드라인은 방향을 제시하지만 수정이 나 개선이 허용된다. 규칙은 언제 어디서든 동일해야 하는 엄격하고 기계 적인 작업과 융통성을 허락하지 않는 계급 조직에는 딱 들어맞지만, 사람 인 프레젠터들을 모두 똑같이 만드는 것은 불가능하다.

규칙보다 더 중요한 '가이드라인'의 가치를 보여 주는 내 10대 시절 경 험담을 소개하겠다. 파티에 가려는 내게 아버지는 마약 하지 마라, 술 마 시지 마라, 담배 피지 마라, 남의 물건을 훔치거나 부수지 마라 등등의 규 칙을 늘어놓지 않으셨다. 일어날 수 있는 모든 상황에 대처할 규칙을 전 부 다 설명한다는 건 사실 불가능한 일이기도 했다.

그날 아버지는 긴 잔소리 대신 딱 하나의 가이드라인만 제시하셨다. 온 갖 유혹으로 가득 찬 세상으로 나가려는 내게 아버지는 그냥 이렇게만 말씀하셨다.

"신사답게 행동해라."

그때는 그 말이 고리타분한 아버지한테 어울리는 촌스럽고 따분한 소리라고만 생각했다. 하지만 지나고 보니 아버지의 그 말 속에 숨은 지혜를 알 수 있었다.

가이드라인은 어떤 상황에나 적용할 수 있다

가이드라인은 융통성을 발휘할 수 있어서 어떤 상황에서든 적용할 수 있기 때문에 규칙보다 더 가치가 있다. 아버지의 메시지는 내가 여러 가지 선택을 해야 할 때 머릿속에 떠올랐고 (대개의 경우) 그 덕분에 나는 옳은 선택을 할 수 있었다. 아무 생각 없이 주어진 규칙을 무작정 따르라고(또는 규칙에 무작정 반항하라고) 하는 대신, 아버지는 내가 스스로 판단해서 결정을 내릴 수 있도록 가이드라인을 주셨다. 아버지의 가이드라인은 내가 스스로 생각할 수 있는 힘을 기르도록 도와주었다.

나는 육아 전문가도 아니고 자녀가 아직 어려서 스스로 판단할 수 없을 때는 규칙이 필요할 수도 있다. 그렇지만 인간 대 인간으로서 커뮤니케이션을 하는 상황이라면, 규칙은 생각을 가로막지만 가이드라인은 생각을 활성화시켜 준다.

그러니까 프레젠테이션 규칙들을 좀 더 효과적으로 이용하려면 가이드라인으로 받아들이면 된다.

규칙과 가이드라인 사이에는 어떤 차이가 있을까? 규칙은 '생각하지 말고 그냥 행동하라'라고 하는 반면, 가이드라인은 '여기에 검증된 방법이 있다. 하지만 상황에 따라 스스로 판단해라'라고 말한다.

- 가이드라인은 여러분의 아이디어를 분명하게 하고 스스로 자연스럽다고 느껴지는 방식으로 표현할 수 있는 자유를 준다.
- 가이드라인은 방향을 제시하는 반면 규칙은 여러분을 상자 속에 가둔다.
- 가이드라인은 사람마다 각자의 방식이 있음을 인정하지만 규칙은 모든 사람이 똑같다는 것을 전제로 한다.
- 가이드라인은 자신만의 자연스러운 스타일을 유도하고, 규칙은 자신만의 자연스러운 스타일을 억누르게 한다.
- 규칙은 머릿속을 여러 가지 생각으로 복잡하게 만들지만 가이드라인은 메시지를 전달하는 데에 집중할 수 있게 한다.
- 규칙이 수면제 먹을 시간이라며 잠든 사람을 깨워 약을 먹이는 식이라면, 가이드라인은 잠든 사람은 그냥 자게 내버려 둔다. 스피치에 대해 된다, 안 된다, 라고 엄격하게 요구하는 모든 것들을 가이드라인으로 재해석해야 할 필요가 있다.

몇 가지 사례를 살펴보자.

규칙	가이드라인
청중 한 사람당 정확히 3초간 눈맞춤을 해야 한다.	눈맞춤은 청중과 교감하는 중요한 수단이다. 청중과 수시로 눈을 맞출 수 있도록 한다.
두 손을 호주머니에 넣어서는 안 된다.	손을 호주머니에 넣는 것은 격식을 차리지 않는 모습으로 보인다. 청중에 따라 해도 될지 안 될지 스스로 판단한다.
정해진 구조를 반드시 따른다. (예 : 세 가지 핵심 포인트를 제시한다.)	구조는 청중이 여러분의 정보를 이해하는 데에 도움을 준다. 메시지를 생생하게 만들 수 있는 구조를 선택하라.
1분에 여섯 개의 제스처를 해야 하는데, 이때 제스처는 어깨 아래부터 허리 위까지에 해당하는 것만 말한다. 좋은 제스처는 1) 시작 2) 강조 3) 처음으로 돌아가기의 3단계로 이루어진다.	제스처는 언어를 통한 커뮤니케이션의 효과를 높일 수 있다. 제스처를 많이 쓰는 사람도 있고 적게 쓰는 사람도 있다. 마음이 편안하면 여러분이 전달하는 아이디어에 맞게 제스처가 자연스럽게 표현된다. 그 흐름에 따르면 된다.

자신만의 자연스러운 스타일 찾기

자신만의 '프레젠테이션 규칙'을 정하자. 스피치를 잘하는 사람들이 어떻게 하는지 관찰해 보자. 그들 모두 저마다 스타일이 다르고, 이른바 '규칙'이라는 것도 수시로 깨지만 편안하고 여유로운 모습으로 말을 할 것이다.

그렇다고 해서 자신만의 자연스러운 스타일을 찾아 꼼꼼하게 기록하고 정리하려고 애쓰지 않아도 된다. 그냥 분명하게 생각할 수 있고 편안하게 호흡할 수 있게 해 준다면 그것이 자연스러운 스타일이다.

자연스러운 스타일의 예

리처드 브랜슨과 빌 게이츠는 말을 할 때 '음'이라는 소리를 많이 낸다. 잭 웰치는 화를 잘 낸다. 빌 클린턴은 종종 너무 오래 말을 멈출 때가 있고 앨 고어는 나무토막처럼 뻣뻣하다. 그래도 이들에게 뭐라 하는 사람이 있는가? 우리는 이들의 어설프고 부족한 모습까지도 다 받아들인다.

마이크로소프트는 정반대 성향을 가진 두 남자가 설립했다. 빌 게이츠는 내성적이고 말이 느리고 말할 때 제스처도 거의 쓰지 않는다. 반면에 스티븐 발머(Steven Ballmer)는 탁자를 쾅쾅 치고, 무대를 이리저리 뛰어다니는 아주 외향적인 스타일이다.

스티브 잡스는 말할 때 태평스러워 보일 정도로 느긋했다. 페이스북의 최고 운영 책임자(COO) 셰릴 샌드버그(Sheryl Sandberg)는 말을 할 때 몸을 많이 움직인다. 휴렛패커드(Hewlett Packard)의 멕 휘트먼(Meg Whitman)은 그와는 좀 반대다. 텔레비전 토크쇼 진행자들을 보면, 오프라 윈프리는 소리를 지르고 두 팔을 휘둘러 대기까지 하는 반면, 엘렌 드제너러스(Ellen DeGeneres)는 유머감각이 뛰어나고 관객을 사로잡지만 움직임은 별로 없다.

강연의 대가들도 한번 살펴볼까. 톰 피터스와 토니 로빈스(Tony Robbins)는 엄청난 에너지를 내뿜는 외향적인 강연가인 반면, 디팩 초프라(Deepak Chopra)와 스티븐 코비(Stephen Covey : 최근 세상을 떠난 그는 25년간 세계에서 가장 인기가 많고 강연료도 가장 높은 강연가로 명성을 날렸다)는 감정을 드러내지 않는 내성적인 스타일이다.

리처드 도킨스(Richard Dawkin)는 뻣뻣하고 잘난 체하는 스타일이지만 그의 설명과 메시지는 굉장히 명쾌하다. 그리고 에크하르트 톨레(Eckhart Tolle)는 부드럽고 소곤거리는 듯한 목소리에 말을 멈추는 시간도 꽤 길지만 유려한 설명과 기억에 남는 이야기들, 그리고 인용하기 쉬운 짧은 메시지들로 청중을 사로잡는다.

스티븐 호킹에게 보디랭귀지를 가르쳐야 할까?

스티븐 호킹(Stephen Hawking)은 컴퓨터로 합성한 괴상한 목소리로 말을 하지만 그의 TED 강연은 7백만 뷰를 자랑한다. 그런데 그는 스타일이라는 것이 없다. 그는 몸을 못 움직인다. 그런 스티븐 호킹에게 누가 보디랭귀지를 가르치려고 하겠는가?

성공한 강연가들의 공통분모는 스타일이 아니라 아이디어의 명료함과 그 아이디어에 대한 자신감이다. 자신의 아이디어를 설명하는 데에 집중하자. 동시에 모든 사람을 다 만족시킬 수는 없지만, 자연스러운 스타일로 이해하기 쉽게 잘 설명하면 성공의 가능성은 커진다.

키포인트 | 어깨에서 힘을 빼자! 완벽하려고 애쓸 필요 없다. 다른 사람의 스타일과 자신의 스타일을 비교할 필요도 없다. 여유롭고 자연스럽게 행동할 수 있는 방법을 찾아보자. 명료한 메시지와 쓸모 있는 설명을 하기만 한다면 여러분이 서툴고 유별나도 청중은 다 받아줄 것이다.

5 | 제5원칙 ―
불안감을 이해하면 불안감을 다스릴 수 있다

　　40대 초반이던 나는 중년의 위기감에 시달리다 리버사이드 스케이트보드 경기장으로 달려갔다. 하프파이프(파이프를 반으로 가른 모양의 경기장, 스케이트보드, 인라인 스케이트에 사용되고 눈을 덮으면 스노보드, 스키에도 사용되며, 경기 명칭으로도 쓰인다 – 옮긴이)를 배우기로 결심했기 때문이다. 왜냐고? 난 아직 그런 것을 할 수 있을 만큼 젊으니까! 그리고 이 나이에 그런 취미가 있으면 멋있어 보일 것 같기도 했고…….

하프파이프가 이겼다

그래서 경사 구간에서 연습 한 번 해본 적 없으면서 무턱대고 경사 구간 가장자리로 올라갔다. 그때부터는 무슨 일이 있었는지 자세히 기억이 안 난다. 왜냐하면 여러분도 다들 들어봤겠지만, 사람이 쓰러져서 정신을 잃으면 뇌가 사고 순간을 다 지워 버리기 때문이다. 하지만 나는 내 몸에 난 상처를 보고 대충 짐작이 갔고, 또 나를 콘크리트 경사로에서 질질 끌고 내려온 꼬마 녀석들의 증언도 들었기 때문에 내 두 다리가 앞으로 쭉 미끄러지면서 머리를 금속으로 된 경사 구간 가장자리와 콘크리트 경사 구간에 부딪쳐 정신을 잃었다는 사실을 알게 되었다.

　　나는 정신을 잃은 채 자루마냥 경사 구간을 미끄러져 내려왔다. 사람들은 내가 2분 정도 정신을 잃었다고 말했다. 정신이 돌아온 나는 두 손과 가슴 그리고 얼굴에 끈적거리는 것이 묻어 있고(나중에 보니 피였다) 15살 정도 된 아이들이 나를 내려다보고 서 있어서 이게 무슨 상황인가, 싶었다.

고개를 드는데 그곳에서 스케이트보드를 타던 한 아이가 물었다. "아저씨 괜찮으세요?" 나는 그 질문에 대해 잠시 생각하면서 정신을 가다듬고는 고맙게도 내가 괜찮다는 사실을 깨달았다. 그런데 내가 2분 동안 바닥에 고개를 처박고 기절해 있었다는 아이들의 말을 듣고서 나는 그 시간 동안 이 아이들이 무엇을 했을지 궁금해졌다. 그리고 아이들 한두 명이 시체처럼 꼼짝하지 않는 내 몸을 툭툭 발로 차며 '이 할아버지 죽었어!'라고 말하는 모습을 상상했다.

어쨌든 다행히 두 발로 일어설 수는 있었지만, 왼쪽 눈 위에 상처가 깊게 나서 피가 제법 흘러내렸다. 그런데 그때 재미있는 일이 일어났다. 아이들 몇몇이 자신이 다친 경험담을 이야기해 준 것이다. "아저씨, 그 정도는 걱정 안 해도 돼요. 우리 다 그렇게 깨진 적 있거든요. 저는 팔에 핀도 박았어요." 한 아이가 말했다. 그 순간 나는 만족감 같은 게 느껴졌다. 내 중년의 목표를 이뤘다. 이제 나는 스케이트보드 타는 아이들과 이런 대화를 나눌 수 있는 사이가 됐다! 멋진 아이들과 어울리는 사람이 됐다고(정확히 말하자면 멋진 아이들 발치에 누워 피를 흘리는 사람이 되었을 뿐이지만)!

그때 한 아이의 엄마가 다가와 내 상처를 보더니 이렇게 말했다. "아저씨, 상처 꿰매셔야겠네. 얼른 병원에 가 보세요." 그러자 나는 당황해서 어린아이 같은 목소리로 이렇게 대답했다. "맞아요, 네, 좋은 생각이네요." 더 이상은 스스로 멋지다는 느낌이 들지 않았다.

신경 손상? 뇌 손상?

현실로 돌아온 나는 눈 위에 난 상처를 꿰매기 위해 제일 가까운 병원을 찾아갔다. 그런데 의자에 앉아 치료 순서를 기다리고 있는데 왼팔이 떨리기 시작했다. 뒤이어 정신 나간 좀비처럼 머리도 제멋대로 움찔거리기 시작했다. 떨림은 통제할 수 없을 정도로 점점 심해지면서 파도처럼 강해졌다 약해졌다를 반복하며 급기야 온몸으로 퍼져갔다.

'내가 무슨 짓을 한 거지?' 나는 생각했다. '뇌 손상인가? 아니면 신경 손상? 내가 바보짓을 했어! 어쩌자고 이런 짓을 한 거야?' 머릿속에서 내 과거의 행동을 비난하고 미래를 걱정하는 소리가 점점 더 커졌다. 솔직히 말해서 정말 너무 무서웠다.

나는 벌떡 일어나 좀비처럼 몸을 움찔거리며 안내 데스크로 걸어갔다. "실례합니다." 나는 데스크에 있던 남자에게 말을 건넸다. 그는 하던 일을 멈추고 고개를 들고서야 내가 몸을 움찔거리는 것을 알아차렸다. "지금 몸을 막 떠시는데…" 남자는 나를 가리키며 말했다. "원래 그러십니까?"

"그럴 리 없죠! 지금 내가 하고 싶은 말이 바로 그겁니다. 내가 지금 정상이 아니라고요!"

남자가 간호사를 불렀다. 간호사는 내게 계속해서 질문을 하고 또 하더니 한참만에야 걱정할 것 없다고 말했다. "쇼크 증세예요." 간호사가 말했다. "신체적 외상 때문에 체내로 아드레날린이 대량 분비되면서 생긴 증상이에요. 추우세요?"

나는 춥지는 않았다.

"그럼 괜찮아지실 거예요." 간호사는 안심시키듯 말했다.

원인과 결과

떨림은 아드레날린으로 인한 신체 증상이었다. 그러니까 나는 원인이 일시적인 것이니 신체 증상도 곧 사라질 것이라는 사실을 알게 되었다. 아드레날린 과다 분비가 어떤 영향을 미치는지 어느 정도는 알고 있었기 때문에 나는 간호사의 설명을 완벽하게 이해할 수 있었다.

나는 자리에 앉았다. 그리고 그때 엄청난 깨달음이 밀려왔다!

격렬한 떨림이 아직 멈추지는 않았지만 마음은 완전히 침착해졌다. 그 순간 나는 신체 증상과 침착하게 생각할 수 있는 능력은 서로 완전히 별개의 것이라는 사실을 깨달았다.

간호사의 설명은 논리적이었고 내 몸에서 일어나는 증상에 대해 확실히 알게 해 주었다. 그 덕분에 나는 신체 증상과 이 증상에 대한 정신적 반응을 분리해서 생각하기가 한결 쉬워졌다.

여러분도 그렇게 할 수 있다.

나는 수천 명의 사람들에게 불안감으로 인한 신체 증상과 그 증상에 대한 정신적 반응을 분리해서 생각할 줄 알아야 한다고 가르쳤다. 그리고 신체 증상이 아무리 심각한 상태일지라도 부담감 속에서 분명하고 명료하게 생각할 줄 아는 힘을 기르는 법도 가르쳤다.

스트레스 반응 이해하기

스케이트보드장 이야기를 여러분에게 소개한 것은 자신감이 과다한 중년 남성들에게 하프파이프가 얼마나 어려운지 경고하기 위해서가 아니다. 응급실에서 내가 겪은 상황이 스피치 현장에서 겪는 스트레스 반응(스트레스가 주어질 때 유기체의 반응으로 생리적, 심리적, 사회적 반응을 보인다 – 옮긴이)과 비슷하다는 사실을 알려 주기 위해서다.

온도를 자동으로 조절해 주는 장치인 서모스탯처럼, 스트레스 반응은 반응해야 할 때 자동으로 작동을 시작한다. 신체적 위험에 처하거나 청중 앞에서 프레젠테이션을 잘하고 싶을 때 스트레스 반응은 작동한다.

신체 증상의 강도는 사람에 따라 다르고, 대개 다음과 같은 조건에 영향을 받는다.

- 자신이 판단하는 상황의 중요도
- 얼마나 잠을 잤는지
- 무엇을 먹었는지(예를 들어, 카페인은 아드레날린 분비를 촉진할 수 있다)
- 감정 상태
- 유전적 차이

이런 변수에도 불구하고 스트레스 반응을 이해하는 것은 별로 어렵지 않다.

먼저, 우리 뇌를 간단히 살펴보자. 뇌가 위아래 두 부분으로 이루어져 있다고 생각해 보자. '위'는 신피질('새로운' 뇌)로, 추론과 논리 같은 의식적인 사고가 이루어지는 곳이다. 그리고 신피질은 인간이 동물보다 우위를 점하는 부분으로, 인간이 동물보다 더 큰 신피질을 가지고 있다.

뇌의 '아래' 부분은 보다 본능적이고 감정적이다. 뇌의 이 부분은 '생각'보다는 주로 '반응'을 많이 한다.

스트레스 반응은 '파충류의 뇌'에서 일어난다

그러면 스트레스 반응은 뇌의 어느 부분이 담당할까? 생각할 수 있는 부분일까 아니면 생각할 수 없는 부분일까? 답은 후자이다. 스트레스 반응은 우리 뇌에서 생각할 수 없는 부분이 담당한다. '파충류의 뇌'라고도 불리는 본능 영역 말이다.

여기까지 보고 나면 여러분은 뇌에서 무의식을 담당하는 부분이 스트레스 반응을 통제하는 것이 옳은 것일까, 라는 의문이 생길 수 있다. 스트레스 반응의 신체 증상은 기가 질려서 꼼짝도 못 하거나 심지어는 심신이 쇠약해지는 것처럼 보이는데, 어째서 반응을 담당하는 뇌 영역이 스트레스 반응을 맡게 되었을까?

이유는 하나다. 바로 속도 때문이다.

만약 우리가 원시시대로 돌아가 검치호랑이를 맞닥뜨린다면 잠재적 위험을 측정하고 그 위험에 대응하도록 우리 몸을 준비시키기까지 의식적으로 생각하고 결정을 하는 데에 시간을 낭비하고 싶지 않을 것이다. 그보다는 '싸울 것인가 아니면 달아날 것인가' 반응이 그 즉시 튀어나와 맞서 싸울 것인지 달아날 것인지를 결정해야 한다.

그러니까 검치호랑이를 만나든, 회사 중역들을 만나든, 여러분 뇌의 원시적인 영역은 여러분이 '중요한 순간'을 준비하게 만들려고 할 것이다. 이때 나타나는 신체 증상들이 방해하는 바람에 집중하지 못하는 것처럼 보일 수도 있지만, 스트레스 반응은 중요한 순간에 대응할 수 있도록 여러분을 준비시키는 과정이다. 그리고 이때 나타나는 신체 반응들은 이해하기도 쉽고 다스리기도 쉽다. 우선 스트레스 반응을 나눠 보자. 스트레스 반응은 다음의 두 가지 요소로 이루어진다.

① 아드레날린 분비

콩팥 위쪽에 있는 부신은 아주 작다. 호두만 한 크기에 무게는 포도알 하나보다도 가볍다. 그렇지만 여러분이 힘을 낼 수 있도록 아드레날린을 분비하는 엄청난 능력을 가지고 있다. 그런데 우리가 싸우거나 달아나지 않으면 과다 분비되어서 남은 아드레날린이 심장이 빨리 뛰게 하고, 땀이 나고, 얼굴이 붉어지고, 몸이 떨리고, 구역질이 나고, 입이 바짝바짝 마르는 등의 신체 증상을 일으킨다. 뿐만 아니라 말이 빨라지게 만들기도 한다. 여러분은 사람들 앞에서 말해야 할 때 겁이 나서 이런 증상을 경험한 적 있는가?

② 근육 수축

스트레스 반응을 이루는 두 번째 요소는 근육 수축이다(그래서 검치호랑이를 만났을 때 싸우거나 달아나도록 준비시키는 것이다). 근육 수축으로 인해 일어나는 신체 증상으로는 목이 막히고(사람들이 이야기를 하기 전에 헛기침을 하거나 물을 마시는 게 다 이 때문이다), 호흡이 가빠지는 것을 들 수 있다.

지금부터 내가 설명하는 대로 해보자. 가슴과 배를 활짝 펴자. 가슴과 배가 가득 찰 때까지 깊이 숨을 들이마시자. 얼마나 많이 숨을 들이마셨는가? 근육이 수축되어 있는 상태에서는 우리의 폐가 정상적인 호흡의 10에서 50퍼센트 정도밖에 공기를 받아들이지 못한다. 그 때문에, 남들 앞에서 말을 할 때 숨 쉬기가 불편한 것이다. 그리고 체내로 산소가 충분히 공급되지 않으면 몸이 말을 듣지 않는 것처럼 느껴진다.

그러니까 스피치에 대한 두려움에서 비롯된 신체 증상은 이해하기 어렵지 않다. 〈스타워즈〉에 나오는 어둠의 포스가 공격한 게 아니다. 스트레스 반응의 두 가지 요소, 아드레날린과 근육 수축을 추적하기만 하면 된다.

이 증상들이 자동적으로 나타나기는 하지만, 일단 이해하고 나면 증상이 존재한다는 사실을 인정하는 것만으로도 '해소'하는 것이 가능하다. 최소한 신체 증상에 대해 인지하기만 해도 증상의 강도를 줄일 수 있다는 뜻이다.

불안감의 강도는 1에서 10까지의 등급으로 표시할 수 있다. 2, 3 또는 4 등급의 불안감은 다스릴 수 있다. 느껴지기는 하지만 강연의 목표를 이룰 수 있을 만큼 분명하고 또렷하게 생각을 할 수 있다.

그런데 심장이 쿵쾅거리면서 9나 10(아니면 11) 등급까지 불안감 강도가 증가하면 마음과 몸은 긴장의 악순환 속으로 빠져든다.

신체 증상을 어떻게 받아들이느냐가 증상의 강도를 결정한다

손이 떨리는 것을 예로 들어보자. 이제는 왜 그런 증상이 나타나는지 안다. 아드레날린이 직접적인 원인이다. 그래도 어쨌든, 손은 계속 떨린다. 손이 떨리는 것을 멈출 수가 없다. 그렇지만 이 현실을 받아들이는 방법이 두 가지 있다. 논리적으로는 이렇게 받아들일 수 있다.

"좋아, 내 손이 지금 떨리고 있어. 그리고 나는 손이 떨리는 이유도 알아. 뇌가 나한테 에너지를 더 주기 위해서 아드레날린 분비를 명령했기 때문이야. 고맙다, 뇌야! 신경이 좀 쓰이기는 하지만 이건 정상적인 현상이고, 손이 떨린다고 해서 메시지 전달을 못 하는 건 아니야. 나는 훨씬 더 중요한 일에 정신을 집중할 테니까 말이야!"

이때부터 손 떨림이 가라앉거나 최소한 더 심해지지는 않는다. 최고 등급 10에서 3이나 4등급에 머물지만 이제는 불안감 때문에 전전긍긍하는 일도 없고, 메시지를 전달하지 못하거나 청중을 사로잡지 못하는 일도 벌어지지 않는다.

이번에는 불확실함에 사로잡혀 있고 왜 이런 신체 증상이 나타나는지도 전혀 모르는 상태에서 머리가 어떻게 생각하게 되는지 살펴보자.

"이거 어쩌지, 이사들 앞에서 발표해야 하는데 손이 떨리잖아. 이제 몸이 말을 안 들을 거야. 프레젠테이션 성공은 이제 물 건너갔어!"

이제 걱정이 점점 더 머릿속을 메운다. '몸이 말을 안 들을 거야.' '도대체 내가 왜 이러는 거야?' '떨림이 더 심해지면 어쩌지?' 이런 호들갑스러운 생각들은 불안감의 원인이 되는 불확실성을 증가시킨다. 그러면 이 다음에는 어떤 일이 일어날까? 손은 더 심하게 떨리고 금세 온몸에 영향을 미칠 수 있는 불안감의 악순환에 빠져들게 될 것이다.

불안감의 악순환은 이렇게 진행된다. 가슴이 쿵쿵 뛰면서 이런 생각이 든다. '이크, 심장이 쿵쿵거리네, 이러면 안 되는데!' 당황하면서 두려움과 불확실성이 더 커진다. 이제 심장은 더 빨리 뛰고 이런 생각이 든다. '아이고, 심장이 더 빨리 뛰잖아, 이거 진짜 큰일 났네!' 이런 악순환이 계속 되는 것이다.

아직도 불안한가, 캠?

스피치에 대한 불안감은 두려움에 대한 거의 모든 조사에서 1위를 차지한다. 그런데도 대부분의 사람들이 자기만 남들 앞에서 이야기할 때 불안해하고 걱정하는 줄 안다. 나는 스포츠 선수들, 배우들, 음악가들, 정치가들, 최고 경영자들, 작가들, TV 진행자들 등등 많은 사람들의 컨설팅을 담당했다. 그들 모두 중요한 '무대'에 서기 전에 긴장하고 불안해한다.

나는 청중 앞에 설 때 긴장되지 않느냐는 질문을 종종 받는다. 간단히 대답하자면, '그렇지는 않습니다. 하지만 음… 예전에는 굉장히 심했죠'라고 할 수 있겠다. 그리고 그것이 내가 지금 스피치에 대해 가르치는 직업을 택한 이유 중 하나다. 나는 스스로 배워야만 했다.

그런데 제대로 대답하자면, 지금도 이따금 불안할 때가 있긴 하다. 그리고 그 불안감은 행사에 대한 불확실성에 달렸다. 아직도 새로운 일을 하려면 스트레스 반응이 나타난다. 처음으로 5분 스탠드업 코미디를 할 때도 불안했다. 처음 해보는 일이었기 때문이다. 스탠드업 코미디 관객들은 기업 콘퍼런스의 청중들보다 훨씬 더 공격적이었다. 그리고 나는 컴컴한 무대와 눈이 멀 정도로 강한 조명도 익숙하지 않았다. 하지만 나는 열심히 준비했고 내가 할 농담들을 잘 안다는 자신감이 있었기 때문에 무사히 끝마칠 수 있었다.

내가 가장 최근에 가슴이 터질 듯 쿵쿵 뛰고 얼굴이 달아올랐던 것은 내가 하는 조언을 내가 지키지 않았기 때문이다. 나는 이벤트에 앞서 불확실성이 쌓이고 또 쌓인 속으로 걸어 들어갔다.

사연은 이렇다. 서너 해 전, 호주 정부 경제전문가들을 대상으로 한 캔버라 콘퍼런스에서 강연을 해달라는 요청을 받았는데, 어떤 내용으로 해야 하는지, 콘퍼런스 주제가 뭔지에 대해 제대로 된 정보를 받지 못했다. 행사 막판에 강연 요청을 한 누군가의 보좌관이라는 사람한테서 '제가 아는 건 오후 2시에서 3시 사이에 강연을 해 주시기 바란다는 것뿐입니다'라는 말만 들었을 뿐이다. 보통은 콘퍼런스 기획자를 찾아 청중의 구성, 다른 강연가들, 콘퍼런스에서 이루고자 하는 결과 등등에 대해 파악했다. 그런데 이번 경우에는 그런 배경 정보를 얻을 수가 없었다.

겹겹이 쌓인 불확실성

첫 번째 불확실성 _ 이것은 내가 평소와 달라야 한다고 생각하는 실수를 저질렀다는 사실에서 비롯되었다. 청중은 정부 장관들과 고위 경제전문가들로 구성되었다. 그래서 나는 평소보다 더 진지하고, 더 지적이고, 더 근엄해 보여야겠다고 생각했다(내 생각이 틀렸다. 장관이나 경제전문가들도 우리와 똑같이 스피치를 두려워하는 평범한 사람들이었다).

그뿐만이 아니다. 행사 당일 오전에 탄 비행기가 두 번이나 연착을 했다. 평소에는 이런 일이 일어나는 것을 막기 위해 행사 전날 비행기를 탔다. 그런데 이날 행사는 많은 것이 막판에 결정 났다. 강연이 불과 3시간밖에 안 남았는데 나는 제 시간에 도착할 수 있을지 불확실한 상태였다.

두 번째 불확실성 _ 겨우 몇 분을 남기고 간신히 강연장에 도착했다. 휴! 그런데 그곳에서 나를 만나기로 한 사람이 나타나지 않았다. 그 정도는 별 일 아니다. 일어날 수 있는 일이다. 행사 기획팀의 다른 사람을 만나 장비를 설치하고 점검하기 위해 미리 강연장에 들어갈 수 있는지 물었다.

"어휴 안 됩니다. 아직 앞 순서가 끝나지 않았어요." 그녀가 말했다. "그리고 앞 순서의 강연이 끝나자마자 휴식 시간 없이 바로 시작하셔야 되는데, 앞 순서의 강연가께서 퇴장하기 전까지는 들어가실 수 없습니다." "뭐라고요?" 내가 물었다.

간신히 강연장으로 들어갈 수 있게 되었을 때, 나는 강연장 뒷문으로 걸어 들어가 지루한 얼굴을 한 80명의 청중 옆을 지나간 다음 작동하지 않는 컴퓨터와 10분간 씨름을 했다. 답 없는 질문이 계속 떠올라 나는 머리가 터질 것 같았다. '컴퓨터를 세팅하는 동안 청중과 담소라도 나눠야 하는 건가? 아니면 그냥 미소를 지으며 컴퓨터 세팅에 집중해야 하나. 이런, 다들 지루해 보이는데. 그리고 너무 심각해 보이잖아! 행사 진행이 엉망이라고 담당자들을 비난해야겠어. 아니야, 그런 말을 했다가는 괜히 내 이미지만 더 나빠질 거야……' 등등

나는 온몸이 화끈거렸다. 얼굴은 빨갛게 달아오르고, 심장은 쿵쿵 뛰고, 불안감이 칼처럼 온몸을 찌르는 것 같았다. 분위기가 어색하고 불편했지만 10분이 지나고 컴퓨터가 작동하기 시작했다. 나는 늦어진 것에 대해 사과한 다음 강연을 시작했다. 그 순간부터 계획대로 일이 진행됐고 불안감은 몇 분 지나지 않아 가라앉았다. 심지어 청중에게 미소도 지을 수 있을 정도가 되었다.

여러 신체 증상에도 불구하고 나는 복잡한 머릿속 생각들에 얽매이지 않고 논리적으로 분명하게 생각할 수 있었다. 나는 내가 통제할 수 있는 것에 집중했다. 그래서 과거와 다르게 쓸데없이 흥분하거나, 부끄러워하거나, 괴로워하지 않고 그 순간을 넘길 수 있었다.

그 강연 때문에 당시에는 기진맥진했지만, 나는 스트레스가 일시적이라는 것을 알았다. 생각지 못한 일이 일어났다. 나는 최선을 다했다(그리고 내 노력은 인정받았다). 나는 그 경험에서 배웠고 한 단계 성장했다. 강연이나 프레젠테이션에서 실수한 기억을 되새기며 이불을 차면서 몇 년씩 가슴에 안고 사는 사람들이 있다. 그래서는 안 된다. 원치 않은 결과로 인한 불쾌한 감정은 털어 버리고 그 상황에서 배울 수 있는 것에 집중해서 다음 기회의 밑거름으로 삼아야 한다. 과거의 실패에 사로잡힐 필요가 없다.

여기까지가 내 경험담이다. 도움이 되었기를 바란다.

해결책 : 다른 곳으로 관심을 돌려라

자, 이쯤 되면 여러분은 이런 생각이 들 것이다. : '캠, '당황하지 마라'라고 말하기는 쉽지만 실제로 그렇게 하기는 쉽지 않아요.' 그렇다, 그 말이 맞다. 하지만 그것은 인식의 문제일 뿐이고 약간의 연습만 있으면 된다. 비밀은 상황에 대한 무의식적인 반응에서 의식적인 대응으로 생각을 전환하는 것이다. 어떻게? 첫째, 무슨 일이 벌어지는지 인식한다. 둘째, 관심을 다른 방향으로 돌려서 불안감의 악순환에서 탈출한다.

관심을 다른 곳으로 돌린다고 해서 마법처럼 불안감이 모두 사라지는 것은 아니다. 그렇지만 스스로 통제할 수 없는 불안감의 악순환에 걸려드는 것은 막을 수 있다.

그러면 관심을 어디로 돌리면 좋을까? 호흡, 발로 바닥 차기, 말 멈추기, 어깨 펴기처럼 신체와 관련된 것도 좋다. 아니면 '내가 할 일은 저 사람들이 이 주제를 이해하도록 도와주는 거야'라거나 '저 사람들은 내가 강연을 잘 하기를 바라고 있어 그게 자신들에게 도움이 되는 일이니까 말이야' 또는 '내가 이 자리에 서 있는 이상 아무리 걱정해도 달라지는 건 없어 그러니까 그냥 최선을 다하자'처럼 다른 생각을 하는 방법도 있다.

나는 고객들에게 각자 관심을 돌릴 수 있는 영역을 찾으라고 권한다. 왜냐하면 사람마다 생각이나 취향이 다르기 때문이다. 그렇지만 관심을 돌릴 수 있는 가장 효과적인 방법은 '호흡'이다.

말할 때 숨쉬기가 편한가? 대부분의 사람들이 그렇지 않다.

호흡을 편안하게 하면 정신과 몸을 모두 통제할 수 있다. 그러니까 만약 어디로 관심을 돌려야 할지 모르겠다면, 먼저 호흡으로 관심을 돌려보자. 그런데 머릿속에 떠오른 불만스러운 생각으로 관심을 돌릴 때는 조심해야 한다.

"느긋하게 숨이나 쉬고 있을 때가 아니잖아! 다들 나만 쳐다보고 있어. 서둘러!"

이런 생각이 들면 무시하자. 시간은 아직 많다. 지금보다 두 배 더 느리게 말해도 괜찮고 여러분이 자신감을 가지고 말하기만 한다면 청중도 이상하게 여기지 않을 것이다.

이런 질문을 하는 사람들이 있다. '말을 할 때 최적의 속도는 어느 정도입니까? 1분에 몇 마디를 하는 게 좋을까요?' 이 질문에 전 세계 공통적으로 할 수 있는 정답은 없다. 사람마다 다르다. 그래도 내가 아는 것이 하나 있다. 편안하게 숨 쉬면서 말할 수 있는 속도가 자신에게 맞는 속도다.

관심을 다른 곳으로 돌려 자신에게 맞는 말하기 속도를 찾으면 (그리고 이 책에서 소개하는 다른 해결책들도 함께 활용하면) 불안감이 많이 해소되는 것을 느낄 수 있을 것이다.

키포인트 | 불안한 것은 당연하다. 스트레스 반응은 정상적일 뿐만 아니라 건강하다는 신호다. 스트레스 반응은 우리를 집중하게 만들고 일을 잘 해

내는 데 필요한 에너지를 준다. 그리고 1) 무의식적인 잡생각을 현재 벌어지는 증상에 대한 이해로 바꾸고 2) 자신의 상황에 대해 명료하게 생각하고 관심을 다른 곳으로 돌리면 마음의 평화를 찾을 수 있다.

여기에는 자신의 메시지와 구조를 정확히 파악하는 것도 포함된다. 그리고 그것이 바로 다음에 살펴볼 주제이기도 하다.

CHAPTER 11

아웃라인의 법칙

"사람들에게 새롭게 생각하는 방법을 가르치고자 한다면 가르치려고 애쓰지 마라. 대신, 사람들에게 하나의 도구를 주어라, 그러면 그 도구를 사용하면서 새롭게 생각하게 될 것이다." – 버크민스터 풀러(Buckminster Fuller)

1 | 스피치 아웃라인이란 무엇인가?

스피치를 위한 아웃라인은 다음 두 가지를 명확하게 만들어 준다.

1. 메시지

2. 구조

먼저 메시지를 명확히 해 준다. 그러면 명확한 메시지는 아이디어를 구조화할 때 제대로 생각할 수 있도록 이끌어 준다. 하지만 스피치 개요를 만들기 전에 우선 강연이나 프레젠테이션을 계획하는 단계에서 사람들이 하는 경험들을 살펴보자.

PT 준비를 미루고 싶을 때 애용하는 변명

여러분은 다음 이야기에 공감할 수 있을까? 상사로부터 이 주일 뒤에 30분짜리 프레젠테이션(PT)을 할 수 있느냐고 묻는 이메일이 날아왔다. 여러분은 당연히 할 수 있죠, 하고 답장을 보낸다. 이 주일 뒤라면 아직 시간도 많이 남았다. 프레젠테이션 일정을 다이어리에 적고 한동안 잊어버린다.

일주일이 지났다. 진작 프레젠테이션 준비를 시작했어야 한다는 생각이 들면서 살짝 불안감이 든다. 아니 죄책감인가? 오늘부터 시작하자. 하지만 오늘은 너무 바쁘다! 내일부터 시작하기로 마음을 바꾼다.

이렇게 뒤로 미루기를 계속하다가 프레젠테이션 날짜가 당장 내일로 다가오자 아드레날린이 과다 분비되기 시작한다. 하루 종일 프레젠테이션 준비를 하지만 방법이나 체계에 대한 가이드라인이 없어서 제대로 준비를 하고 있는 건지 확인할 수가 없다.

이제 시간이 다 됐다. 준비를 끝내는 여러분에게 아주 중요한 질문을 하나 하겠다. 다음 두 가지 생각 중에 어떤 생각이 지금 머릿속을 지나갈까?

'잘했어. 아주 확실해. 자신 있어.'

아니면,

'에휴. 이 정도면 충분할 거야. 시간이 더 없잖아.'

불행히도, '이 정도면 충분할 거야. 시간이 더 없잖아'라는 생각은 부족하고 불확실하다는 느낌을 남길 수 있다. 그리고 이런 느낌은 프레젠테이션을 하는 동안에 신체와 정신의 에너지 수치에 끔찍한 악영향을 미친다. 여러분은 청중 앞에 설 때 준비가 부족하다는 생각이 드는가, 아니면 완벽하고 분명하게 준비를 마쳤으니까 힘들이지 않고 프레젠테이션을 할 수 있다는 자신감이 드는가?

꾸물거리고 미루는 전형적인 모습

6일 전 : 무엇부터 시작해야 할지 잘 모르겠다. 어떻게 준비해야 할지도 잘 모르겠다. 일단 내일로 미룬다. (불안감 : 마음 편히 외면할 수 있는 정도)

5일 전 : 관련 정보를 좀 모은다. 파워포인트 슬라이드도 한두 개 만들거나 복사한다. 나중에 마무리할 수 있다고 생각한다. 프레젠테이션에서 이야기할 수 있는 좋은 아이디어들이 떠올라 일찍 잠에서 깬다. 그리고 아직 준비가 안 됐다고 자책한다. 조금 진전이 있다. (불안감 정도 : 음, 이러면 곧

란한데, 라고 느끼는 정도〕

4일 전 : 바쁜 하루다! 시간이 없다. 프레젠테이션 준비를 피하려고 일부러 하루 종일 바쁜 척하는 건가, 하는 생각이 잠깐 든다. 말도 안 돼. 나는 원래 바쁜 사람이다. 〔불안감 정도 : 슬슬 불안해지기 시작〕

3일 전 : 이런 생각이 든다. '어제 준비를 시작했어야 하는 건데' 이제는 죄책감까지 더해진다. 슬라이드와 서식을 만드느라 시간을 좀 보낸다. 머릿속으로는 계속 자책한다. '내가 정말 할 수 있을까? 이러면서 나를 전문가라고 하면 거짓말하는 거 아닌가? 다른 사람한테 맡길까?'〔불안감 정도 : 왜 자꾸 이상한 느낌이 들지?〕

이틀 전 : 두세 시간 준비했는데, 전날 잠을 못 자서 피곤하고 준비를 다 하지 못했다는 부담감에 어깨도 무겁다. 기운도 없고 절망적인 기분이다. 〔불안감 정도 : 잠이 안 옴〕

하루 전 : 예행연습을 하는데 몸도 마음도 너무 지친다. 준비를 끝내는데 이런 생각이 든다. '이 정도면 되겠지. 더 이상 시간도 없잖아.'〔불안감 정도 : 왜 온몸이 아프지?〕

프레젠테이션 당일 : 일주일 내내 괴로워하고 걱정하느라 말을 하는 내내 기운이 없다. 〔불안감 정도 : 최고조. 에너지 수치 : 최저〕

사람들이 이렇게 PT준비를 미루고 미루는 문제는 자제력이 부족하기 때문인가? 그런 건 아닌 것 같다. 사람들이 스피치를 두려워하는 이유 중 하나가 '생각을 정리하는 간단한 방법'을 모르기 때문이다. 방향성이 없는 자제력은 노력 낭비와 피곤을 불러올 뿐이다.

준비에 집중할 수 있는 방법 없이는 무슨 이야기를 할 것인지 분명하게 정하기 어렵다. 그래서 아무리 시간과 노력을 많이 들여도 준비를 끝낼 때 찜찜하고 불확실한 기분이 든다.

그러면 어떻게 해야 하나?

믿을 수 있는 준비 방법이 있는가? 있다면 잘됐다. 그 방법을 써라. 하지만 만약 없다면, 스피치 아웃라인을 권한다. 지난 수년 간 우리는 수십 가지의 준비 방법을 시험해 보았다. 그리고 이 방법은 수천 번의 훈련 강좌, 워크숍, 간부 코칭 강좌를 통해 시험하고 개선됐다. 스피치 아웃라인은 강연 준비를 하면서 관심의 방향을 제대로 잡아 준다. 명료함 최우선의 법칙을 자신에게 유리하게 활용할 수 있고, 시간을 절약하고, 힘을 덜 들이면서도 지식과 재능을 갈고 닦을 수 있다. 불안감과 혼란 속에 지식과 재능을 낭비하는 일을 피할 수 있다.

2 | 체크리스트로서의 스피치 아웃라인

2009년 US항공(US Airways) 1549편이 미국 허드슨 강에 추락한 사건을 기억하는가? 이 비행기는 뉴욕에서 이륙한 직후 새떼와 충돌한 후 양쪽 엔진이 고장 났다. '허드슨 강의 기적'이라고도 불리는 이 사건에서 탑승자 155명 전원이 생존했다. 그리고 '블랙박스'에 녹음된 조종실 대화 내용이 수많은 토크쇼와 뉴스 방송에서 재생되었다.

이 녹음의 전반부에는 사고 당시 뛰어난 조종술과 침착한 태도로 극찬을 받은 이 비행기의 기장 체슬리 설렌버거(Chesley Sullenberger)가 체크리스트를 확인하는 조종실 대화 내용이 기록되어 있다.

체크리스트를 하나씩 확인하는 조종사들의 목소리는 선명하게 들을 수 있다. 비행기 조종사들은 경력이 아무리 많아도 체크리스트를 사용한다. 매번 비행할 때마다 그렇다. 유명한 셰프들도 같은 맛을 유지하기 위해 여전히 레시피를 사용한다. 건설회사는 건설 프로젝트를 차질 없이 진행하고 여러 하청업체들 사이에 혼란이 일어나지 않도록 설계도와 체크리스트를 사용한다. 사실, 거의 모든 업계에서 방대한 정보를 관리하기 위해 이런저런 체크리스트를 사용한다.

지극히 당연한 일이다.

그런데 무슨 이유에서인지, 강연이나 프레젠테이션을 하는 사람들 중에는 체크리스트를 활용하는 경우가 많지 않다. 아웃라인이나 체크리스트 만드는 것을 부수적인 과정이라고 생각하기 때문인 것 같다. '제한된 시간에 강연을 계획하고 계획서까지 쓰는 것보다는 강연 원고를 쓰는 게 더 효율적인 거 아닌가?' 사람들은 이렇게 생각한다.

아니다, 그것은 틀린 생각이다.

최근 실시된 신경과학 연구에 따르면, 우리 뇌는 대부분의 사람들이 생각하는 것보다 훨씬 쉽게 그리고 훨씬 자주 기진맥진한다. 그래서 설명을 제대로 못 하고, 엉성하게 계획하고, 쓸데없는 곳에 힘을 낭비하는 일이 발생하는 것이다.

그런데 이 연구는 다음과 같이 하면 기진맥진하는 것을 피하고 뇌 기능을 향상시킬 수 있다고 주장한다.

- **머릿속에 든 것을 꺼내서 종이나 모니터 위에 옮긴다** : 머릿속에 저장할 수 있는 정보는 그 양이 상당히 제한적이고 어느 순간 갑자기 엉뚱하게 조작될 수 있기 때문이다.
- **행동을 취하기 전에 먼저 우선순위를 정한다** : 우리 뇌의 전두엽이 사고기능을 담당하는 부분이고, 기능을 하기 위해 엄청난 에너지가 필요하기 때문이다.
- **사고를 위한 단순한 구조를 만든다** : 우리 뇌는 쉽게 기진맥진하기 때문에 한 번에 하나에만 집중한다.
- **대상들 사이의 관계를 시각적으로 파악한다** : 왜냐하면 기존의 아이디어와 어떤 식으로든 연관이 없는 새 아이디어는 생각해 내기가 어렵기 때문이다.
- **정보를 단순화하고 관련 있는 것끼리 하나의 묶음, 즉 '청크(chunk)'로 만든다** : 왜냐하면 뇌기능이 최고조로 작동하도록 만드는 가장 강력한 도구가 청크이기 때문이다(뒤에 자세히 다루겠다).
- **자질구레한 세부 사항에 압도되어 기진맥진 지쳤을 때 말고 아웃라인 단계에서 분류하고, 비교하고, 깊이 생각한다** : 그래야 '벽'에 부딪치지 않고 계속해서 집중할 수 있기 때문이다.

이런 기법들을 포함한 스피치 아웃라인 작성은 다음 세 가지 도움을 줄 것이다.

첫째, 스피치 아웃라인은 시간과 노력을 절약하게 도와준다

머릿속에 있는 아이디어들을 꺼내 정리하면서 아웃라인을 만들면 준비하는 시간과 노력이 현저히 줄어든다. 개요가 없으면, '정보 먼저' 접근법을 사용하게 된다. 스피치와 관련된 모든 정보를 한꺼번에 살펴본다는 뜻이다. 이것은 흔히 있는 일이다. 그런데 이런 접근법은 지도를 보지 않고 여행을 떠나는 것과 같다. 빨리 출발할 수는 있지만, 길을 잃어서 결국은 오히려 시간이 더 많이 걸릴 수도 있다. 어쩌면 같은 곳을 맴돌게 될 수도 있다.

개요를 만드는 것은 명료함 최우선 접근법으로, 준비 첫 단계에서 메시지와 핵심 포인트를 정한다. 운전을 시작하기 전에 구글맵으로 길을 확인하는 것과 같다고 보면 된다. 행동을 하기 전에 우선순위를 정하는 것이다. 그러기 위해서는 시작 단계에서 명료하게 생각하는 과정이 필요한데, 이게 오히려 시간을 절약해 주고 도중에 좌절하고 실망하는 일을 줄일 수 있다. 내 계산에 따르면 명료함 최우선 접근법에 투자하는 1분당 나중에 편집하고 다시 생각하는 데에 들어가는 시간 20분을 절약할 수 있다.

둘째, 스피치 아웃라인은 여러분을 더욱 설득력 있게 만든다

생각을 위한 간단한 틀만 만들어도 아이디어와 정보에 대해 객관적으로 생각할 수 있는데, 이러면 보다 명료하고 설득력 있는 설명을 만들 수 있다.

스피치 아웃라인은 아이디어들을 보다 효과적으로 정리하도록 도와주는 관심 돌리기 도구로 작용한다. 우리는 왜 관심 돌리기 도구가 필요한가? 신경과학은 머릿속에 든 것이 많을수록 각각의 항목에 대한 기억력이 떨어진다고 주장한다. 그러니까 머릿속의 아이디어와 정보들을 밖으로 끄집어내서 스피치 아웃라인을 만들면 집중하기도 쉬워지고 뇌도 100퍼센트 힘을 발휘할 수 있다.

우리 뇌는 한 가지 아이디어를 오래 처리할수록 더 많이 지친다. 스피치 아웃라인을 사용하면 자잘한 세부 사항은 마지막에 처리하기 때문에 일이 빨라진다. 그리고 정보를 단순화하고 관련 있는 것들은 하나로 묶을 수 있다. 이렇게 되면 머릿속에서 정보를 처리하는 단계가 줄어들어서 우리 뇌는 깊은 생각을 할 여유가 생기고, 수정하고 개선할 수 있는 정신적 여력도 생긴다.

이런 변화들은 '아하!' 하면서 모든 것이 좀 더 분명해지는 좀 더 나은 환경을 가능하게 하며, 진정 청중을 사로잡으려면 이런 환경이 필요하다. 이런 환경 속에 있으면 우리는 생각이 깊고, 집중력 있는 사람으로 보이고, 지식과 재능을 더 돋보이게 하는데, 그러면 청중은 여러분의 이야기에 더욱 귀를 기울이고 관심을 갖게 된다.

셋째, 스피치 아웃라인은 불안감을 씻어 준다

계획 과정에서 첫 단계로 스피치 아웃라인을 만들면 사람들 앞에서 강연을 해달라는 제안을 받아들이는 그 순간부터 생기기 시작하는 수많은 불확실한 것들을 확실하게 만들 수 있다. 특히, 여러분의 메시지, 핵심 포인트, 구조 그리고 청중이 물을 수도 있는 예상 질문들을 분명하게 생각할 수 있다. 그것도 준비 단계 초기에 말이다. 이것은 정말 대단한 일이다.

스피치 아웃라인을 다 만들고 나면(강연 원고를 전부 다 쓴다거나 슬라이드를 전부 다 만드는 게 아니라 개요만 다 만들고 나면 말이다), 강연을 어떻게 시작하고 어떻게 끝낼지를 알 수 있고, 강연 중간중간에 있는 핵심 포인트들도 파악할 수 있다. 이야기의 자연스러운 흐름도 느낄 수 있고 어려운 질문에 대한 대처 능력도 생긴다.

자신이 이런 상황이라는 사실을 아는 것만으로도 불안감이 상당 부분 사라질 것이다.

사실, 준비 단계 초기에 이런 것들을 분명히 알지 못하면 자기도 모르는 사이에 불편한 상황을 초래할 수 있다. 스피치 아웃라인에 명료함 최우선의 다섯 원칙들이 더해지면 자연스러운 자신감을 이끌어 내는 상황이 만들어진다.

내가 떠드는 이유

내가 지금 '스피치 아웃라인'에 대해 호들갑스럽게 떠들고 있다는 건 잘 안다. 하지만 스피치 아웃라인이 너무도 많은 문제를 해결해 주기 때문에 이렇게 떠들지 않을 수가 없다. 사례를 하나 더 살펴보자. 상사나 동료가 프레젠테이션이 다 끝난 다음에 피드백을 해 준 적 있는가? 사실 그런 피드백은 별 도움이 안 된다. 그럴 때 이야기해 주는 것은 별로 중요하지 않은 사소한 문제나 이미 바꾸기에는 너무 늦은 큰 문제들에 대해서다.

그런 피드백 대신, 아웃라인 단계에서 피드백을 해 달라고 부탁하자.

상사에게 한 장짜리 내용을 메일로 보내고 이렇게 물어보자. "핵심 메시지와 이걸 뒷받침해 줄 주장들입니다. 어떻게 생각하십니까?" 대개의 경우 상사는 분명한 메시지에 감동 받아 일일이 간섭하지 않아도, 아니 그러니까 자신의 도움 없이도 여러분이 스스로 잘 해낼 것이라 믿고 마음 놓을 것이다.

시간은 절반만 투자해도 커뮤니케이션의 효과는 두 배로 높일 수 있는 약이 있다면 그 약을 먹겠는가? 스피치 아웃라인 작성이 바로 그 '약'이다. 그리고 이 약의 부작용은 모두 긍정적이다. 여러분의 아이디어를 전달해야 할 일이 생길 때마다 스피치 아웃라인 만들기에 중독되기를 강력히 추천한다.

3 | 전통적 개요와 스피치 아웃라인의 차이

스피치 아웃라인은 터보 엔진을 달아 준다. 계획 단계의 속도를 높여 주고 강연할 때는 힘과 통제력까지 준다. 이런 스피치 아웃라인은 전통적인 개요와는 세 가지 면에서 차이가 있다.

첫 번째 차이는 여러분의 메시지에 대한 것이다. 스피치 기법들 대부분은 강연가가 자신의 메시지를 잘 안다고 가정하고 개요 끝부분에 '요약'을 위한 자리를 비워 둔다.

이것으로는 충분하지 않다. 제3원칙(지식의 저주에 빠지지 마라)에서 배웠다시피, 대부분의 사람들은 설득력 있는 강력한 메시지를 만드는 데에 익숙하지 않다. 그래서 스피치 아웃라인이 메시지 만들기를 도와주어야 한다. 전통적인 개요는 '주제 서술문' 또는 '업무 소개서(purpose statement)' 또는 '주제문' 같은 것을 쓰는 데에 도움이 된다.

하지만 그것만으로는 충분하지 않다. 강연이나 프레젠테이션의 목표를 분명히 하는 데에는 도움이 될 수 있을지 몰라도 중대한 결점이 하나 있다. 그것은 청중에게 이야기하는 입말 그대로를 적지 않는다는 점이다. 전통적인 개요는 여러분이 스스로에게 하는 말을 적은 것이다. 예를 들어, 주제 서술문은 이런 내용일 것이다.

'내 경험으로 그들에게 깊은 인상을 남기고 이 프로젝트를 지지하도록 설

득하고 싶다.'

청중에게 실제로 어떻게 말할 것인가?

그런데, 여러분의 말은 언제 청중을 설득하는 진짜 말로 바뀌게 될까? 대개의 경우 그런 일은 일어나지 않는다. 이것은 여러분이 자신의 메시지를 소리 내어 말하며 확인하지 않는다는 뜻이다. 이것이 메시지를 개선하는 데에 아주 도움이 되는 방법인데도 말이다.

그러니까 '주제 서술문'만 가지고는, 청중 앞에 섰을 때 그들의 관심을 끌 수 있는 말을 만들어 낼 수 없다. 그래서 모호하고 불확실한 느낌이 남게 된다. 강연이나 프레젠테이션의 맨 마지막에 가서 눈부신 조명의 부담감 아래 대충 메시지를 요약하거나 이미 앞에서 말했던 핵심 중에 몇 개만 대충 반복해서 말하거나, 아니면 전혀 요약을 하지 않고 청중 스스로 강연 내용을 요약하도록 만드는 사람들이 너무 많다.

반면 스피치 아웃라인은 '메시지 서술문'으로 시작된다. 메시지 서술문은 자신의 메시지를 객관적으로 보도록 도와주고 레이저 광선처럼 정밀하게 준비할 수 있도록 이끌어 준다. 그리고 이야기의 방향성에 확신을 갖게 해 주고 깊은 인상을 남기며 프레젠테이션을 끝마치도록 이끌어 준다.

두 번째 차이는 구조와 핵심 포인트에 대한 것이다. 전통적인 개요는 다음의 기본적인 구조를 따른다.

서론

1. 첫 번째 파트

어쩌고저쩌고…

어쩌고저쩌고…

2. 두 번째 파트

어쩌고저쩌고…

어쩌고저쩌고…

3. 세 번째 파트

어쩌고저쩌고…

어쩌고저쩌고…

결론(요약)

좋은 시작이긴 하다. 하지만 우리가 기억에 대해 아는 것―사람들은 여러분이 말한 것의 90~98%를 잊어버릴 것이라는 점―을 이용하지 않는다. 이것은 나쁜 게 아니다. 그냥 사실일 뿐이다. 그러니까 이야기 중에 매듭이 지어지는 부분마다 핵심 요점을 강조하는 것을 놓치고 있다.

청중이 기억해 주기를 바라는 2~10%를 계획 단계에서 미리 정하면, 우리는 청중의 머리에 각인시킬 내용이 잘 드러나도록 '구조'를 짤 수 있다. 여러분의 목표는 청중이 여러분의 메시지를 기억하도록 만드는 것이고, 따라서 스피치 아웃라인은 청중이 여러분의 메시지와 핵심 포인트를 확실히 기억하도록 도와주어야 한다. 그러니까 강연이나 프레젠테이션의 맨 마지막은 '요약'이 아니라 '메시지'여야 한다. 그리고 각 파트의 마지막에는 그 파트를 요약하는 핵심 포인트를 배치해서 청중이 쉽게 기억할 수 있는 짧고 귀에 쏙쏙 들어가는 말로 전한다. 간단하지만 기억에 남는 강력한 포인트 말이다.

다음은 이 두 가지를 추가한 스피치 아웃라인이다.

● 스피치 아웃라인

서론

1. 첫 번째 파트

어쩌고저쩌고…

어쩌고저쩌고…

첫 번째 파트를 위한 핵심 포인트

2. 두 번째 파트

어쩌고저쩌고…

어쩌고저쩌고…

두 번째 파트를 위한 핵심 포인트

3. 세 번째 파트

어쩌고저쩌고…

어쩌고저쩌고…

세 번째 파트를 위한 핵심 포인트

메시지 서술문

* 메시지 서술문은 청중이 기억하거나 반복해서 말해 주기를 바라는 정확한 문장. 보통 한두 개 문장으로 짧게 이루어진다.

나는 이것을 덩어리 또는 묶음을 뜻하는 '청크(chunk)' 구조라고 부른다. 각각의 파트 혹은 청크의 핵심 포인트는 그 청크를 마무리하는 짧은 문장으로 이루어진다. 청크 구조에 대해서는 뒤에서 좀 더 살펴보자.

여러분이 정말로 이야기할 말을 써야 한다

세 번째 차이는 청크 소제목과 두 가지 수정 사항이 계획 시작 단계부터 여러분이 무대에서 정말로 이야기할 말로 쓰인다는 것이다. 이런 소제목의 어휘를 수정하면 강연이나 프레젠테이션 초반에 청중의 관심을 사로잡는 커다란 차이를 만들 수 있다.

우리는 강연 원고는 쓰지도 않았다. 하지만 지금 당장 프레젠테이션이 시작된다면 완벽히 준비했다는 마음으로 시작할 수 있을 것이다. 우리는 시작과 핵심 포인트 그리고 마무리에 할 말을 이미 다 준비했다. 이 정도만 준비해도 강연이나 프레젠테이션 내용을 빠르게 그리고 어렵지 않게 살펴보고 수정할 수 있다. 정보 최우선이 아닌 명료함 최우선 원칙을 따르면 이런 결과가 나온다.

앞에서 살펴본 대로 스피치 아웃라인과 전통적인 개요의 작은 차이들이 스피치의 계획과 실행 모두에서 엄청난 이득을 가져다준다.

CHAPTER 12

메시지 서술문 만들기

자, 그럼 먼저 아웃라인을 만들어 보자.

첫 번째 단계는 메시지 서술문 만들기다. 이 단계에서는 스스로에게 세 가지 질문을 해야 한다. 그럼 지금부터 그 질문들을 살펴보자.

질문 1 : 누구에게 이야기하는가?

로마의 철학자이자 정치인 키케로(Cicero)는 이렇게 말했다. "나를 설득 하고자 한다면 나처럼 생각하고 나처럼 느끼고 나처럼 말하라."

그러니까 첫 번째 단계는 여러분이 이야기할 대상이 누구인가를 생각 하는 것이다. 여러분의 말을 들어줄 상대의 마음을 들여다보고, 그들의 시선으로 세상을 보자. 이렇게 할 수 있는 가장 빠른 방법은 청중의 4가지 '시선'을 이해하는 것이다.

시선① : 그들의 역할(role)

예를 들어, 그들의 직업 역할은 무엇에 관심이 있는가? 그들의 나이, 성격, 성 등등에 대해서 생각해 보자.

시선② : 그들의 성향(biases)

예를 들어, 그들은 특정 주제/여러분/여러분의 조직에 대해서 어떤 태도를 가지고 있을까? 그들은 개방적인가 폐쇄적인가? 예를 들어, 그들은 과거에 안 좋은 경험을 한 적이 있는가, 아니면 항상 좋은 경험만 했는가? 그들은 이 주제에 대해 얼마나 많이 아는가? 우선순위가 있는가? 이런 관점에서 장애물이 될 만한 것을 생각해 보자.

시선③ : 그들이 원하는 것(wants)

예를 들어, 주제와의 관계에서 그들이 필요로 하는 것은 무엇인가? 그들의 역할에 중요한 것은 무엇인가? 그들이 가치 있게 여기는 것은 무엇인가? 그들의 목적을 이루거나 그들이 승진하려면 무엇이 필요한가? 이 주제와 관련 있는 핵심성과지표(KPI)가 있는가? (예를 들면, 수익, 효율성)

시선④ : 그들의 걱정(concerns)

예를 들어, 여러분의 이야기를 들을 때 그들 머리에 어떤 거부감이 생길 수 있을까? 어떤 의문이나 걱정이 생길까? 그들이 다른 사람들을 설득하려면 어떤 대답이 필요할까? (그들이 가질 만한 부정적인 의견을 생각해 보고 그들의 언어로 적어 보자.)

각각의 시선에 대해 두세 개 정도 내용을 적어 보면 여러분의 청중에 대한 프로필을 쉽게 만들 수 있다. 여기까지 하고 나면 이런 의문이 들 수 있다. 청중이 비슷한 부류가 아니라 목표와 역할이 서로 다른 사람들로 이루어져 있으면 어쩌지? 좋은 질문이다. 그런 일은 자주 일어난다. 첫째는 우선순위다. 청중들 중에서 어떤 사람들에게 가장 많이 영향을 미치고 싶은가? 핵심 포인트를 그들에게 맞추면 된다. 둘째, 서로 다른 사람들의 '공통된' 요구/필요/전망을 파악하고 거기에 초점을 맞춘다.

사례를 살펴보자

12명으로 구성된 이사회에 일정보다 늦어지는 프로젝트에 대한 보고를 계획 중이라고 가정해 보자.

- **시선① 그들의 역할** : 최고 경영자, 최고 기술 경영자, 최고 운영 책임자 그리고 비상임 이사들 ; 여러분의 프로젝트에 대해 중간 정도의 지식만 있다 ; 시간이 부족해서 세부 사항까지 꼼꼼히 듣기보다는 요약을 좋아한다 ; 기술적 전문지식은 부족하다.
- **시선② 그들의 성향** : 본 프로젝트에 대해 회의적이다. 왜냐하면 이번이 벌써 두 번째로 지연되는 것이며, 프로젝트로 인한 이익을 회수하기

가 아직도 요원해 보이기 때문이다. 조직의 재원이 '허황된 꿈' 같은 프로젝트에 낭비되고 있다고 걱정한다.

- **시선③ 그들이 원하는 것과 필요로 하는 것** : 단기 수익성과 장기 수익성 모두 ; 주주들과 언론에게 자신들의 결정 이유를 설명할 수 있는 근거 ; 좋은 결정을 했으며 회사를 잘 운영하고 있다는 이미지.
- **시선④ 그들의 걱정과 의문점들** : 비용이 얼마나 더 들어갈 것인가? 이 프로젝트를 폐기해야 할 것인가? 이 프로젝트로 얻을 수 있는 이득에 대한 예상이 현실적인가? 새로운 일정표는 현실적인가?

질문 2 : 여러분은 그들이 어떻게 생각하고 행동하기를 바라는가?

이제 이 질문에 대답해 보자 : '내 프레젠테이션의 결과로 청중이 어떻게 생각하고 어떻게 행동하기를 바라는가?' 이 질문의 답이 여러분의 이야기를 이끌고 갈 아이디어다. 그리고 여러분 메시지의 핵심이다. 자질구레한 세부 사항들은 머릿속에서 지워 버리고 청중들이 생각하거나 행동하기를 바라는 한 가지만 생각하자.

첫째, 행동

여러분의 프로젝트 결과로 청중이 어떻게 행동하기를 바라는가? 예를 들면 :

"이 새로운 절차를 적용하라."

"이 프로젝트를 위해 2천만 달러의 기금을 마련하라."

"이 제안을 승인하라."

"이 제품을 시험하라."

"X월 X일까지 피드백을 달라."

둘째, 생각

어쩌면 여러분은 청중에게 어떤 행동을 기대하기보다는 생각을 바꿔 주기를 바랄지도 모른다. 예를 들면 :

"이 프로젝트는 제대로 가고 있다."

"이 프로젝트가 일정보다 뒤처지기는 했지만, 이렇게 지연된 데에는 그럴 만한 이유가 있으며 상황은 적절히 통제되고 있다."

"이 프로젝트는 더 낮은 비용에 더 나은 결과를 가져올 것이다."

"X 프로젝트는 세 가지 이득을 가져올 것인데……."

"구조조정이 처음에는 차질을 가져오겠지만, 궁극적으로는 조직의 힘을 키워 줄 것이다."

"이 방법을 배우면 보다 더 능률적으로 일할 수 있을 것이다."

하나를 선택하라

물론 청중의 생각과 행동의 변화에 대해 바라는 점이 여러 가지가 있을 수도 있다. 문제는 여러분이 바라는 것이 많을수록 얻을 수 있는 것은 더 적어질 것이라는 점이다. 그러니까 청중이 생각하거나 행동하도록 바라는 것 중에 제일 중요한 것 하나만 선택하자. 위의 예들 중에서 찾아보자면 이렇게 생각할 수 있다. '나는 그들이 나를 신뢰하고 이렇게 지연된 이유들을 이해해 주고 궁극적으로 이 프로젝트의 혜택들이 현실화되지 않을 위험은 없다고 믿어 주면 좋겠다.'

이렇게 생각하는 데 있어 문제는 이것이 앞에서 언급했던 업무 소개서처럼 들린다는 것이다. 이것은 여러분이 청중에게 정말로 하게 될 말로 표현되지 않았다. 여러분이 정말로 하게 될 어휘 표현으로 적는다면 다음과 같이 될 것이다 :

"본 프로젝트가 지연되고 있는 것은 사실이지만, 이렇게 된 데에는 타당한 이유들이 있으며, 그 이유들은 현재 저희 통제 하에 있습니다."

멋지다. 핵심 포인트를 따로 부각시켰고, 하고 싶은 말도 잘 표현했다. 이것은 메시지 서술문의 전반부다. 그러면 이제는 나머지 절반, 후반부를 만들어 보자.

질문 3 : 왜 그들이 그렇게 생각하거나 행동해야 하는가?

이제는 여러분의 주장을 뒷받침해 줄 근거를 만들 차례다. 청중은 왜 여러분이 제안하는 대로 생각하거나 행동해야 하는가? 그 이유를 목록으로 만들어 보자. 위의 예에서 여러분은 이사회에게 '프로젝트가 지연되고 있지만 그렇게 된 데에는 타당한 이유가 있고 그 이유들은 현재 통제 하에 있다'라고 말하는 중이었으니…

"신제품들의 수익성을 50퍼센트 더 올릴 수 있는 기회를 찾아냈는데, 이 기회를 이용하게 되면서 진행 속도가 느려졌습니다."

다음은 '타당한 이유'에 대한 설명이다.

"위험을 줄이기 위해서 본 프로젝트의 재무 구조 정리를 조금 뒤로 미뤘습니다. 현재는 재무 구조가 완전히 정리되었고 본 프로젝트는 처음 예상보다 더 큰 이익을 거둘 것으로 보입니다."

다음은 타당한 근거와 동시에 '통제 하에 있음'을 예를 들어 설명한다.

"개발이 지연되고 있긴 하지만 실행 가능한 생산 일정표대로 진행 중이며 올해 10월 출시를 목표로 하고 있습니다."

왜 청중이 여러분의 제안대로 행동하거나 생각해야 하는가에 대한 이유가 두 개일 수도 있고, 열 개일 수도 있다. 질문 3에서는 질문 2에서 여러분이 한 주장을 뒷받침할 수 있는 이유들을 브레인스토밍했다. 그렇지만 이유가 너무 많아도 안 된다. 우선순위를 정하고, 두세 개 아니면 최대한 네 개까지만 택하자. 메시지 서술문은 깔끔하고 간결해야 한다. 자, 그럼 지금까지 생각한 것들을 종합해 보자.

메시지 서술문 마무리하기

이제 질문 세 개에 모두 대답을 했다. : 간단히 표현하면 '누구', '무엇', '왜'다. 메시지 서술문은 '무엇'과 '왜'의 대답들을 합쳐서 만들어질 것이다. 메시지는 여러분이 프레젠테이션이나 강연 현장에서 청중에게 하는 어휘 표현 그대로 써야 한다. 이게 무슨 뜻인가 하면, 세련되게 다듬어야 한다는 말이다. 앞에서 예로 든 이사회 프레젠테이션에 적용해서 설명해 보겠다.

무엇 :

"본 프로젝트가 지연되고 있는 것은 사실이지만, 이렇게 된 데에는 타당한 이유들이 있으며, 그 이유들은 현재 저희 통제 하에 있습니다. 예를 들어……."

왜 :

"신제품들의 수익성을 50퍼센트 더 올릴 수 있는 기회를 찾아냈는데, 이 기회를 이용하게 되면서 진행 속도가 느려졌습니다."

"위험을 줄이기 위해서 본 프로젝트의 재무 구조 정리를 조금 뒤로 미뤘습니다. 현재는 재무 구조가 완전히 정리되었고 본 프로젝트는 처음 예상보다 더 큰 이익을 거둘 것으로 예상됩니다."

"개발이 지연되고 있긴 하지만 실행 가능한 생산 일정표대로 진행 중이며 올해 10월 출시를 목표로 하고 있습니다."

이 정도 메시지 서술문이라면 나쁘지 않다. 중요한 내용들을 80초 안에 다룰 수 있다. 그렇지만 좀 더 생생하게 만들어 보자. 분명하고 기억하기 쉽게 말이다. 조금만 더 짧게 수정해 보자. 예를 들면 이렇게 :

메시지 서술문 :

"본 프로젝트가 지연된 것은 신제품들의 수익성을 50퍼센트 더 올릴 수 있는 기회를 찾아내서 이 기회를 적극적으로 이용하기로 했기 때문입니다. 그렇지만 지연 상황은 통제 하에 있습니다. 현재 저희는 실행 가능한 생산 일정표대로 진행 중이며 10월 출시를 목표로 하고 있습니다."

이번 수정 메시지 서술문은 15초면 끝난다. 직접 소리 내서 말하며 실험해 보자. 프레젠테이션을 마무리한다고 상상하고 위의 메시지 서술문을 소리 내어 말해보자.

"그럼 지금까지 내용을 정리하자면…… 본 프로젝트가 지연된 것은 신제품들의 수익성을 50퍼센트 더 올릴 수 있는 기회를 찾아내서 이 기회를 이용하기로 했기 때문입니다. 그렇지만 지연 상황은 통제 하에 있습니다. 현재 저희는 실행 가능한 생산 일정표대로 진행 중이며 10월 출시를 목표로 하고 있습니다."

가장 중요한 정보를 다 담았는가? 그렇다. 전문가다운 프레젠테이션에 어울리는 마무리라는 느낌이 드는가? 그렇다. 듣는 사람들이 쉽게 기억하고, 떠올려서, 남들에게 전할 수 있을 만큼 짧은가? 아마도. 상상의 조직에 있는 상상의 이사회가 있는 실제 상황에 따라 다를 것이다.

강연가는 여러분이니까 현장에서 실제로 쓸 표현들은 여러분이 직접 선택하면 된다. 이 과정에서 여러분의 생각에 집중하고 메시지 서술문의 단어를 융통성 있게 손볼 수 있다. 예를 들면 이런 식으로 수정하면 된다.

"본 프로젝트를 통해 우리가 필요로 하는 신제품군을 성공적으로 확보할 수 있을 것입니다. 스케줄에 뒤처지게 된 것은 수익성을 50퍼센트 향상시킬 수 있는 기회를 찾아냈고 시간을 더 투자해서라도 그 기회를 활용하기로 결정을 내렸기 때문입니다. 현재는 크리스마스를 겨냥해 올해 10월 성공적인 출시를 목표로 하고 있습니다."

메시지 서술문을 위한 4가지 조언

① 구체적이어야 한다

메시지 서술문의 단어들이 분명하고 구체적인지 확인하는 데에는 '그래서 뭐? 테스트'가 딱 맞다. 여러분의 메시지를 듣던 청중들 중에 한 사람이 일어나 '그래서 뭐요?' 라거나 '그런 거 누가 신경 쓸니까?'라고 소리친다고 상상해 보자. 이것은 여러분의 메시지가 생생한지 확인할 수 있는 아주 좋은 방법이다. 모호한 용어들과 포괄적인 단어는 피하자. 구체적인 단어들이 생각 안 난다면 더 열심히 생각하라.

② 명백한 것을 말하라

너무 '기본적'이어서 청중이 기분 나빠하지 않을까 걱정하는 사람들이 많다. 내 경험에 의하면, 기본적인 사실을 말하는 데에 실패하는 것이 더 큰 문제다. '이 정도는 알겠지'라는 접근보다는 '이 정도도 모르겠지'라는 접근이 차라리 더 낫다.

③ 부정적인 것들을 무시하지 마라

긍정적인 것이 중요한 만큼 부정적인 것도 중요하다. 긍정적인 것에만 초점을 맞추는 것이 자연스러운 일이긴 하지만 그것은 함정일 수 있다. 결함을 알아차리고도 언급하지 않는 것은 청중이 확신을 얻기 위해 알아야 할 내용을 외면하는 것이다. 그리고 부정적인 것들을 객관적으로 보면 결정적이고 중요한 질문들을 예측할 수 있다. 예측 가능한 부정적인 질문들에 대한 대답까지 준비하면 여러분의 생각에 더욱 자신감이 생긴다.

④ 메시지 서술문은 질문이 아니다

메시지 서술문이 '당연히 동의해야 하는 것 아닙니까?'라거나 '제가 무슨 말을 더 할 수 있겠습니까?' 또는 '여러분이 왜 이런 기회를 낭비해야 합니까?' 같은 질문으로 끝나서는 안 된다. 질문으로 끝나면 여러분 아이디어에 결론을 맺을 수 없다. 결론이 나지 않으니 청중은 여러분이 제안하는 대로 생각하거나 행동하지 말아야 할 이유에 관심을 가질 수도 있다. 물론 예외는 있다. '우유 마실까?' 같은 브랜드 홍보를 위한 브랜딩 메시지는 사람들이 우유를 마셔야겠다고 생각하게 만드는 데에 성공했다(수백만 달러의 예산과 수십 년에 걸친 반복 광고도 힘을 보탰다). 하지만 질문에는 대답이 따라야 한다. 게다가 다양한 해석이 가능하다. 만약 여러분이 직접 답을 제시하지 않으면 청중이 알아서 답을 찾을 것이다. 그리고 그 답은 여러분이 원하는 답이 아닐 수도 있다.

메시지 서술문을 요약하라

여러분의 메시지 서술문은 세 가지 질문에 대한 답을 바탕으로 한다.

1. 여러분이 이야기하는 대상이 누구인가?
2. 그들이 무슨 생각이나 무슨 행동을 하기를 바라는가?
3. 그들이 왜 그렇게 생각하거나 행동하기를 바라는가?

두 번째와 세 번째 질문의 답을 조합해서 메시지 서술문을 만든다. 그런 다음 멋지게 다듬고 여러 번 소리 내어 말한다. 그리고 마음에 들 때까지 고치고 또 고쳐라.

CHAPTER 13

청크의 마법

훌륭한 연설이나 프레젠테이션의 뒤에는 좋은 구조가 있다. 이 책을 시작하면서 등장했던 파라마운트 영화사의 임원 조를 기억하는가? 그가 프레젠테이션에서 성공할 수 있었던 이유 중에 여러분에게 아직 이야기하지 않은 결정적인 것이 하나 있다. 바로 '청크 구조(Chunk Structure)'다.

우리와 함께 프레젠테이션 준비 작업을 시작할 때 그는 이미 80장의 슬라이드를 가지고 있었고(그 수는 계속 늘어났고), 너무 많은 콘텐츠에 짓눌려 있는 상태였다. 그래서 우리는 슬라이드를 일단 옆으로 치워놓고 우리를 이끌어 줄 메시지 서술문(간단히 말하자면, 그의 팀은 톰 크루즈의 신작 영화 홍보를 위한 확고한 기획안을 가지고 있었다)을 만들었다. 그런 다음 나는 조에게 최후통첩을 했다. "당신이 말하고 싶은 모든 것을 소제목 두 개에서 네 개까지로 정리하세요. 그 이상은 안 됩니다. 알겠습니까?"

"어, 그러죠." 조가 대답했다. 그래서 나는 단호하게 물었다.

"그럼 소제목이 몇 개나 필요합니까, 그리고 소제목은 어떻게 이름 지을 겁니까?"

이 간단한 질문이 체계화된 프레젠테이션의 탄생을 가능케 한다. 조는 기획안의 세 단계를 반영해서 소제목을 세 개 선택했다. '3 청크 구조'인 것이다.

각각의 '청크'는 개별적인 시작과 끝이 있고, 본 프레젠테이션 안에 포함되는 미니 프레젠테이션이라고 할 수 있다. 그러므로 청크 구조의 핵심은 이것이다 : 작은 수의 주제, 혹은 카테고리, 혹은 부분으로 나눈다. 각각의 부분은 어떤 정보가 들어가야 하는지 결정하는 데 도움이 되는 소제목을 갖는다. 이것은 아이디어를 분류하고 중요 포인트를 쉽고 빠르게 파악할 수 있는 간단하고 신뢰할 수 있는 방법이다. 내 고객들 중에는 아이디어 정리를 너무 쉽게 도와준다고 해서 이 방법을 '마법의 구조'라고 부르는 사람들도 있다.

하지만 우선, 청크의 법칙이 왜 그렇게 효과적인지부터 살펴보자.

청크는 우리 주위에 많다

인간의 정신은 구조를 갈망한다. 아이디어와 정보는 패턴이나 구조를 이용해서 정리하면 기억하기도 쉽고 이해하기도 쉽다. 그렇게 하는 방법은 다양하지만 청크의 간단한 개념과 청크 분류법이 가장 일반적이다. 청크(chunk), 즉 덩어리나 묶음은 우리 주위에 많이 있다. 우리가 세상을 이해하는 것도 청크 덕분이다. 그 예를 몇 가지 살펴보자.

책에는 챕터가 있고, 챕터는 다시 문단들로 나눌 수 있고, 문단은 다시 문장으로 나뉜다. 이런 구조가 없이 전체가 하나의 긴 문장으로 이루어진 책을 읽는다고 상상해 보자. 오, 제발!

컴퓨터는 파일과 문서를 폴더로 분류한다(현실에서 진짜 캐비넷에 문서를 분류하는 것처럼 말이다). 과학과 생물학은 '과학적 분류' 없이는 가르칠 수 없다. 예를 들어, 생물 분류는 모든 생물을 강, 목, 과, 속, 종의 단계로 분류한다. 이 분류는 큰 청크들과 더 작은 청크들로 이루어졌다.

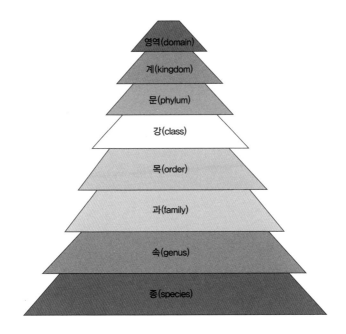

계급은 항목들(목적들, 이름들, 가치들, 카테고리들 등)이 위에 있느냐, 밑에 있느냐, 같은 위치에 있느냐를 나타낼 수 있도록 배열해 놓은 것이다. 이런 정보의 분할은 어디서나 찾아볼 수 있다. 이런 묶음이나 덩어리가 바로 청크다.

엉리한 마케팅 전문가들은 공급되는 제품들을 선택권이라는 이름의 청크로 나눈다. '세 가지 선택권이 있습니다. 레귤러, 라지 그리고 엑스트라 라지입니다.' 그리고 우리는 언제나 선택지가 없는 것보다 두 개나 세 개 중에서 선택할 수 있는 것을 더 좋아한다.

인간의 뇌는 청크를 좋아한다

인간의 뇌는 청크를 좋아한다. 청크로 나누면 정보가 더 이상 바뀌지 않고 완전히 정해졌기 때문에 관리 가능하다는 느낌이 든다. 그리고 예측할 수 있는 기준이 생긴다. 예를 들어 이런 식으로 말이다. '이번 인기 순위에서 우리가 어디에 속할까?' 라디오 방송국에서 일할 때 우리는 조사를 통해 인기 순위가 청취자를 사로잡을 수 있는 확실한 방법임을 알게 되었다.

- 록 음악 톱 100
- K-POP 톱 10
- 80년대 사랑 노래 톱 15
- 인기 연예인 X가 뽑은 노래 톱 5
- 1992년 사랑을 노래한 록 기타 연주곡 톱 6 등등…

사실, 우리는 청취자들이 언제 이런 인기 순위와 카운트다운에 싫증을 내는지 알아보기 위해 계속해서 조사 내용을 꼼꼼히 살폈다. 그런데 청취자들은 인기 순위에 싫증을 내지 않았다. 절대로! 다양한 인기 순위를 만들어낸 덕분에 우리 방송국은 호주에서 제일 인기 있는 라디오 방송국이 되었다.

책과 기사도 자신들이 다룰 정보들의 숫자를 제목으로 사용하면 그 정보를 이해하기가 한결 쉽다. 『성공하는 사람들의 7가지 습관』은 분량이 상당히 많고 세세한 내용을 담은 책이다. 그렇지만 제목과 그에 상등하는 구조 덕분에 쉽게 읽히고, 기억하기 쉽고, 입에서 입으로 전달하기도 쉽다.

기사 제목이 「~하는 이유 톱 5」라고 하면 왠지 궁금하고 읽고 싶어진다. 우리가 그런 식의 제목에 얼마나 끌리는지 생각해 보자. 그렇게 끌리는 이유는 간단하다. 인간의 머리가 숫자를 사랑하기 때문이다. 청크의 사례는 우리 주위에 무궁무진하다. 청크로 정보를 나누지 않으면 방대한 정보 때문에 우리 뇌가 기가 질려 버리기 때문이다. 우리에게는 청크가 필요하다! 지금 당장 그 필요성을 느끼지 못할 수도 있지만, 이 세상을 이해하기 위해 우리는 누구나 청크 원칙들을 다양하게 변주해서 이용하고 있다. 이런 예를 본 적이 있는지 모르겠다.

I cnduo't bvleiee taht I culod aulaclty uesdtannrd waht I was rdnaieg.
The phaonmneal pweor of the hmuan mnid. Aocdcrnig to rseecrah at
Cmabrigde Uinervtisy, it deosn't mttaer in waht oder the ltteers in a
wrod are, the olny iprmoatnt tihng is taht the frist and lsat ltteer be in
the rhgit pclae.
The rset can be a taotl mses and you can sitll raed it wouthit a porbelm.
Tihs is bcuseae the huamn mnid deos not raed ervey lteter by istlef,
but the wrod as a wlohe. Such a cdonition is arppoipately cllaed
Typoglycemia.
Amzanig, huh? Yuo awlyas thought slpeling was ipmorantt!

내가 지금 읽고 있는 것을 실제로 이해할 수 있다는 사실을 믿을 수가 없다.
캠브리지 대학교의 연구에 따르면 인간의 머리는 하나의 단어 안에서 첫 번째 철
자와 마지막 철자만 제자리에 있으면 철자가 바뀌어도 이해하는 데에 전혀 영향
을 받지 않는 놀라운 힘을 가지고 있다고 한다.
그러면 나머지 철자가 아무리 뒤죽박죽이어도 문제없이 읽을 수 있다.
이런 일이 가능한 것은 인간의 뇌가 철자 하나하나를 읽는 것이 아니라 한 개
의 단어를 하나의 덩어리로 인식하기 때문이다. 이런 현상을 '타이포글라시미어
(Typoglycemia : 글자 섞임)'라고 한다.
정말 대단하지 않은가? 영어에서는 철자가 정말 중요하다고 생각했는데 말이다!

* 타이포글라시미어 현상을 직접 확인하실 수 있도록 철자가 뒤섞인 원문을 그대로 병기한 후 번역했
습니다. - 옮긴이

네 번째 문장을 주의해서 보자. '이런 일이 가능한 것은 인간의 뇌가 철
자 하나하나를 읽는 것이 아니라 한 개의 단어를 하나의 덩어리로 인식하
기 때문이다.' 청크라고 하든 덩어리라고 하든, 그 처음과 끝이 인간의 머

리를 가장 확실하게 끌어당기는 역할을 하는 것이다. 그러니까 첫 글자와 마지막 글자만 제자리에 있으면 머리는 말이 안 되는 소리도 이해할수 있다. 같은 맥락에서 여러분이 하는 이야기의 처음과 끝이 제대로 되면 청중은 그 중간에 있는 지루한 헛소리들도 다 이해할 수 있을 것이다. 물론 그 중간에 있는 이야기가 전부 다 지루한 헛소리는 아니기를 바라는데… 어쨌든 여기서 중요한 것은 강연이든, 연설이든, 프레젠테이션이든, 처음과 끝이 가장 중요하다는 점이다. 그리고 처음과 끝을 위한 조언은뒤에서 좀 더 다루도록 하겠다.

청크로 나누지 않으면 전화번호도 기억 못 한다

지금 여러분의 전화번호를 적어보자. 책 아래쪽 여백에 써도 된다. 다 쓴전화번호를 큰소리로 읽어보자. 정말로 말할 때처럼 큰소리로 읽어라, 그래야 내가 여러분의 더 나은 커뮤니케이션을 도와줄 수 있는 설명을 할수 있다.

전화번호를 읽으면서 특정한 순간에 잠시 읽기를 멈췄는가 아니면 숫자 하나하나를 똑같은 길이와 억양으로 읽었는가? 우리 모두 숫자를 나누기 위해 어느 지점에서 읽기를 멈춘다. 전화번호는 왜 숫자 세 개 혹은네 개 뒤에 한 칸을 띄우는 걸까? 컴퓨터는 그런 식으로 숫자를 띄우지않는다. 사실, 컴퓨터는 원래 한 칸 띄우기, 줄표, 점, 괄호 같은 것을 싫어한다. 전화번호 사이에 그런 것이 끼어 있으면 데이터베이스 소프트웨어가 혼란을 일으킬 수 있기 때문이다. 하지만 우리 인간은 숫자를 덩어리로 묶어야 한다.

자, 그럼 아까 적은 전화번호를 다시 한 번 소리 내어 읽어보는데, 이번에는 아까 잠시 읽기를 멈췄던 지점 말고 다른 곳을 떼어 읽어보자. 다른 말로 하자면, 청크 구조를 바꾸라는 뜻이다. 만약 처음에 070-7542-8070이라고 읽었다면 이번에는 07-075-4280-70이라고 읽어보자.

어떻게 들리는가? 전화번호를 말할 때 이런 식으로 남들과 다르게 말하는 사람을 본 적 있는가? 이렇게 평소와 다르게 읽으니까 여러분의 뇌가 어떻게 반응하는가? 제대로 작동할 리 없다! 여러분의 뇌는 전화번호를 하나하나의 숫자로 기억하는 게 아니라 일정한 단위의 덩어리로 기억하기 때문에 이 전화번호가 낯설게 느껴질 것이다. 이것은 아주 중요한 사실이다. 그리고 의사소통을 할 때 아주 유용한 도구가 된다. 정보를 처리할 때 적절한 구조를 사용하지 않으면 우리 뇌는 정보 과부하가 생기고 오류가 발생한다.

그러니까, 위의 내용에 대해서 '여러분의 전화번호를 기억할 수 있는가?'라고 묻는다면 '자연스러운 방식으로 청크를 나눌 때만 가능하다'라고 대답하게 될 것이다. 그러니 의사소통을 할 때 청크가 얼마나 도움이 되는지 짐작할 수 있다. 여러분도 정보를 제대로 구조화하지 않으면 듣는 사람이 여러분의 이야기를 기억 못 할 가능성이 높아진다.

나는 청크로 나눈다, 고로 생각할 수 있다

철학자 르네 데카르트는 자신의 철학적 지식의 정수를 다음의 문장으로 표현했다.

'나는 생각한다, 고로 존재한다.'

만약 실용적인 목적을 생각했다면 그는 이렇게 말했을지도 모른다.

'나는 청크로 나눈다. 고로 생각할 수 있다.'

내가 청크를 처음 접한 것은 1980년대 중반에 출간된 톰 피터스의 저서 『초우량 기업의 조건』을 통해서였다. 그리고 나는 톰 피터스를 한 번 만난 적 있는데 그때 그에게서 '훔친' 청크 아이디어에 대해 감사의 인사를 전했다. 그러자 그는 미소를 지으며 이렇게 말했다. "별 말씀을 다 하십니다. 저도 다른 사람에게서 훔친 아이디어였습니다."

나는 '청크' 이론이 1956년 하버드대학교에서 출간한 조지 A 밀러 (George A. Miller)의 연구 논문에서 출발했다는 것을 알게 되었다. 「마법의 수 7, 더하거나 빼기 2 : 정보 처리에 대한 인간 능력의 몇 가지 한계 (The magical number seven, plus or minus two ; Some limits on our capacity for rocessing information)」라는 논문에서 조지 밀러는 인간의 뇌가 주어진 정보를 처리할 때 익숙한 단위나 청크(덩어리)로 나누는 조직화 또는 분류 과정이 필요하다고 주장했다.

그는 인간의 뇌가 기억하거나 처리할 수 있는 정보의 최대 개수가 다섯 개에서 아홉 개 사이임을 알아냈다. 그런데 다섯 개 이상을 기억하려면 특정한 구조나 기억 도구가 필요했다.

최근의 연구에서는 다섯 개가 상한선이라는 것이 증명되었는데, 그 연구가 무엇인지까지는 여러분이 알 필요가 없을 것 같다. 여러분 자신에게

물어보라 : '쓰거나 기억 도구를 이용하지 않고 내가 몇 개나 기억할 수 있을까?' 여러분의 대답은? 대부분 네 개에서 다섯 개 사이일 것이다.

백설공주에 나오는 일곱 난쟁이 이름을 모두 기억하는가? 이 질문을 받으면 대부분의 사람들은 그 자리에서 바로 대답하지 못한다. 왜냐하면 일곱 개는 특정한 구조의 도움 없이 기억하기에는 너무 많기 때문이다. 나는 여러 세미나와 콘퍼런스에서 수천 명의 사람들에게 일곱 난쟁이 이름을 물었는데, 다 기억한다며 자신 있게 손을 들었던 사람들도 네다섯 번째 이름부터는 헤매기 시작한다. 그렇지만 '바보 삼총사(The Three Stooges :1920년대부터 70년대까지 활동한 미국의 코미디 팀 - 옮긴이)' 멤버의 이름은 대부분 문제없이 기억해 낸다.

전화번호 시스템의 비밀

그러면 전화번호 이야기로 다시 돌아가 보자. 흥미롭게도 밀러의 연구는 현재 미국 전화번호 방식을 디자인할 때 이용되었다. 그렇다, 1960년대에 한 무리의 사람들이 벨 전화회사(Bell Telephone Company)를 위해 책상에 둘러앉아 전화번호에 가장 잘 어울리는 숫자 방식을 디자인했다.

당시 상황은 이랬다 : 전화번호가 급격히 증가하고 전화 교환 기술도 크나큰 발전이 이루어졌다. 그러자 수천만 개의 번호를 만들 수 있으면서 동시에 기억하기 쉬운 전화번호 시스템이 필요해졌다. 벨 전화회사는 사람들이 전화번호를 쉽게 기억하지 못하면 다음의 두 가지 문제가 발생하리라고 예상했다. (1) 전화를 덜 사용할 것이다-그 결과 회사 수익이 줄어들 것이다. (2) 전화를 잘못 거는 일이 많아지고 혼란이 더 많이 발생할 것이다.

그들이 만들어 낸 일곱 자리 숫자를 두 개의 덩어리로 나누는 방식(예를 들어, 123 4567)은 큰 성공을 거두었다.

일곱 개의 숫자를 각각 다섯 개보다 적은 개수의 수를 가진 덩어리 두 개로 나눴다.

그리고 첫 번째 덩어리와 두 번째 덩어리의 수가 다르다는 점 – 첫 번째 덩어리는 숫자 세 개, 두 번째 덩어리는 숫자 네 개 – 또한 기억을 더 쉽게 하는 데 도움이 되었다.

이런 생각이 들 수도 있다. '이봐요, 캠, 전화번호가 왜 일곱 자리예요, 그보다 더 길잖아요.' 그 말이 맞다. (02) 123 4567 이런 식으로 말이다. 하지만 여분의 숫자가 (괄호) 안에 들어간 것을 주의 깊게 보기 바란다. 그것은 그 숫자들이 엄연히 분리된 덩어리에 속한다는 뜻이고, 덩어리로 나누면 더 긴 숫자도 더 쉽게 알아보고, 기억하고, 기억해 낼 수 있다는 것을 의미한다.

정보를 기억하는 인간의 능력이 정보를 덩어리로 나누는 청크 기법을 활용하면 더 강력해지는 것은 놀라운 일이 아닐 수 없다. 10개 또는 15개의 숫자도 청크 구조로 나누면 기억이 쉬워진다. 청크 구조로 나누지 않은 세 개나 네 개의 숫자를 기억하는 것과 비교해 보자. 무려 300퍼센트가 증가한다!

내 남동생이 런던에 살고 있어서 나는 동생에게 전화하려면 (내가 어느 나라에 있느냐에 따라) 16개 아니면 17개나 되는 숫자 버튼을 눌러야 한다.

그렇지만 나는 청크 구조를 알기 때문에 이렇게 긴 숫자도 외울 수 있다.

- 나라 밖으로 신호가 나가는 숫자 세 개
- 영국으로 신호가 들어가기 위한 숫자 두 개
- 지역 코드 숫자 네 개
- 두 개의 덩어리로 나뉜 숫자 일곱 개. 정말 쉽다!

아, 다른 항목이었어요? 그럼 지불해야죠!

기업들은 제품과 서비스를 청크로 나눠서 더 많은 선택권을 제시하는 척하면서 요금을 올린다. 그리고 우리 소비자들은 아무것도 모르고 그들이 올린 가격을 지불한다. 예를 들어, 30년 전에는 한 통화당 단일 요금을 정해서 통화 수로 계산하는 요금과 1분당 요금을 정해서 통화 시간으로 계산하는 요금, 이렇게 두 가지였다. 그런데 현재의 요금 체계는 항목이 정말 다양하다(여기에 소개되는 항목들은 호주의 사례입니다. – 옮긴이). 연결 비용, 계좌 유지 비용, 월별 전화선 임대비, 분당 요금, 접속료('접속료(flagfall)'를 만들어 낸 사람은 역사에 천재로 남을 것이다. 이것은 여러분이 건 전화를 상대방이 받는 순간 청구되는 비용인데, 접속료가 청구되는 것과 동시에 분당 요금이 따로 계산되기 시작한다. 정말 천재다!)

통신 회사들은 이렇게 요금 청구 항목을 세분하는 것이 분당 요금을 지속적으로 올리는 것보다 더 합리적이라는 것을 알게 되었다. 우리 소비자들이 이런 요금 체계를 받아들이는 것은 우리 뇌가 각각의 항목들을 별개의 것으로 인식하기 때문이다. 분당 요금이 계속해서 오르는 것은 전화요금이 너무 많이 오르는 것처럼 느껴지는데 말이다.

청크의 마법은 아이디어를 판다

'짐'이라는 멋진 농부 할아버지 이야기를 들려주겠다. 이 이야기는 청크 기법을 활용한 대화가 듣는 사람의 관심을 끌고, 다음 이야기에 대한 호기심을 불러일으키고, 이야기에 집중하게 만들어서 핵심 포인트를 기억하게 만드는 과정을 잘 보여 준다.

짐은 농업 박람회에 갔다가 반짝이는 빨간색 새 트렉터 앞에서 걸음을 멈췄다. 트랙터를 사러 온 것은 아니었지만 짐은 트랙터에 대한 정보를 살펴보았다. 트랙터 판매원이 짐에게 요즘 사용하는 트랙터가 어떤 것인지 물었다.

"10년 된 존 디어 제품입니다." 짐이 대답했다. "그럭저럭 잘 돌아가서 새 트랙터가 필요하진 않아요. 새 걸 살 형편도 안 되고요."

"그 말씀 충분히 이해합니다. 트랙터를 교체하려면 정말 비용이 많이 드는 게 사실이죠. 그런데 농부님들께서 교체를 생각하실 때 고려하시는 게 세 가지 있습니다." 트랙터 판매원은 그 세 가지 고려 사항을 읊어대기 시작했다.

- 기존의 트랙터가 가진 문제점 : "항상 언제 고장 날지 모른다는 불안감과 경비가 걱정되죠."
- 첨단기술 덕분에 신형 트랙터들이 갖추게 된 놀라운 성능과 피로를 줄여줄 수 있을 만

- 큰 뛰어난 안락함 : '새 트랙터는 자동차에 탄 것처럼 편안해요.'
- **투자수익률** : '매달 내야 하는 할부금이 현재 내는 할부금보다 별로 많지 않을 겁니다. 그리고 이 제품을 사용해 보시면 매달 내는 돈보다 훨씬 큰 효과를 얻으실 수 있을 겁니다.'

두 사람은 계속 대화를 나눴고, 짐은 질문하고, 판매원의 말을 확인하고, 더 자세히 살폈다(판매원의 말이 주제 서술문이 아니라 메시지 서술문임도 확인하라). 하지만 전체적인 대화는 이미 앞에서 말한 세 가지 청크를 중심으로 구조화되었다. 그래서 짐은 정보를 훨씬 더 쉽게 이해하고, 분명하게 생각하고, 만족할 만한 답을 얻었다. 심지어 그는 위의 세 가지 사항에 대한 설명을 요구하면서 자신이 대화를 주도한다는 느낌까지 받았다.

그날 밤, 짐은 동업자이기도 한 아내에게 말했다. "트랙터를 바꿔야 할 것 같소."

"왜요?" 아내가 물었다. "지금 가지고 있는 트랙터가 잘 움직인다고 당신이 늘 말했잖아요."

"그건 그렇소, 하지만 바꿔야만 하는 세 가지 이유가 있어요." 짐은 ① 기존의 트랙터가 가지고 있는 문제점 ② 첨단 기술의 이점에 대해 대략적으로 말했다. 아내가 비용에 대한 문제를 제기하자 짐은 ③ 융자와 투자수익률에 대한 설명으로 대답을 대신했다.

금세 두 사람은 반짝이는 새 트랙터를 사자고 결론을 내렸다.

청크 구조가 교활하거나 속임수를 쓰는 것은 아니라는 사실을 알아주기 바란다. 청크 기법을 효과적으로 사용하면 정보를 훨씬 더 분명하게 이해할 수 있고 정보를 전달하기도 쉬워진다. 이것은 청크 기법이 우리 뇌가 선호하는 정보 처리 방법이라는 뜻이다. 그런데 안타깝게도 대부분의 좋은 아이디어들이 체계적이지 않은 방법으로 전달되는 바람에 이해하기가 쉽지 않아서 널리 알려지지 못한다. 이렇게 기회를 낭비하는 안타까운 일은 너무도 흔하게 발생한다.

이 사례에서는 마법 같은 일이 벌어졌다. 트랙터 판매원은 분명하고 이해하기 쉬운 메시지를 짐에게 전달했을 뿐만 아니라 그가 전달한 메시지는 다른 사람에게 다시 전달하기도 쉬웠다. 그래서 짐은 집으로 돌아가 세부적인 내용을 거의 빠뜨리지 않고 그대로 아내에게 전달할 수 있었다.

트랙터 판매원은 자신이 해야 할 일을 아주 정확히 알고 있었다.

청크 기법으로 아이디어를 체계화하면 사람들을 보다 빨리 사로잡을 수 있다

첫째, 트랙터 판매원은 농부들이 새 트랙터를 살 때 흔히 고려하는 세 가지에 대해 언급함으로써 대화 초기에 짐의 관심을 사로잡았다. 세 가지 – 3개의 청크 –가 있다는 말을 언급함으로써 마치 눈앞에서 깃발을 흔드는 것처럼 관심을 사로잡아 짐을 대화로 끌어들였다. 그런 말을 들으면 우리는 그 세 가지가 뭔지 알아야만 하고 그 세 가지에 대해 설명할 때 더욱더 귀를 기울이게 된다.

이것은 청중에게 큰 이득이다. 청크 기법을 이용해 정보를 덩어리, 즉 청크로 나누면 듣는 사람의 머리에 기대감과 긴장이 생기면서 흥미를 불러일으킬 수 있기 때문이다. 짐은 '세 가지'가 있다는 말을 듣는 순간, 그 자리에 남아서 그 세 가지를 모두 듣기로 마음을 먹었다.

트랙터 판매원이 청크 기법을 이용해서 두 번째로 한 일은 짐을 대화로 끌어들이고 짐 자신이 정보를 통제한다고 느끼게 만든 것이다. 어떻게 한 걸까? 청크 기법이 짐에게 새 트랙터에 대해 생각할 수 있는 '프레임', 그러니까 일종의 틀을 제시했기 때문이다. 짐 스스로 생각할 수 있게 한 것이다. 그리고 이 프레임은 짐이 아내에게 새 트랙터에 대한 생각을 전달할 수 있도록 도와주었다. 이 프레임 덕분에 짐은 정보를 기억해 내고 함께 결정해야 하는 동업자인 아내를 설득하기가 한결 쉬워졌다.

이런 방법을 여러분의 프레젠테이션에서도 똑같이 활용할 수 있다. 여러분의 아이디어를 여러 개의 덩어리로 나누면 청중이 여러분의 메시지를 받아들이고 남들에게 전하기가 한결 쉬워진다. 그러니까 덩어리, 즉 청크는 단순하고, 분명하면서 남에게 전달할 수 있는 메시지를 만든다는 우리의 목적을 보다 더 쉽게 이루어 준다.

청크 기법이 여러분의 청중에게 왜 유리한가에 대한 세 번째 이유를 살펴보자. 청크 기법은 청중이 해야 하는 생각의 양을 줄여 준다. 듣는 사람이 힘들지 않게 정보를 받아들일 수 있도록 만드는 것이 말하는 사람의 제일 큰 고민이다. 이미 만들어진 틀 속에 정보와 자질구레한 세부 사항들을 담아서 전달하면 듣는 사람은 긴장하지 않아도 된다. 그리고 한결 편하게 여러분의 말에 귀를 기울이게 된다.

그렇지만 말하는 사람이 분명한 체계 없이 이야기를 하면 듣는 사람은 스스로 정보의 틀을 만들어야 한다. 이렇게 되면 두 가지 문제점이 생긴다. ① 청중이 만드는 틀은 여러분이 생각하는 틀과 다를 수 있다. 그래서 청중은 여러분이 의도하는 것과 다르게 정보를 기억할 가능성이 있다. ② 이케아 조립 신드롬 - '스스로 아이디어의 틀을 만들기' 위해 필요 이상으로 뇌가 힘을 쓰면 그만큼 뇌가 피곤해진다. 그러면 집중력이 줄어든다. 청중은 집중력이 떨어지는 진짜 이유는 모른 채 여러분의 강연이나 프레젠테이션이 재미없어서 그런 것이라고 결론지어 버릴 것이다.

청크 기법은 여러분을 지혜롭고 사려 깊은 사람으로 보이게 할 수 있다

일반적으로 보자면, 청크 기법을 사용한 커뮤니케이션은 이렇게 된다 : 더 흥미롭고, 기억하고 남들에게 전달하기도 더 쉽고, 말하는 사람은 더욱 체계적으로 보이고, 그가 하는 말을 따라하기도 더 쉽고, 말하는 사람은 더 지혜롭고 준비를 잘 한 것처럼 보인다. 그 결과 듣는 사람은 말하는 사람에게 공감하게 되고 그를 좋아하게 된다.

반면에 청크 기법을 사용하지 않아서 분명한 체계가 없는 커뮤니케이션은 재미도 없고, 이해하기도 어렵고, 기억해서 남에게 전달하기도 어렵고, 말하는 사람이 두서없어 보이고 아는 것도 없어 보이고, 아마추어처럼 보인다. 그 결과 듣는 사람은 말하는 사람이 하는 이야기에 믿음이 안 간다. 이것만 봐도 프레젠테이션이나 강연을 할 때 청크 기법이 얼마나 큰 효과를 발휘할지 짐작할 수 있다.

간단명료하게 말하자면, 청크 기법은 여러분이 프레젠테이션이나 강연을 준비하고 실행하는 것을 좀 더 쉽게 만들어 주고, 청중이 여러분의 정보를 받아들이고 기억하는 것을 좀 더 쉽게 만들어 준다.

그럼 이제부터는 여러분이 할 강연이나 프레젠테이션에서 청크 기법을 어떻게 활용할지를 생각해 보자.

CHAPTER 14

아이디어 구조화 전략

청크 기법으로 아이디어를 체계화하는 방법은 두 가지가 있다.

1. 칼럼 형식(접착식 메모지 사용)

2. 텍스트 형식

다음을 보면 어떤 형식인지 한눈에 알 수 있다.

A. 칼럼 형식

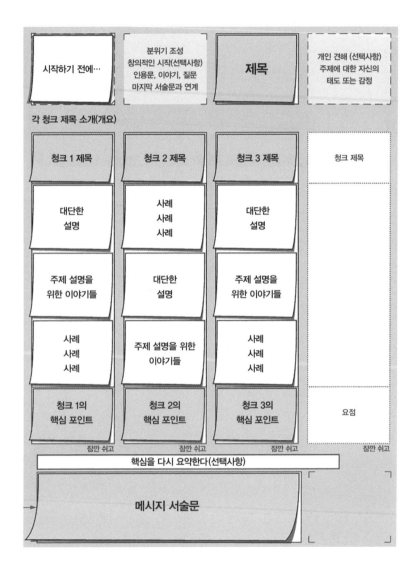

시작하기 전에…

분위기 조성
창의적인 시작(선택사항)
인용문, 이야기, 질문
마지막 서술문과 연계

제목

개인 견해 (선택사항)
주제에 대한 자신의
태도 또는 감정

각 청크 제목 소개(개요)

청크 1 제목	청크 2 제목	청크 3 제목	청크 제목
대단한 설명	사례 사례 사례	대단한 설명	
주제 설명을 위한 이야기들	대단한 설명	주제 설명을 위한 이야기들	
사례 사례 사례	주제 설명을 위한 이야기들	사례 사례 사례	
청크 1의 핵심 포인트	청크 2의 핵심 포인트	청크 3의 핵심 포인트	요점

잠깐 쉬고 　　 잠깐 쉬고 　　 잠깐 쉬고 　　 잠깐 쉬고

핵심을 다시 요약한다(선택사항)

메시지 서술문

B. 텍스트 형식

제목

청크 1 제목

사례, 이야기, 증거, 설명 등등 ————————————————

사례, 이야기, 증거, 설명 등등 ————————————————

사례, 이야기, 증거, 설명 등등 ————————————————

이 청크의 핵심 포인트

청크 2 제목

사례, 이야기, 증거, 설명 등등 ————————————————

사례, 이야기, 증거, 설명 등등 ————————————————

사례, 이야기, 증거, 설명 등등 ————————————————

이 청크의 핵심 포인트

청크 3 제목

사례, 이야기, 증거, 설명 등등 ————————————————

사례, 이야기, 증거, 설명 등등 ————————————————

사례, 이야기, 증거, 설명 등등 ————————————————

이 청크의 핵심 포인트

메시지

한두 문장으로 된 메시지 서술문

칼럼(Coulumn) 형식과 텍스트(Text) 형식이 기본적으로 같다는 사실에 주목하기 바란다. 칼럼 형식을 선호하는 사람도 있고 텍스트 형식을 선호하는 사람도 있다. 각자 자신에게 맞는 것을 택하면 된다.

단계별 청크 구조

하나씩 차례로 청크 구조를 만들어 가보자. 대부분 접착식 메모지로 하지만, 이 형식에 익숙해진 뒤에는 커피숍에서 떠오른 생각을 냅킨 뒷면을 활용해 즉시 청크 구조로 만들 수도 있다.

1 | 메시지 서술문과 제목 정하기

메시지 서술문은 이미 완성했으니까, 청크 구조 마지막에 덧붙이기만 하면 된다.

다음은 제목이다. 대부분의 사람들이 제목이 주는 기회를 제대로 이용하지 못한다. 다음은 좋은 제목인지 아닌지 확인하는 방법이다. 여러분과 아홉 명의 강연가가 등장하는 콘퍼런스에 온 참석자를 상상해 보자. 이 사람은 강연을 두 개 들을 시간밖에 없고 제목을 보고 강연을 선택해야 한다. 자, 여러분의 강연 제목은 참석자의 관심을 끌 만큼 주제를 잘 표현하고 있는가?

좋은 제목은 여러분 프레젠테이션의 재미있는 부분들을 보여 주는 '창문 역할'을 하기도 한다. 예를 들면 이런 식으로 말이다.

'판매 목표액을 달성할 수 있는 방법'이라는 제목이 '3월 최신 정보'보다 더 낫다.

'새로운 시스템은 이렇게 당신의 시간을 절약해 준다'라는 제목이 '새로운 시스템'보다 더 낫다.

'오늘 여러분에게 제 인생에서 겪은 세 가지 이야기를 해 드리겠습니다'(스티브 잡스의 스탠퍼드대학교 졸업식 연설)가 '내 인생'보다 더 낫다.

2 | 청크 소제목 정하기

지금부터는 각각의 청크 제목을 정해야 한다. 여기서는 여러분의 메시지 서술문이 가이드다. 청크 제목 만들기는 다음과 같이 쉽게 할 수 있다.

집중하기 위해 메시지 서술문을 소리 내서 읽는다. (잠깐 쉬고).

이제부터는 여러분의 이야기에서 다루고 싶은 모든 내용에 대해서 생각한다. 그런 다음 두 개, 세 개, 또는 네 개까지 청크 제목을 결정한다. 여러분이 다루고 싶은 모든 내용이 이들 제목 중 하나에 포함되어야 한다. 이 제목들을 얼른 종이에 적는다. 이것들은 나중에 언제든 고칠 수 있다.

여러분의 프레젠테이션이 아무리 복잡해도 소제목은 다음과 같이 간단하면서도 수준 높아야 한다.

1. 기회
2. 시장 분석
3. 투자자본 수익률
4. 어떻게 함께 일할 것인가

다양한 주제에 적용할 수 있는 것으로 '시간'을 들 수 있다.

1. 본 사안의 역사
2. 현 상황
3. 미래에 일어날 것으로 예상되는 일
4. 다음 단계

폭넓은 상황에 사용될 수 있는 또 다른 예

1. 문제
2. 대안
3. 해결책

이제 제목들을 소리 내서 읽어보자. 프레젠테이션을 시작하면서 개요

를 설명하는 것처럼 말이다. 예를 들면 :

"안녕하십니까, 본 프레젠테이션에서는 프로젝트 X에 대해 이야기하려고 합니다. 여기서는 3개 영역에 대해서 살펴보려고 하는데… 첫째, 우리가 가지고 있는 문제, 둘째, 우리 앞에 있는 선택지 그리고 마지막으로 추천 해결책입니다."

소리 내서 읽었을 때 듣기가 괜찮다면 청크 구조의 다음 단계로 넘어가자. 만약 내용이 분명하고 완벽하게 들리지 않는다면 마음에 들 때까지 고치자.

청크 제목 고치기

청크 제목은 간결하면서도 청중이 흥미를 가질 수 있고 자연스럽게 느낄 수 있는 어휘들을 사용해야 한다. 예를 들면, 프랜차이즈 기업 본사의 인사팀 관리자가 가맹점주들을 상대로 핵심인재 육성 계획에 대한 강연을 하게 되었다. 그녀는 세 개의 청크로 이루어진 프레젠테이션 구조를 만들었는데, 각 청크의 제목은 다음과 같다.

1. 핵심인재 육성 계획
2. 실적 관리
3. 우리 회사의 경험

각 제목을 소리 내어 읽어 보면서 인사팀 관리자는 '핵심인재 육성 계획'이나 '실적 관리'라는 제목을 통해 자신이 의미하는 것을 분명히 이해할 수 있는 가맹점주들이 많지 않을 것이라는 생각이 들었다. 이 용어들은 인사팀에서 사용하는 용어(주제 서술문)이지, 가맹점에서 사용하는 용어(메시지 서술문)가 아니기 때문이다.

그래서 본사 인사팀 관리자는 청중의 관심을 단번에 사로잡을 수 있는 어휘로 청크 제목을 바꿨다. 새로 바꾼 제목들은 더 단순하면서도 청중에게 의미 있는 어휘들로 이루어졌다(뿐만 아니라 그녀의 아이디어들을 더 쉽게 분류할 수 있는 제목들이었다). 새로 바꾼 제목들은 다음과 같다.

1. 핵심인재 육성이란 무엇인가?
2. 핵심인재 육성 계획을 세우려면 정확히 무엇이 필요한가?
3. 여러분과 여러분의 가맹점에 대한 혜택

청크 제목들은 시작 30초 안에 청중의 관심을 끌어모을 수 있는 기회를 준다. 제대로 선택한 어휘는 각각의 제목에 대해 청중의 마음을 열게 만들고, 그 제목 속에 들어 있는 내용에 대해 호기심을 갖게 만든다.

기억하자, 여러분 머릿속의 아이디어를 나중에 고치더라도 일단 종이에 대충이라도 적는 것이 훨씬 더 효과적이라는 사실을. 머릿속에서 모든 것이 깔끔하고 분명하게 정리될 때까지 종이에 적기를 미루지 말자.

청크 구조가 여러분을 대신해 정보를 분류해 줄 것이다.

3 | 각각의 청크에서 핵심 포인트 찾기

청크 제목들을 만들었다면, 각 제목에 들어갈 내용을 분류하기가 수월해진다. 그렇지만 각각의 청크가 끝나는 지점을 먼저 찾는 것이 좋다. 그러면 세부 사항들을 기억하느라 쩔쩔매는 일을 피할 수 있다. 내 라디오 아나운서 친구들은 이런 말을 하곤 한다. "멘트를 쓰는 제일 좋은 방법은 마지막 지점에서 시작하는 것이다. 비법은 어떻게 마무리할 것인가를 아는 것이다. 그러면 나머지는 쉽게 할 수 있다."

여러분이 이야기할 때도 마찬가지다. 각 청크의 핵심 포인트를 찾아야 한다. 핵심 포인트는 각각의 청크에서 여러분이 설명한 아이디어들의 '미니 메시지'나 '요점'이다. 각 청크의 요점을 찾을 수 있는 제일 좋은 방법은 다음 문장을 소리 내어 읽는 것이다.

"그러므로, [청크 소제목]과 관련해서 요점은……."

위의 문장을 소리 내어 말하면 여러분의 뇌는 별 어려움 없이 핵심 포인트를 분명하게 떠올리게 된다. 그냥 머릿속에 떠오르는 대로 적는 것보다는 이처럼 소리 내서 말해보는 것이 몇 배 더 효과적이다. 마치 마법처럼 여러분의 뇌에 어휘들이 떠오르면서 문장을 만들어 갈 것이다. 아래의 예를 살펴보자.

그러므로, [문제]와 관련해서 요점은⋯ [기존 제품의 고장률이 30 퍼센트에 이른다는 점입니다.]

그러므로, [핵심인재 육성 계획이란 무엇인가, 이것은⋯ [여러분의 사업이 계속 번창할 수 있도록 하기 위해 꼭 필요한 계획입니다.]

요점이 정해지면, 세부 사항들로 청크를 '채우는' 것이 한결 쉬워진다. 청크가 어떻게 끝나는지 보면 정보, 더 나은 사례, 뒷받침해 주는 데이터들이 더 필요한지 아니면 중요한 것을 정확히 말했으니 더 이상 정보가 필요 없는지를 쉽게 파악할 수 있다. 그리고 프레젠테이션 전체를 수정한 것이 아니라 핵심 포인트만 살짝 수정한 것이기 때문에 아웃라인 단계에서 검토하고 수정하는 것도 훨씬 빨리 할 수 있다.

4 | 사례, 이야기, 증거로 청크 채우기

핵심 포인트도 정했으니까 이제는 고민하지 않고 세부 사항들을 더할 수 있다.

증거, 이야기, 사례, 조사, 통계, 또는 이미지, 또는 동영상(슬라이드를 사용할 경우) 등을 집어넣는다. 다양성을 위해 이런 것들을 섞어서 사용하는 것이 좋지만, 각각의 세부 사항들이 그 청크의 최종 요점을 뒷받침해 주어야 한다. 기억하자, 사람들은 자신이 들은 것을 대부분 잊어버린다. 따라서 우리가 할 일은 청중이 기억해야 할 포인트를 증거, 사례 등을 이용해서 뒷받침하거나 머릿속에 이미지로 떠올릴 수 있도록 만드는 것이다.

대개의 경우 이 단계에서는 완전한 문장 전체를 쓰지 않는 것이 더 좋다. 물론 모든 세부 사항을 '완전한 문장'으로 길게 쓰기를 좋아하는 사람이 있는가 하면, 몇 가지 핵심만 암호처럼 짧게 쓰기를 좋아하는 사람도 있다. 어느 쪽이든 자신에게 맞는 방법을 택하면 된다. 하지만 대부분의 경우, 중요한 단어나 핵심만 적는 것이 훨씬 효과적이다. 중요한 핵심들만 정리해서 여러분이 전달하고자 하는 최종 요점을 설명하고, 강조하고, 증명하는 데에 사용하자.

절반의 노력으로 두 배의 효과를 거둔다

이 계획 과정은 프레젠테이션이 어떤 주제든, 길이가 어떻게 되든 상관없이 적용할 수 있다. 그리고 준비 과정에서 절반의 노력으로 두 배의 효과를 거둘 수 있게 해 준다. 다음은 스피치 아웃라인 계획 과정이 주는 4가지 이점이다.

첫째, 꾸물대는 것을 줄여 준다. 한 번에 한 개의 영역에 집중하고, 빠르게 '초안'을 만들어 내서 얼른 다시 살펴보고 수정할 수 있다. 대부분의 사람들은 초안을 만들기 전까지 너무 오래 시간을 끌다보니 '확실하게 했다'는 생각이 안 들어서 고생을 한다.

둘째, 설득력 있는 주장을 만들어 내는 데에 도움이 된다. 자신의 아이디어를 청크 구조로 정리해 놓고 보면 정보들 사이의 패턴과 관계를 쉽게 찾아낼 수 있다. 그러면 설득력 있는 요점도 쉽게 눈에 띈다. 이런 창의적인 과정은 별다른 마찰 없이 물 흐르듯 이어진다.

셋째, 정해진 방향에서 이탈하는 것을 막아 준다. 청크 구조는 잠시 길을 벗어났다가도 쉽게 원래 방향으로 돌아오도록 해 준다. 잠시 벗어났다 싶으면 청크 제목을 바꾸거나 덜 중요한 내용을 더하거나 빼기만 하면 된다.

넷째, 시간을 절약해 준다. 청크 구조는 프레젠테이션 원고 전체를 다 쓰고 그것을 다시 두세 번 살펴보고 나서 아이디어를 수정하는 과정과 비교하면 대단히 빠른 지름길인 셈이다. 여러분의 강연 내용을 둘러싼 모든 아이디어, 질문 그리고 정보가 쌓여서 생각의 흐름을 막는 머리의 '전복 사고'도 막아 준다. 그래서 계획 과정이 전혀 힘들게 느껴지지 않는다.

CHAPTER 15

청크 구조를 활용해 전달하기

잊지 말자, 청크의 '시작'과 '끝'은 청중을 낚는 낚싯바늘이다. 사실, 모든 것의 시작과 끝은 듣는 사람에게 강렬하게 다가간다. 그러므로 길잡이가 될 만한 단어로 강한 인상을 주자. '첫째', '둘째', 등의 단어 말이다. 그리고 '그럼 다음으로 살펴볼 것은…' 같은 문구도 새로운 요점의 시작을 표시하는 데에 효과적이다. 청중의 관심이 분산된다 싶을 때 이런 단어들을 사용하면 관심을 다시 끌어들일 수 있다. 한 부분의 끝도 마찬가지다. '그러므로 XYZ에 대해서 기억해야 할 핵심 포인트는 바로…' 같은 문구로 요점이나 아이디어를 마무리 짓자.

청크 구조가 연설을 도와주는 5가지 방식

청크 구조가 적은 노력으로 더 강한 인상을 줘서 프레젠테이션을 도와주는 다섯 가지 방식을 살펴보자.

첫째, 청크 구조는 여러분이 하고자 하는 말을 보다 더 쉽게 기억하도록 만들어 준다. 그리고 청크의 제목과 핵심 포인트를 알면 그 안에 담긴 세부 사항들을 기억하는 것도 훨씬 쉬워진다.

둘째, 청크 구조는 여러분이 무엇을 강조해야 하는지 보여 준다. 많은 프레젠터들이 마치 코러스 부분이 없는 노래처럼 처음부터 끝까지 무조건 강조만 하는 바람에 프레젠테이션에서 정말 강조해야 할 부분을 놓치고 만다. 청크 구조는 자연스럽게 강조할 부분을 보여 준다. 각 청크의 처음과 끝 말이다. 이 부분에 청중이 꼭 기억해야 할 가장 중요한 메시지를 배치하면 된다.

셋째, 청크 구조는 두서없이 횡설수설하는 것을 통제해 준다. 사람들은 끝이 어디인지 모르면 횡설수설하며 말이 늘어지게 마련이다. 자신이 말하는 것을 청중이 알아들었는지 아닌지 확신이 서지 않으면 점점 더 많은 말을 덧붙이게 된다. 그렇게 자신 없는 사람의 목소리는 맥없이 들리고 설득력도 떨어진다. 마치 어디에 착륙해야 하는지도 모른 채 비행기를 모는 조종사처럼 보인다. 그러면 당연히 승객들은 불안해지기 마련이다. 반대로, 강조해야 할 부분에서 자신감을 가지고 강조하는 프레젠터는 설득력 있고 자신감이 넘쳐 보인다.

넷째, 청크 구조는 융통성을 준다. 구조를 수정하지 않고도 프레젠테이션

길이를 쉽게 늘이거나 줄일 수 있다. 다음과 같은 상황을 상상해 보자. 여러분에게 원래 30분의 시간이 주어졌는데 다른 강연가들이 시간을 초과해서 여러분의 시간이 15분으로 줄어들었다. 어떻게 하겠는가?

시나리오 1 : 여러분은 한 글자도 빠뜨리지 않고 실제와 똑같이 예행연습을 했다. 그런데 갑자기 시간을 절반으로 줄이라는 요청을 받았다. 어떤 내용을 삭제해야 할지 모르겠다. 당황한 나머지 원래 내용을 줄어든 시간 안에 모두 다 끼워 넣으려고 빠르게 말하면서 청중에게 계속해서 미안하다고 사과를 했다.

시나리오 2 : 강연 내용은 세 개에서 네 개의 청크로 나눠져 있고, 각각의 청크는 중요한 요점으로 이어지는 이야기와 사례들로 구성되어 있다. 여러분은 각각의 청크에서 몇 개의 세부 사항을 뺀 다음 계획한 대로 중요한 요점으로 각 청크를 끝맺으면 된다. 청중은 중요한 요점들을 전부 다 들었고 여러분이 원래 내용에서 무엇을 뺐는지는 전혀 알 수 없다. 여러분은 차분하게 강연을 하고 처음 계획대로 강렬한 메시지로 끝을 맺는다. 잘했다!

다섯째, 청크 구조는 더 자신 있게 말할 수 있도록 도와준다. 프레젠테이션 내용이 외우기 쉽고 실제 상황에 맞게 쉽게 수정할 수 있다면 여러분은 언제든 상황을 통제할 수 있다는 자신감이 생긴다. 무슨 일이 생기든 대처할 수 있다. 준비는 끝났다. 이제 여러분은 더 자연스럽게 그리고 더 자신 있게 말할 수 있다.

스티브 잡스의 '스탠퍼드대학교 졸업식 연설'

스티브 잡스의 연설을 보면 청크 구조를 어떻게 활용할 수 있는지 직접 확인할 수 있다. 2005년 6월 스탠퍼드대학교 학생들을 대상으로 한 이 연설은 스티브 잡스가 했던 연설 중에 제일 유명한 것이다(동영상 : 아래 QR 코드 참고)

이 연설은 최고의 조회수 기록도 가지고 있다. TED 강연에서 톱 5 순위에 이르는 강연들이 2천만에서 3천만 뷰 사이인데, 스티브 잡스의 스탠퍼드대학교 연설은 약 3천만 뷰 이상을 기록했다. 15분 길이에 관심을 집중시키는 이야기와 독특한 인생 교훈이 담겨 있는 이 연설은 재미있고, 흥미로우며 감명 깊다. 내가 지금 이 연설을 언급한 것은 이 연설이 우리가 1999년부터 교육해 온 청크 기법에 따라 3개의 청크 구조로 구성되었기 때문이다.

슬라이드도 없고, 이야기를 뒷받침해 줄 근사한 시각적 효과도 없었다. 완벽하게 예행연습을 하지도 않았다(스티브 잡스는 강연대 앞에 서서 원고를 보고 읽었다). 다른 말로 하자면, 이 연설에는 전통적으로 커뮤니케이션 전문가들이 스티브 잡스의 천재적인 커뮤니케이션 비법이라고 강조하는 요소들이 거의 다 빠졌다.

커뮤니케이션 전문가들은 스티브 잡스에 대한 글을 쓸 때 그가 하는 이야기 자체에는 관심을 기울이지 않는 경우가 종종 있다. 그의 연설에서 가장 중요한 점은 메시지, 구조 그리고 자연스러운 스타일이다. 하지만 이런 중요한 점들은 '지나치다 싶을 정도로 많이 준비하고 연습하라,' '원고를 보고 읽지 마라,' '열정을 표현하라,'(열정은 어디서 나오나 – 명료함에서 나온다), '제품이 아니라 꿈을 팔아라,' '악당을 설정하라,' 등 십여 가지 조언 틈에서 행방불명이 되어 버렸다. 물론 이런 기술들이 강한 인상을 남기는 데 도움이 될 수 있지만, 우선순위를 제대로 정해야 가장 빠르게 좋아질 수 있다.

10개에서 15개의 조언들을 케이크 위의 장식 크림이라고 생각해 보자. 물론 장식 크림도 맛있고 예쁘며 조언들도 대부분 도움이 되기는 한다. 내 말은, 먼저 기본을 탄탄히 만들어 놓은 다음에 멋진 장식에 신경을 쓰라는 뜻이다. 바로 메시지와 구조다.

스티브 잡스의 제일 유명한 연설은 여러분도 얻을 수 있는 세 가지 간단한 요소들로 이루어졌다. 그 세 가지란 아이디어를 명확하게 만들어 주는 '메시지'와 '구조' 그리고 말에 생명력을 불어넣어 주는 자연스러운 '스타일'이다.

나는 스티브 잡스를 가르치지도 않았고 그가 내 글을 읽었다고 말하려는 것도 아니다(그럴 가능성이 아주 없지는 않지만 말이다. 나는 1990년대 말에 마케팅 관련 문제로 그에게 편지를 보낸 적이 있다). 하지만 그의 스탠퍼드 연설은 우리의 메시지 비법이 실제로 사용된 멋진 사례.

그러면 그의 연설에 청크 구조가 어떻게 적용되었는지 살펴보자.

| 오늘 이 자리에 서게 되어 영광입니다… | 분위기 조성
창의적인 시작(선택사항)
인용문, 이야기, 질문 등등
마지막 서술문과 연계 |

각 청크 제목 소개(개관으로서…)

1. 점 잇기	2. 사랑과 상실
대학원생 생모가 저를 입양 보내기로 했습니다. 막판에 저는 대학을 졸업하지 않은 지금의 부모님께 입양되었습니다. 두 분은 제 생모에게 저를 대학까지 보내겠다고 약속했고 그래서 생모는 저를 입양 보내기로 했습니다.	저는 제가 좋아하는 일을 일찍 찾을 수 있었습니다. 스무 살에 차고에서 애플을 창업했고, 10년 후에 이 회사는 2십억 달러 규모로 성장했습니다. 서른 살에 회사에서 해고된 저는 절망에 빠졌습니다.
제가 너무 비싼 대학교를 선택해서 제 부모님은 가진 돈을 모두 쓰셨습니다. 저는 뭘 하고 살아야 할지도 모르겠고 가치도 없어 보였습니다. 그래서 대학을 중퇴했습니다.	공개적인 실패. 업계 앞 세대에게 불명예. 도망치고 싶었지만 저는 여전히 제가 하는 일을 사랑했습니다.
저는 제 라이프스타일을 사랑했습니다. 재미있는 수업을 더 많이 청강했습니다. 캘리수업도 들었는데 그 당시에는 아무 도움도 안 되는 과목처럼 보였지만 아름다운 타이포그래피가 있는 최초의 컴퓨터(매킨토시) 탄생의 밑바탕이 되었습니다.	새로운 출발. 제 인생에서 가장 창의적인 시절로 들어설 수 있었습니다. 아내, 픽사, 그리고 애플의 르네상스를 가져오는 데 중추적인 역할을 한 넥스트, 모두가 애플이 저를 해고했기 때문에 가능한 일이었습니다.
과거를 돌아봐야만 점들을 이을 수 있습니다. 미래를 보면 할 수 없습니다. 그 점들이 미래에 이어질 것이라고 믿어야만 합니다.	위대한 일을 할 수 있는 유일한 방법은 자신이 사랑하는 일을 하는 것입니다. 그런 일을 찾지 못했다면 계속 찾으십시오. 아무 데나 안주하면 안 됩니다.

잠깐 쉬고 · 잠깐 쉬고

핵심을 다시 요약한다(선택사항)

새로운 시작을 위해 졸업을 하는 여러분에게 : 항상 갈망하고 바보처럼

내 인생의
세 가지 이야기

개인 견해(선택사항)
주제에 대한 자신의
태도 또는 감정

3. 죽음

마무리

"하루하루를 인생의 마지막 날처럼 산다
면 언젠가 반드시 옳은 길로 갈 것이다."
언젠가는 죽는다는 사실을 기억하는 것이
잃을 것이 있다는 생각의 덫을 피할 수 있
는 가장 좋은 방법.

내가 어렸을 때 여기서 멀지 않은 곳에
서 스튜어트 브랜드의 〈지구 대백과〉라
는 잡지가 출간되었습니다.

일 년 전 저는 암 진단을 받았습니다.
저는 사형 선고를 받은 채 하루를 살았습
니다…. 그날 저녁 늦게 생체 조직검사를
받기 전까지.

굉장한 아이디어들과 멋진 도구들에 대
한 이야기가 가득 담긴 그 잡지는 "내가
여러분 나이였을 때" 최종판이 나왔습
니다.

죽음이 쓸모 있다고 생각은 했지만 단지
개념적인 의미로만 받아들였을 때보다 더
자신 있게 여러분에게 말할 수 있습니다 :
죽음은 인생에서 가장 훌륭한 발명품인
것 같습니다.
죽음은 인생을 변화시킬 수 있습니다.

내 자신이 언제나 그렇게 되기 바랐던
그들의 작별 메시지

시간은 한정되어 있습니다 : 다른 사람의
삶을 사느라 시간을 낭비하지 마십시오.
자신의 직감을 따라가십시오.

요점

마무리

잠깐 쉬고

핵심을 다시 요약한다(선택사항)

우직하게 행하라(Stay hungry, Stay foolish)

이것은 스티브 잡스의 스탠퍼드 연설 기본 구조다.

분위기 조성

"오늘 이 자리에 서게 되어 영광입니다. 저는 대학교를 졸업하지 못했습니다. 제가 대학교 졸업식에 이렇게 가까이 와본 것은 오늘이 처음입니다.

제목

"오늘 저는 여러분에게 제 인생에서 있었던 세 가지 이야기를 해드리겠습니다."

청크 1. 점 잇기

대학교를 중퇴했지만 '청강생'으로 지낸 이야기를 한다. 그는 관심이 있는 과목은 수강했지만 졸업에 필요한 과목은 수강하지 않았다. 그가 관심 있던 과목 중에 캘리그라피 수업도 있었다. 아무 도움도 안 되는 과목처럼 보였지만 캘리그라피 수업은 아름다운 타이포그라피가 있는 최초의 컴퓨터(매킨토시) 탄생의 밑바탕이 되었다.

요점 : "과거를 돌아보아야만 점들을 이을 수 있습니다. 미래를 보면 할 수 없습니다. 그 점들이 미래에 이어질 것이라고 믿어야만 합니다."

청크 2 . 사랑과 상실

애플에서 해고된 이야기를 한다. 창피한 실패였다. 그런 다음 10년 간 열심히 일했지만 아무런 성공도 거두지 못했다. 하지만 이 시기가 그의 인생에서 가장 창의력이 넘치던 시절이었다. 아내를 만났고, 픽사(Pixar)와 넥스트(NeXT)를 설립했고, 훗날 애플이 넥스트를 인수하면서 스티브 잡스를 다시 CEO로 기용했다.

요점 : "위대한 일을 할 수 있는 유일한 방법은 자신이 사랑하는 일을 하는 것입니다. 그런 일을 찾지 못했다면 계속 찾으십시오. 아무 데나 안주하면 안 됩니다."

청크 3. 죽음

죽음 그리고 자신이 겪은 암과의 싸움을 이야기하고, 언젠가는 죽는다는 사실을 기억하는 것이 잃을 것이 있다는 생각의 덫을 피할 수 있는 가장 좋은 방법이라고 덧붙인다. 죽음은 자신이 선택한 길을 가야 한다고 알려주어 삶을 변화시키는 역할을 한다.

요점 : "시간은 한정되어 있습니다 : 다른 사람의 삶을 사느라 시간을 낭비하지 마십시오. 자신의 직감을 따라가십시오."

마무리

스티브 잡스는 메시지를 마무리하면서 〈지구 대백과(Whole Earth Catalog)〉라는 잡지에 대한 이야기를 한다. 그는 반복과 청중의 공감을 얻는 언어를 사용한다 : "이 책은 여기서 멀지 않은 곳에서 만들어졌습니다. 내가 여러분 나이였을 때 최종판이 출간되었습니다. 그들의 마지막 메시지는 '항상 갈망하고 바보처럼 우직하게 행하라'였습니다. 나는 내 자신이 늘 그렇게 되기를 바랐습니다.

메시지

"새로운 시작을 위해 졸업을 하는 여러분에게도 같은 소망을 전하고 싶습니다 : 항상 갈망하고 바보처럼 우직하게 행하라."

절반의 노력으로
두 배의 임팩트 주기

헛된 노력 : 연습한다고 완벽해지지 않는다

내 아들은 두 살 때 장난감 자동차 '운전'을 무척 좋아했다. 특히 진짜 차를 타고 난 후에는 더 신나게 장난감 자동차를 운전했다. 함께 집에 돌아오면 아들이 제일 먼저 하는 일은 제일 먼저 장난감 차에 올라타 차를 움직이려고 핸들을 이리저리 돌리는 것이었다.

발로 페달을 밟아야 장난감 차가 앞으로 움직인다는 사실을 몰랐던 아들은 쓸데없이 핸들만 이리저리 돌렸다. 아들은 ①아빠가 핸들을 움직였다. ②차가 움직였다. 이 두 가지 사실만 봤기 때문이다. 이 두 가지 행동을 많이 볼수록 아들은 이 두 가지 행동이 관련이 있다는 믿음이 깊어지

PART 2 메시지의 법칙

292

고 장난감 차를 움직이려고 핸들을 더 열심히 돌렸다. 하지만 장난감 차는 결코 앞으로 가지 않았다.

장난감 차가 움직이지 않아서 속상해하는 아들의 모습은 잘못된 생각을 바탕으로 스피치 실력을 향상시키려고 애쓰는 사람들이 속상해하는 모습과 닮았다. 아마 다들 연습이 제일 중요하다, 연습이 모든 것을 결정한다는 말을 들어봤을 것이다. 하지만 그게 전부가 아니다. 장난감 자동차를 움직이고 싶어하던 두 살짜리 내 아들처럼, 사람들은 잘못된 가정하에 연습할 때가 자주 있다. 잘못된 가정이란 오래 예행연습을 하고 자주 연습할수록 자동적으로 더 잘하게 된다는 생각이다. 이 생각은 반만 맞다.

물론 예행연습을 하면 좋은 점도 많이 있다. 강연을 할 때 목소리가 어떻게 들리는지도 알 수 있고, 자연스럽게 이어지는지도 확인할 수 있고, 강연 내용에 더욱 익숙해지기 때문에 불안감도 줄일 수 있다. 그런데 어떻게 하느냐에 따라 연습의 효과는 크게 달라진다.

많은 사람들이 무엇에 초점을 맞춰야 하는지 몰라서 힘들게 연습하고서도 불안감을 잔뜩 짊어진 채 프레젠테이션에 나선다. 잔뜩 두들겨 맞고서 또 다시 두들겨 맞으려고 링에 오르는 권투선수 같은 얼굴을 하고 프레젠테이션 예행연습을 하는 사람들 표정을 볼 때마다 나는 마음이 아프다.

원고를 한 글자 한 글자 그대로 외우려고 하거나 멋진 시각 자료가 청중의 관심을 끌어모아 주기를 바란다면 연습을 해도 여전히 불안하고 능률이 오르지 않는다는 사실에 실망하게 될 것이다.

내용에 확신을 갖고 자신감 있게 프레젠테이션을 하기 위해 어떻게 해야 하는지 정확히 안다면, 아주 짧은 시간만 연습하고도 두 배의 자신감을 가질 수 있는 지름길로 갈 수 있다. 연습이 힘들 이유가 없다. 그리고 그렇게 많은 시간을 허비할 이유도 없다.

물론 뭐든 자신에게 맞는 방법을 선택하는 것이 좋다. 예행연습을 스무 번 해야 더 나은 결과를 얻을 수 있다면 그렇게 하라. 하지만 지름길이 마음에 든다면 다음의 방법을 참고하길 바란다.

1분 예행연습

나는 이 책에서 '마법'이라는 단어를 한두 번 썼다. 우리 고객들 중 대다수가 오랫동안 그 단어를 썼기 때문이다. 이 정도면 이유가 될까? 정말로 여기서 소개한 법칙들 중 몇 가지는 마법처럼 장애물을 허물거나 예전 같으면 엄청난 시간을 쏟아 붓고도 좌절하고 실망했을 일을 별다른 어려움 없이 할 수 있도록 만들어 준다. 1분 예행연습도 이처럼 마법 같은 힘을 가지고 있다. 연설 원고를 한 글자 한 글자 전부 외우지 않아도 된다. 여러분이 만든 원고 구조 속에 있는 핵심 포인트만 분명히 기억하고 연습하면 된다. 다른 말로 하자면 :

1. 시작
2. 각 청크의 제목과 요점
3. 메시지 서술문을 포함한 마무리

연설이 아무리 길어도 이렇게 하는 데에 1분 정도밖에 안 걸릴 것이다. 그러니까 청크 구조로 정리한 1쪽짜리 원고를 들고 큰소리로 읽어보자. 자질구레한 세부 사항은 일단 다 건너뛰자. 청크 구조 원고로 예행연습을 할 때 각 청크에서 세부 사항이 들어갈 자리에서는 그냥 '어쩌고저쩌고' 라고 대충 넘어가면 된다.

1분 예행연습 사례

"안녕하십니까, 본 프레젠테이션은 [제목]…

본 아이디어를 알아보기 위해 우리는 세 개 영역을 다루게 될 예정인데, 첫째, [청크 1 제목], 둘째 [청크 2 제목], 그리고 끝으로 [청크 3 제목] 입니다.

그럼, [청크 1 제목]에 대해 살펴보도록 하겠습니다. 어쩌고저쩌고… 어쩌고저쩌고… 여기서 요점은 [청크 1의 요점]입니다.

(잠깐 쉬고)

그럼 [청크 2 제목]에 대해 살펴보도록 하겠습니다. 어쩌고저쩌고… 어쩌고저쩌고… 여기서 요점은 [청크 2의 요점]입니다.

(잠깐 쉬고)

마지막으로, [청크 3 제목]에 대해 살펴보도록 하겠습니다. 어쩌고저쩌고… 어쩌고저쩌고… 여기서 요점은 [청크 3의 요점]입니다.

(잠깐 쉬고)

지금까지 살펴본 것에 대해 마무리 말씀을 드리자면, [메시지 서술문]

입니다."

    프레젠테이션 내용과 각자 취향에 맞춰서 편하게 연습하자. 그런데 이 형식은 청크 구조로 만든 모든 연설에 다 맞기 때문에 형식을 바꿀 필요는 없다. 1분 예행연습의 기본적인 리듬은 청중이 기억하고 떠올려 주기를 바라는 내용에 여러분이 집중할 수 있도록 만들어 줄 것이다.

    스티브 잡스의 스탠퍼드대학교 연설은 2,260개의 영어 단어로 이루어져 있다. 보통 속도로 예행연습을 하면 15분만 정신 에너지를 집중하면 된다. 별로 힘들 것 같지 않다, 안 그런가? 하지만 원고를 시험하고, 수정하기 위해 예행연습을 한다면, 몇 번이고 중간에 멈추고 구조와 핵심 포인트로 향해야 할 집중력이 흐트러질 것이다. 그렇게 되면 예행연습은 15분으로 모자라 한 시간 가까이 이어지고 여러분은 세부 사항들 틈에서 헤매게 되기 쉽다.

    하지만 1분 예행연습은 아주 적은 노력을 들여서 구조와 핵심 포인트를 시험하고 수정하게 해 준다. 그리고 한 번에 너무 많은 정보를 머릿속에 담아두지 않아도 되기 때문에 훨씬 더 효과적이다(뇌가 한 번에 처리할 수 있는 정보의 수가 지극히 제한적이라는 신경과학 이론을 기억하기 바란다). 다음은 스티브 잡스의 스탠퍼드대학교 연설로 만들어 본 1분 예행연습이다.

스티브 잡스의 연설로 만든 1분 예행연습

    [시작] :

"오늘 이 자리에 서게 되어 영광입니다. 제가 대학교 졸업식에 이렇게 가까이 와본 것은 오늘이 처음입니다. 저는 대학교를 졸업하지 못했습니다."

"오늘 저는 여러분에게 제 인생에서 있었던 세 가지 이야기를 해드리겠습니다. 세 가지 이야기는 1) 점 잇기 2) 사랑과 상실 그리고 3) 죽음입니다."

(잠깐 쉬고)

"그럼 첫째, [점 잇기] :

어쩌고저쩌고… 어쩌고저쩌고… 이야기한 후

여기서 요점은… 과거를 돌아보아야만 점들을 이을 수 있다는 것입니다. 미래를 보면 할 수 없습니다. 그 점들이 미래에 이어질 것이라고 믿어야만 합니다. 자신의 직감을 믿으십시오."

(잠깐 쉬고)

"둘째, [사랑과 상실] :

어쩌고저쩌고… 어쩌고저쩌고… 이야기한 후

여기서 요점은… 위대한 일을 할 수 있는 유일한 방법은 자신이 사랑하는 일을 하는 것입니다. 그런 일을 찾지 못했다면 계속 찾으십시오. 아무 데나 안주하면 안 됩니다."

(잠깐 쉬고)

"제가 말씀드리고 싶은 세 번째 이야기는 [죽음]입니다. :

어쩌고저쩌고… 어쩌고저쩌고… 이야기한 후

여기서 요점은… 시간은 한정되어 있습니다. 다른 사람의 삶을 사느라 시간을 낭비하지 마십시오. 자신의 직감을 따라가십시오."

〔메시지 서술문을 포함한 마무리〕

"지금까지 말씀드린 것을 마무리하자면, 제가 어렸을 때 굉장한 아이디어들과 멋진 도구들에 대한 이야기가 가득 담긴 〈지구 대백과〉라는 멋진 잡지가 있었습니다. 이 잡지의 최종판에 담긴 마지막 메시지는 '항상 갈망하고 바보처럼 우직하게 행하라'였습니다. 나는 내 자신이 늘 그렇게 되기를 바랐습니다. 새로운 시작을 위해 졸업을 하는 여러분에게도 같은 소망을 전하고 싶습니다. 〔항상 갈망하고 바보처럼 우직하게 행하라〕"

만약 스티브 잡스가 식탁에 앉아 이 원고를 쓴다면(월터 아이작슨이 2013년 발표한 전기 『스티브 잡스』에 따르면 정말로 잡스는 식탁에 앉아 이 연설을 썼다), 그 자리에서 일어서서 1분 예행연습을 하면서 구조와 흐름을 분명하게 이해할 수 있고, 전하고자 하는 핵심 아이디어를 분명히 전하는지 확인할 수 있을 것이다. 아니면 아내에게 이렇게 부탁할 수도 있다. "여보, 1분 정도 시간 있어? 이 스피치 아웃라인 좀 듣고 자연스럽게 이어지는지 좀 말해 줘."

구조가 분명해지면 세부 사항을 다듬어라

1분 예행연습용 원고가 만족할 만한 수준이 되면(다시 말해서, 청중이 기억하고 다른 사람들에게 전달해 주기를 바라는 핵심 포인트가 실전에서 여러분이 말할 실제 어휘 표현으로 원고에 담겼다면), 세부 사항을 다듬고 강연을 끝내기가 몇 배는 더 쉬워진다.

그리고 모든 것이 분명하고 확실하다는 느낌으로 인해 모든 과정이 어려움 없이 물 흐르듯 자연스럽게 흘러가고 연설에 자신감이 흘러넘친다.

1분 예행연습은 청크 구조만큼이나 융통성이 있다. 전체 제목을 정한 다음에 각 청크의 제목에 대한 개략적인 설명을 포함시켜도 되고 안 해도 된다. 마무리를 길게 만들어 핵심 메시지로 이어지게 해도 되고 그렇게 안 해도 된다. 연설 내용 안에서 설명이나 중요 항목이 잘 어울리는지 확인하기 위해 필요하다면 2분이나 5분 예행연습으로 시간을 늘려도 괜찮다.

필요하다면 무대에 올라가기 직전에 기억을 되살리기 위해 짧게 30초 예행연습을 할 수도 있다. 내가 코치를 하는 고객들 중에는 중요한 강연을 앞두고 한 시간밖에 여유가 없을 때 내게 전화하는 사람이 있다. 그녀는 몇 분밖에 안 되는 통화 시간에 연설 내용의 핵심을 되짚어 보고, 1분 예행연습을 두 번 정도 한다. 1분 예행연습을 소리 내서 두세 번 하면 자신감을 끌어올릴 수 있다.

큰 소리로 말하라

지금 나는 계속해서 연설 메모를 소리 내서 확인해 보라고 주문하고 있다. 왜냐하면 그 방법이 효과가 엄청나기 때문이다. 머릿속으로 예행연습을 하는 것과 메모를 큰 소리로 읽는 것 사이에 어떤 차이가 있는지에 대한 예를 들려주겠다. 몇 해 전, 성공한 전문 강연가가 내게 새로운 강연을 도와 달라고 요청했다. 그녀는 새로운 주제가 강연 무대에서도 잘 통하지 않는 것 같고 자신이 원하는 것도 아닌 것 같다고 느꼈다.

나는 처음에는 어떻게 도와주어야 할지 감이 잡히지 않았다. 그녀의 강연 아이디어들은 좋았다. 무대에 설 때면 카리스마 넘치는 모습을 보여주고 수년째 전문 강연가로 활동하면서 경력도 상당했다. 나는 도움이 될 만한 정보를 얻기 위해 질문을 몇 가지 했다. 그러다 예행연습에 대한 질문을 하게 되었다. "거울이나 의자 앞에 서서 합니까 아니면 친구들 앞에서 합니까?"

그녀가 대답했다. "아, 그렇게 안 해요. 그냥 머릿속으로 생각만 하는데요."

"아하! 바로 그게 문제였군요." 내가 말했다.

머릿속으로만 예행연습을 했기 때문에 그녀는 실제로 입 밖으로 나올 말을 연습하지 않았다. 예행연습을 하는 동안 자신이 하고 싶은 말이 무슨 뜻인지는 알았지만 무슨 말을 할 것인지는 알지 못했다. 이런 불일치가 갈등을 일으켰던 것이다. 강연 무대에서 그녀는 자신이 하는 설명이 맞다는 느낌을 받지 못했다. 예행연습 때처럼 좋다는 느낌이 들지 않았다. 그런데 핵심 포인트를 소리 내어 말하는 것으로 예행연습 방법을 바꾸자 모든 것이 달라졌다. 강연에 점점 자신감이 붙었고 텔레비전에도 여러 번 출연하게 되었다.

CHAPTER 17

힘들이지 않는 설명의 기술

훌륭한 전달 기술은 아이디어에 대한 분명한 이해에서 비롯된다

메시지가 있고 아이디어에 생명력을 불어넣을 사례들이 있으면 여러분 자신도 생기를 띠게 된다. 자신이 설명하는 것에 대해 진심으로 믿고, 지금 자신의 모습과 행동이 불편하지 않고 자연스러우면 힘들이지 않고도 강한 설득력을 가질 수 있다.

준비됐다는 느낌은 더 나아질 수 있는 바탕이 된다. 그리고 이제 여러분은 다음 강연이나 프레젠테이션을 위해 준비됐다고 느끼기 위해서 어떻게 해야 하는지 안다. 어떻게 시작하고, 어떻게 끝내야 하는지도 알고, 강연이나 프레젠테이션을 이끌어 줄 구조도 안다.

있는 그대로의 모습으로 청중 앞에 서도 된다는 것도 이제는 잘 안다. 이제 더 효과적으로 말할 수 있고, 스스로 가장 편안하게 말할 때 청중이 가장 많이 귀 기울여 준다는 것도 잘 안다. 그러니 스피치에 대한 불안감이나 불확실함은 많이 사라졌다(인생을 짜릿하게 만들어 줄 정도로 아주 조금의 불안감은 남겨 두고).

이제 남은 마지막 파트는 선택에 대해서다.

앞에서 케이크에 대한 은유를 했는데, 이 파트에서는 맛있는 케이크 위에 얹을 아이싱, 크림, 체리, 설탕 가루에 대해 살펴보려고 한다. 아니면 케이크 속을 가득 채울 달콤한 커스터드 크림까지 살펴볼 수도 있고.

훌륭한 설명을 자연스럽게

메시지의 법칙을 이삼 년 교육하다 보니 흥미로운 점을 알게 되었다. 명료함 최우선, 아웃라인과 청크의 법칙을 익힌 사람들이 자연스럽게 훌륭한 설명을 하기 시작했다는 점이다. 어떻게 이럴 수 있었을까? 쓸데없이 에너지를 낭비하게 하는 불필요한 아이디어와 모순되는 조언을 버리자 그들은 큰 힘 들이지 않고 자신이 전하고자 하는 아이디어를 설명하는 데에만 집중할 수 있게 되었다.

사실, 이 책을 읽는 게 지루해졌다거나, 이메일을 확인해야 한다거나, 산책을 가고 싶어졌다면 여기서 멈춰도 된다. 책을 내려놓자.

여러분은 이미 상위 20퍼센트의 프레젠터들만큼 스피치에 대해 배웠다.

스피치는 그렇게 복잡한 게 아니다.

그렇지만 듣는 사람을 좀 더 집중시킬 수 있는 근사한 선택사항들이 꽤 있으니 조금만 더 살펴보는 것도 좋을 것 같다.

강연 무대에 등장할 때 강력한 인상을 줄 수 있는 가장 좋은 방법은 보다 분명한 그림을 그리는 기법들을 활용하는 것이다. 다음의 기법들은 여러분의 아이디어를 더 자세히 서술하고 여러분의 정보에 살을 붙여줄 것이다. 연기력을 요구하지는 않지만, 청중의 관심을 사로잡고 또 사로잡은 관심을 계속 붙들어 둘 수 있는 강력한 방법을 알려줄 것이다. 여러분의 주제와 스타일에 맞는다는 느낌이 오는 기법들을 시도해 보자.

그 무엇도 강요할 생각은 없다는 점을 기억하기 바란다. 규칙은 없다, 가이드라인만 있을 뿐. 그러니 자신에게 맞지 않다고 생각되는 기법은 무시하라. 그렇지만 이 파트에서 한두 개 마음에 드는 기법이 있다면 그리고 그것들이 여러분의 스타일과 어울린다는 느낌이 오면 한번 시도해 보는 것도 나쁘지 않을 것이다.

1 | 어떻게 시작할 것인가

연설의 시작과 끝은 중요한 기초다. 따라서 '북엔드'처럼 앞뒤에 위치하는 시작과 끝을 잘 다룰 줄 알아야 한다.

시작을 잘하는 제일 좋은 방법은 제목을 말하고 각각의 청크에 대해 소

개하는 것이다. 예를 들면 :

"안녕하십니까. 오늘의 강연은 [제목]에 대한 것으로, [청크 1 제목], [청크 2 제목] 그리고 [청크 3 제목]을 살펴보려고 합니다. 자, 그럼 먼저 [청크 1 제목]을 살펴보면…"

…이러면 쓸데없는 군더더기 없이 곧바로 본론으로 입장할 수 있다.

청중을 편안하게 만드는 소개

너무 간단하게 들릴 수도 있지만 잘 시작할 수 있는 확실한 방법이 맞다. 여기에는 청중들의 마음 속에 있는 다음의 두 가지 궁금증을 해소해 줄 개요도 포함되어 있다. 1) '이 이야기가 어디로 흘러갈 것인가?' 2) '나와 관계있는 이야기인가?' 청크의 제목들에 대한 소개는 앞으로 이어질 이야기에 대한 배경 지식을 제공하고 청중이 여러분의 이야기 내용에 대해 편하게 느끼고 호기심을 갖게 만든다.

청중 속에 있을 법한 평범한 한 사람을 떠올려 보자. 그의 머릿속은 해야 할 많은 일과 이런저런 잡생각으로 가득 차 있다. 그런데 여러분이 무대로 걸어 나온다. 앞에서 이어진 지루한 프레젠테이션을 계속 듣고 있던 그는 여러분의 프레젠테이션은 재미있을까 궁금해진다. 그리고 얼마나 관심을 쏟을까 생각하면서 여러분을 본다.

이럴 때 청크의 제목들에 대해 소개하면 어떤 이야기를 할 것인지 확실하고 분명하게 알려줄 수 있다.

불안감은 불확실성에서 비롯되는데, 청중은 아직 여러분이 전하려는 아이디어를 모른다. 여러분의 프레젠테이션이 어떤 방향으로 이어질지 모르거나 여러분이 다루려는 내용이 자신과 관계가 있는지 없는지 모르는 상황에서 청중은 조금 어색하고 불편할 수 있고 불확실함을 느낄 수 있다. 그렇지만 프레젠테이션이 어떤 내용을 다룰지 여러분이 확실히 알려 주고, 청중이 여러분의 프레젠테이션이 자신과 관계있다는 걸 알고 나면 그들은 편안해진다. 프레젠테이션을 시작하면서 청중을 이렇게 편안한 상태로 만들면 청중은 여러분에 대해 더 좋은 인상을 받게 된다.

도입부에 활용할 수 있는 선택 사항들

소개는 간단하고 신뢰할 수 있으면서 짧아야 한다. 도입부는 프레젠테이션에 '개성'을 더할 수 있는 방법이다. 창의적인 아이디어들이 여기에 포함되는데, 이야기, 인용문, 은유, 수미상관식, 자극적인 질문 등이 있다.

눈치 챘는지 모르겠지만, 청크 구조 다이어그램의 첫째 줄에 세 개의 회색 박스가 있다. 그 박스들은 1) 분위기 조성 2) 창의적인 시작과 마무리 3) 개인적 견해이다.

① 분위기 조성
도입부의 분위기 조성은 다음과 같은 내용들을 이용해서 할 수 있다 : 이런 이야기를 하게 된 상황, 여러분의 역할, 여러분 회사의 기밀, 또는 커피는 어디 있는지 등과 같은 '강연장 안내' 그리고 휴식 시간이 언제인지, 보조 프린트물이 있는지 등등.

그리고 이 책 앞부분에서 다룬 '이야기를 시작하기 전에…' 라는 멋진 기술을 이용할 수 있는 순간이기도 하다. 이 기술은 썰렁하거나 적대적인 분위기를 여유 있고 환영하는 분위기로 바꿀 수 있다. 프레젠테이션을 하기 위해 조용한 무대 위로 나가면 모든 청중의 시선이 여러분에게로 향한다. 그 시선은 무관심하고, 생기 없어 보이고 여러분을 주눅 들게 만든다. 이렇게 썰렁하고 맥 빠진 분위기를 바꾸기 위해 여러분이 뭔가 하지 않으면 청중 분위기를 바꿀 때까지 아주~아주 오랜 시간이 걸릴 것이다.

많은 강연가들이 이야기를 시작하기 전에 흔히 볼 수 있는 이런 상황을 청중이 까다로워서 생긴 현상이라고 착각한다. 무대로 걸어 나가 무표정한 청중을 보고는 이렇게 생각한다. '아이고… 이 사람들 상대하기 힘들겠네!' 그런데 '사전 분위기가 안 좋다'고 인식하는 순간 그 생각은 사실이 된다. '다들 표정이 심각하네, 그럼 나도 심각하게 행동해야겠군' 이렇게 생각하면서 그냥 분위기가 바뀌기만을 바란다.

하지만 분위기가 저절로 바뀔 수 있을까?

여러분이 심각하거나, 어색해하거나, 형식적으로 행동하는 것을 본 순간 청중은 이렇게 판단한다. '오늘 프레젠테이션은 이런 식으로 흘러가는구나' 그리고 그 판단을 따르게 된다. 여러분은 청중을 보고 그날의 분위기를 판단하고 청중은 다시 그런 여러분을 보고 그날의 분위기를 판단하고… 이런 식으로 무한 반복이 이루어지는 것이다.

하지만 이런 무한 반복을 피할 방법이 있다. 이런 식으로 생각을 바꿔

보는 것이다. '강연장에 사전 분위기'라는 것은 원래 없다. 청중은 여러분이 그날의 분위기를 정해 주기를 기다리고 있을 뿐이다.

좋은 소식을 하나 알려주겠다. 프레젠테이션을 하게 될 여러분은 지금 스스로 생각하는 것보다 훨씬 더 큰 힘을 가지고 있다. 그래서 강연장 분위기 정도는 얼마든지 마음대로 할 수 있다. 그러니까 분위기가 아무리 냉랭해 보여도 일단 여러분이 걸어 들어가 아주 자연스럽게 '이야기를 시작하기 전에…'라고 말하면 청중은 느긋해진다. 시작에 대한 부담감이 사라지면서 대화도 할 수 있는 분위기로 변한다. 다음의 예들을 살펴보자 :

이야기를 시작하기 전에, 여러분께 질문을 하나 드릴 테니 대답을 해 주시기 바랍니다(그리고 청중에게 질문을 하나 던진다).

또는,

이야기를 시작하기 전에, 오늘 우리가 왜 이 자리에 모이게 되었는지에 대한 배경 설명부터 하겠습니다(그리고 배경 설명을 한다).

또는,

본론으로 들어가기 전에, 오늘은 현재 프로젝트 상황에 대해 이야기할 예정인데 그보다 먼저, 본 프로젝트가 애초에 시작된 이유에 대해서 살펴보려고 합니다(그런 다음 설명을 이어간다).

이 기술을 사용하면 프레젠테이션을 쉽게 시작할 수 있고, 자신에게 맞는 속도로 편하게 호흡하면서 그 사이 공간에 적응할 수 있다.

② 창의적인 시작(수미상관식)

호기심을 자극하거나 이야기, 도표, 극적인 발표, 자극적인 질문 등으로 상황 설명을 하는 것으로 도입부를 삼을 수도 있다. 예를 들면 :

"절대 석유가 고갈되는 일은 없을 것입니다."

"건강에 대해 여러분이 아는 상식의 절반이 거짓입니다."

"100년 전 세상에 살고 있다고 가정하면…"

이때, 과장되고 흥미 있게 이야기하는 것은 좋지만, 청중이 기억해 주기를 바라는 메시지와 관련되게 창의력을 발휘해야 한다는 것을 명심하자. 청중이 재미있는 도입부만 기억하고 메시지는 기억 못 하면 창의력을 발휘한 보람이 없다. 창의적인 시작이 메시지 전달에 도움이 되도록 하려면 '수미상관식(시에서 첫 연을 마지막 연에 다시 반복하는 문학적 방법 – 옮긴이) 방식으로 생각해야 한다.

여기서 말하는 '수미상관식(top and tail)'이란 특정한 문장이나 아이디어로 프레젠테이션을 시작(top)하고 끝날 때(tail) 똑같은 문장이나 아이디어를 다시 말해서 메시지를 강조하는 방식이다.

예를 들어, '피크 오일(원유 생산 정점, 전 세계가 석유 부족을 겪게 된다는 의미)'이라는 제목의 문서를 들고 '오늘 저는 어째서 절대 석유가 고갈될 일은 없을 것인가에 대해서 설명 드리고자 합니다'라고 말하며 강연을 시작한다. 그리고 마지막에 다시 똑같은 문서를 들고 강연을 통해 말한 핵심 포인트들이 뒷받침해 준 '절대 석유가 고갈될 일이 없다'는 메시지를 다시 한 번 말한다(극적인 장면을 연출하고 싶다면 들고 있던 문서를 반으로 쭉 찢는 퍼포먼스도 가능하다).

③ 개인적 견해

주제에 대해 확고한 견해를 가지고 있거나 주제가 특별히 중요하다고 생각한다면 시작 부분에서 그 이야기를 청중에게 하자. 여러분의 감정을 전하는 것은 강렬한 인상을 줄 수 있다. 개인적 견해를 표현하는 방식으로는 이 주제로 강연을 하게 된 이유, 신이 나서 흥분했다거나 실망했다는 등의 감정 상태를 설명하는 것 등을 들 수 있다. 예를 들면 :

"자세한 이야기를 시작하기 전에, 먼저 이 제안을 준비하기 위해 정말 애쓰고 고생한 팀원들에게 감사를 전하고 싶습니다. 우리가 이런 결과물을 만들어낸 것이 정말 자랑스럽고 기쁩니다. 자, 그러면 이제부터 본격적으로…

또는,

"오늘 분기별 판매 실적을 확인했는데, 아무래도 우리한테 문제가 있는 것 같습니다. 수치들이 너무 실망스러웠어요. 우리가 그렇게 열심히 일했는데 이런 결과가 나오다니 정말 가슴이 찢어질 것 같습니다. (잠깐 쉬고) 그래서 본 프레젠테이션에서는 판매 실적 향상을 위한 좀 더 나은 방법에 대해 알아보려고 합니다.

위에 예로 든 것처럼 도입부를 만들 수도 있고, 다음에 나오는 방법들

중에서 골라도 된다. 여러분의 판단을 따르면 된다. 단, 대부분의 경우 긴 것보다는 짧은 것이 더 낫다.

2 | 어떻게 끝낼 것인가

우주는 끝이 없다

그런 생각을 하면 머리가 멍해지는 것 같지 않은가? 하늘을 올려다보면 끝이 없다. 저 하늘 멀리 어딘가에서 한솔로와 추바카(영화 〈스타워즈〉의 두 등장인물 – 옮긴이)가 밀레니엄 팔콘 호를 타고 빛의 속도로 날아가도 영원히 우주의 끝에는 닿지 못할 것이다. 왜냐하면 가도가도 우주는 끝이 없으니까(가끔은 그렇게 가도가도 끝이 없을 것 같은 프레젠테이션들도 있다).

끝이 없는 우주란 인간의 머리로 상상하기 힘들다. 우리 뇌는 끝이 없는 것을 처리하지 못한다. 그래서 완료에 대한 사람들의 욕구를 만족시켜 줄 수 있는 기회를 찾는다. 끝이 깔끔하면 청중은 그동안 여러분이 말한 모든 것을 덜 힘들게 받아들이고 보다 더 쉽게 기억할 것이다.

마지막 말이 기억에 남는다. 따라서 마지막 말을 함부로 하지 말자

강연이나 프레젠테이션의 마지막은 자동적으로 청중이 집중하는 포인트가 된다. 그래서 마지막 말을 하는 순간은 메시지를 전달하기에 가장 좋은 순간이기도 하다. 그런데 자신이 하던 프레젠테이션의 마지막이 되자 깜짝 놀라는 것 같은 사람들이 너무 많다. 혹시 여러분도 본 적 있는가? 마지막 슬라이드가 화면에 나타나자 프레젠터가 이렇게 말하는 것이다.

"어, 이게 마지막인 거 같네요. 저기… 질문 있으십니까?"

이런 게 훌륭한 마무리라고 할 수 있을까? 자신감을 보여 주며 청중의 신뢰를 얻을 수 있는 마무리는 절대 아니다. 프레젠테이션의 마지막은 메시지 전달을 위해 지금까지 여러분이 한 모든 말에 힘을 실어 줄 수 있는 골든타임이다.

맥 빠지는 마무리는 여러분에 대한 신뢰를 무너뜨린다. 왜? 청중이 원하는 구조로 끝이 나지 않으면 여러분의 아이디어는 의미 없어 보이고, 중요하지 않아 보이고, 기억하기도 어렵고, 완성되지 않은 것처럼 보이기 때문이다. 그리고 이렇게 불만족스러운 프레젠테이션을 한 장본인이 여러분이기 때문에 여러분에 대한 신뢰도 사라진다. 마무리를 하는 데 있어여러분이 선택할 수 있는 것이 몇 가지 있다. 먼저 마무리가 두 단계로 이루어져 있다는 것부터 이해하자.

1. 요약

2. 마지막 메시지

요약

요약은 핵심 포인트들을 다시 한 번 말하는 것이다. 각각의 청크 마지막에 '요점'을 말하는 것처럼 간단하다. 필수적으로 해야 하는 것은 아니지만 특히 강연이나 프레젠테이션이 긴 경우에는 전달하고자 하는 메시지로 자연스럽게 이어지도록 이끄는 역할을 한다.

요약은 기억에 남을 마무리를 위한 분위기 설정 역할도 할 수 있다. 스티브 잡스의 스탠퍼드대학교 연설에서도 마지막 메시지를 담은 이야기로 요약을 했다. 앞부분에서 언급한 내용을 다시 한 번 말해서 메시지를 강조하는 수미상관식으로 끝맺음하는 것으로 요약을 대신할 수도 있다.

최종 메시지

드디어 때가 왔다! 최종 메시지를 말할 순간이 온 것이다. 청중을 똑바로 바라보자. 그리고 크게 심호흡을 하면 이제 마지막이라는 것을 여러분이 안다는 사실을 청중에게 보여 줄 수 있다. 심호흡 대신 잠깐 말을 쉬는 것도 괜찮다. 아니면 '요약하자면', '결론은' 또는 '다음은'이라고 말하는 것도 괜찮다. 그러면 청중은 여러분이 기억에 남을 만한 말을 하려고 한다고 예상하게 된다.

메시지 서술문이 결론을 내릴 순간이다. 지금까지 여러분이 전달한 정보들을 청중이 좋아하고, 기억하기 쉽고, 다른 사람에게 전달하고 싶은 마음이 들도록 문장 속에 집어넣자. 최종 메시지는 여러분이 전달한 정보들의 논리적 흐름을 청중이 이해하도록 도와주고 멋진 리본을 묶어 선물 상자 포장을 끝내는 것처럼 여러분의 프레젠테이션이 멋지게 끝나도록 마무리해 준다.

CHAPTER 18

청중과 교감하는 '연결의 법칙'

© 2002 Ted Goff

"재미있는 부분은 일부러 건너뛴 겁니까?"

청중을 더욱 확실하게 사로잡고 교감하는 기법들은 세 종류로 나눌 수 있다. 이 기법들은 다음과 같이 사용할 수 있다 :

- 청중의 마음을 자극한다.
- 청중과 공감한다.
- 청중의 머리를 활성화시킨다.

1 | 청중의 마음을 자극하는 방법

다음은 청중과 좀더 긴밀하게 '연결'되기 위해 그들의 마음을 자극하려고 내가 즐겨 쓰는 몇 가지 방법들이다.

A. 여러분은 ○○라고 생각할 수도 있지만

첫 번째는 '여러분은 ○○라고 생각할 수도 있지만' 기법이다. 이 기법은 청중이 여러분의 아이디어를 받아들이지 못하게 막는 반대나 걱정에 대한 대응이다. 청중에게서 까다롭거나 난처한 질문을 받지 않고 프레젠테이션이 끝나면 다행이라고 안심하는 프레젠터들이 많다.

하지만 그것은 헛된 기대다. 걱정이 있는 사람들 중에 대다수가 그것을 말로 표현하지 않는다. 조사에 따르면, 제품이나 서비스에 대해 불평을 하는 사람이 한 명 있으면 같은 불평을 가지고 있지만 겉으로 표현하지 않는 사람이 19명 더 존재한다고 한다. 다른 말로 하자면 20명 중에 한 명만 불만을 겉으로 표시한다는 것이다.

여러분의 청중도 마찬가지이다. 여러분의 아이디어에 대해 걱정이나 반대가 있는 사람들 대다수가 자신의 생각을 겉으로 표현하지 않을 것이다. 하지만 그렇게 겉으로 표현하지 않은 걱정이나 반대가 여러분의 프로젝트를 망칠 수도 있다. 여러분 앞에 있는 청중의 마음속에 있는 반감을 중화시켜야 한다. 이 기법은 청중이 가지고 있을 질문이나 걱정을 공개적으로 드러낸 다음 거기에 대한 여러분의 대답으로 걱정을 해소시킨다. 이 기법을 어떻게 사용하는지 보자. 청중이 가지고 있을 것으로 예상되는 질문이나 걱정을 해결한 다음 이렇게 말한다.

"여러분은 …[청중의 질문이나 걱정을 말한다]…고 생각하실 수도 있지만…[여러분의 대응 방안을 말한다.]"

이 기법이 잘 통하면 여러분 스스로 질문해서 청중의 마음을 자극한 다음 여러분 스스로 대답해서 청중의 궁금증이나 걱정을 해소시켜 주게 된다. 아래처럼 1) 청중이 실제로 말하는 것처럼 질문이나 걱정을 쓴다 2) 여러분의 대답을 쓴다.

"여러분은… 라고 생각할 수도 있지만…"	→	가능한 질문이나 걱정을 쓴다(청중이 사용할 것 같은 어휘 표현으로 질문을 쓴다)	→	여러분의 대답이나 반응을 쓴다(여러분의 대답을 쓴다)
"여러분은… 라고 생각할 수도 있지만…"	→	가능한 질문이나 걱정을 쓴다(청중이 사용할 것 같은 어휘 표현으로 질문을 쓴다)	→	여러분의 대답이나 반응을 쓴다(여러분의 대답을 쓴다)
"여러분은… 라고 생각할 수도 있지만…"	→	가능한 질문이나 걱정을 쓴다(청중이 사용할 것 같은 어휘 표현으로 질문을 쓴다)	→	여러분의 대답이나 반응을 쓴다(여러분의 대답을 쓴다)

실제로는 이렇게 말하게 된다.

"여러분은 가격이 지나치게 높다고 생각하실 수 있습니다. 그게 일반적인 생각이긴 합니다만, 제품 사용 기간을 고려한다면, 다른 대안보다 이 제품이 실질적으로는 가격 면에서 훨씬 효율적입니다."

'여러분은 ○○라고 생각할 수도 있지만' 기법의 이점

'여러분은 ○○라고 생각할 수도 있지만' 기법을 사용하면 청중의 생각을 이해한다는 것을 보여 줄 수 있고 그 결과로 청중의 신뢰를 얻을 수 있다. 그리고 그들의 반감을 해소하고, 청중이 여러분의 메시지에 더욱 더 마음을 열게 만들 수 있다. 그러면 '대화하는 느낌'이 든다. 여러분의 프레젠테이션이 일방적인 정보 전달이 아니라 양방향으로 진행되는 대화처럼 느껴진다는 뜻이다. 청중은 더욱 여러분의 이야기에 관심을 갖고 집중하게 된다. 여러분의 아이디어가 맞는지 틀린지 분석하려는 수고도 덜하게 된다. 신뢰가 생긴다. 청중은 객관적으로 분석된 정보에 만족하게 되고 여러분은 무대에서 뜻밖의 질문을 받고 놀라는 일을 당하지 않게 될 것이다, 미리 질문을 예상하고 대처했으니까 말이다.

B. 은유법

좋은 은유는 짧은 몇 마디로 의미 있는 그림을 그릴 수 있다. 단어나 문구가 평소의 뜻이 아닌 다른 뜻으로 쓰이는 은유는 연설이나 비교로 그리는 그림이다. 가장 기본적인 은유의 형태는 이런 식이다.

[A]는 [B]다.

예를 들어, '인생은 롤러코스터다'라는 문장이 있다. 인생이 정말로 롤러코스터는 아니지만 가끔은 롤러코스터를 탄 것처럼 느껴질 때가 있다. 은유는 생각에 강렬한 감정적, 시각적 이미지를 더한다. 그리고 청중의 머리가 활동하도록 자극해서 비교를 하게 만든다.

은유는 주제를 다른 각도로 보거나, 아이디어를 생생한 방법으로 표현할 수 있는 좋은 방법이다. 은유는 마음을 사로잡는다. 그래서 여러분이 서로 다른 두 개를 비교하면 청중의 머릿속에 자동적으로 이미지가 떠오른다. 정말 엄청난 힘이 아닐 수 없다! 몇 마디 말로 여러분은 타인의 머리가 활동하게 만들 수 있다.

우리는 앞에서 호손 풋볼 클럽 감독이 상대 팀을 '상어'로 부르면서 움직이지 않도록 묶어두면 '죽는다'라고 했던 일화를 살펴봤다. 은유를 통해 호손 감독은 상대 팀의 경기 전략을 '끝장내자'는 무시무시한 아이디어를 정말 효과적으로 전달했다.

아인슈타인이 20세기 가장 유명한 인물이 될 수 있었던 것은 단지 머리가 좋은 과학자라서가 아니라 어려운 이론을 쉽게 전달할 줄 알았기 때문이다. 그는 어려운 이론을 설명하기 위해 은유를 자주 이용했다. 예를 들어, 새로운 양자물리학 이론에 대한 견해를 묻는 요청에 아인슈타인은 다음과 같은 말로 거부감을 표시했다. "신은 우주를 가지고 주사위 놀이를 하지 않는다." 전쟁의 잔혹성에 대해 이야기하면서 이렇게 말하기도 했다. "기술의 진보는 병적인 범죄자의 손에 든 도끼와 같다." 그리고 대중 심리에 대한 생각을 표현하기 위해서는 이렇게 말했다. "티 없이 깨끗한 양떼의 일원이 되기 위해서는 무엇보다도 먼저 양이 되어야 한다."

아인슈타인은 새로운 생각을 단순하게 표현하는 데에도 은유를 이용했다. 동시대의 새로운 기술을 설명하면서 그는 이렇게 말했다.

"유선 전신은 아주아주 긴 고양이라고 생각하면 된다. 뉴욕에서 이 고양이의 꼬리를 잡아당기면 로스앤젤레스에 있는 머리가 야옹, 하고 우는 것이다. 이해하겠는가? 라디오도 똑같은 방식으로 작동한다. 여기서 신호를 보내면 멀리 있는 그들이 그 신호를 받아들이는 것이다. 차이점은 고양이가 없다는 것뿐이다."

스티브 잡스에게서 은유의 또 다른 예를 찾아볼 수 있다. 아이패드 태블릿 신제품을 출시하고 나서 태블릿이 노트북 컴퓨터를 대신할 것이라고 생각하느냐는 실문을 받은 스티브 잡스는 이렇게 대답했다.

"우리가 농업국가일 때는 농장에서 필요한 차가 트럭이기 때문에 모두 트럭만 타고 다녔다. 그런데 도시에서 차를 사용하기 시작하면서 세단이 인기를 끌기 시작했다. 자동 변속기와 파워 스티어링 같은 기술 혁신이 이루어지고 트럭을 몰 때는 별로 신경 쓰지 않던 것들이 세단에 장착되기 시작했다. PC(퍼스널 컴퓨터)도 트럭과 마찬가지다. 여전히 우리 주위에서 볼 수 있을 것이고, 여전히 유용하겠지만 몇 명에 한 명꼴로 사용하는 상황이 올 것이다."

이렇게 노트북 컴퓨터와 데스크톱 컴퓨터는 '트럭'으로, 태블릿은 '세단'으로 설명하니까 훨씬 이해하기가 쉽다.

은유로 쓰는 소품

나는 소품을 은유에 이용한다. 그 소품은 평범한 빨간 공이다. 청중에게 이 빨간 공이 메시지라고 말한다. 그리고 청중 사이의 한 사람에게 빨간 공을 던지고서, 이것이 말하는 사람이 듣는 사람에게 메시지를 전하는 것을 나타낸다고 설명한다. 그런 다음 공을 받은 사람에게 청중 가운데에 다른 사람에게 그 공을 던지라고 부탁한다. 이것은 자신이 들은 메시지를 다른 사람에게 전달하는 것을 의미한다.

이렇게 간단한 소품을 사용하는 것만으로도 아이디어를 쉽게 전달하고 쉽게 기억할 수 있게 만든다. 우리 회사 로고도 은유에 사용할 수 있다.

스피치를 위한 생생한 메시지의 법칙

내가 은유를 사용하는 법을 알려 주었으니 여러분도 자신만의 은유를 만들어 보자. 내가 빨간 공을 은유에 사용하게 된 것은 '은유 연상 훈련' 도중에 생각난 아이디어다. "메시지란… 음, 그러니까 말하는 사람과 듣는 사람 사이를 날아가는 것 같은, 그러니까, 캐치볼을 하는 것과 같습니다."

여러분이 할 일은 다음의 글을 소리 내어 읽어 보는 것뿐이다. 그리고 친구나 동료들과 함께 브레인스토밍을 해보자.

"본 [프로젝트, 아이디어, 도전, 등등]은… ○○과 같습니다."

… 그리고 청중의 마음속에 남을 수 있는 강렬한 은유가 떠오르는지 생각해 보자.

C. 상상하기

아인슈타인이 좋아했던 또 다른 기법이 있다. 그는 빛보다 빠른 것은 없다는 이론을 설명하기 위해 이렇게 말했다.

"우주에서 빛의 속도로 차를 운전한다고 상상해 보자. 이때 헤드라이트를 켜면 어떤 일이 일어날까?"

이것은 '상상'이라는 터보엔진이 달린 은유라고 보면 된다. 아인슈타인은 어려운 개념을 모든 청중이 이해할 수 있고 기억할 수 있는 수준으로 만들었다. '상상 기법'은 듣는 사람의 머리를 자극할 수 있는 또 다른 방법이다. 상상은 듣는 사람을 '그림' 속으로 이끌고 간다. 나는 이 '그림'을 '상상의 시나리오' 또는 '살아 있는 사례'라고 부른다. '상상의 시나리오'를 이용할 수 있는 방법은 무수히 많은데 그중 몇 가지를 살펴보자 :

- [만약 우리가 X를 한다면 얻게 될 긍정적인 결과의 개요]를 상상해 보자.
- [만약 우리가 X를 한다면 얻게 될 부정적인 결과의 개요]를 상상해 보자.
- [문제가 해결된 상황]을 상상해 보자.
- [좋은/나쁜 느낌들을 경험하는 경우]를 상상해 보자.

사람들을 '상상의 시나리오' 속으로 끌어들이면 그냥 그 상황을 관찰하는 것이 아니라 직접 경험하는 것처럼 느끼게 만들 수 있다. 그래서 광고를 만들 때 항상 상상 기법이 사용된다. 그런데 상상 기법을 잘못 사용한 광고에서도 배울 게 있다. 무턱대고 '상상해 보자'라는 말만 쓴다고 해서 되는 게 아니다. 듣는 사람이 상상할 수 있도록 상황을 만들어 줘야 한다는 것을 명심하자. 그러니까 "더 많은 시간 여유가 생긴다고 상상해 보자"라고만 말하는 대신 이렇게 말하는 게 더 낫다.

"매일 한 시간의 여유시간이 생긴다면 무엇을 할 수 있는지 상상해 보자. 소설을 쓸 수도 있고, 골프를 칠 수도 있고, 바쁘게 서두르는 대신 좀 더 여유로워질 수도 있다."

상상할 수 있는 이미지를 언급한 것이 보이는가? 또 다른 예를 살펴보자. "겨우 분당 35센트의 요금으로 미국으로 국제전화를 걸 수 있다고 상상해 보자"라고 하는 대신 이렇게 말한다.

"가족과 더 자주 이야기할 수 있다고 상상해 보자. 전화요금 고지서를 확인해 보니 미국에 사는 친구와 전화한 요금과 옆집 사는 친구와 전화한 요금이 얼마 차이 나지 않는다고 상상해 보자."

"브로드밴드 인터넷의 속도를 상상해 보자"라고 하는 대신 이렇게 말하자.

"컴퓨터 앞에 앉아 클릭하는 순간 방대한 양의 서류를 다운로드 받을 수 있다고 상상해 보자. 아무리 많은 서류도 기다릴 필요 없이……."

이해하겠는가? 다행이다. 즐겁게 계속 상상해 보자.

2 | 청중과 교감하는 법

이야기는 청중과 교감할 수 있는 아주 좋은 방법이다. 스토리텔링 기술을 기를 수 있는 좋은 방법은 간단한 사례를 들면서 시작한 다음, 메모리 후크들을 더하고 마지막에 '이야기'의 생생한 요소들을 전하는 것이다.

A. 사례 들기

언어는 원래 모호한 것이며 단어의 뜻은 문맥에 따라 달라질 수 있다. 그래서 구체적인 사례를 들면 여러분이 말하고자 하는 바를 분명하게 만들수 있다. 모호한 것을 구체적으로 전환시켜 주는 것이다. 또한 사례 들기는 듣는 사람들이 자신들의 관점에서 문제를 바라볼 수 있도록 도와준다. 대부분의 프레젠테이션들이 정보는 많은데 비해 사례는 너무 적다.

자신만의 사례를 만드는 간단한 방법이 있다. 듣는 사람이 여러분에게 이렇게 말을 한다고 상상하는 것이다. "실제 사례를 들어 주세요." "그게 어떻게 작동하는지 예를 들어 주세요." "내 역할이 어떻게 영향을 미치는지 설명해 주십시오." "그 문제에 대한 사례를 말해 주세요." "어떤 이점이 있는지 사례를 들어 말해 주십시오." 등등.

추천 : '사회적 검증'이라고도 불리는 추천은 다른 사람의 목소리로 말하는 사례가 될 수 있다. 추천은 강한 설득력을 가질 수 있다. 타인의 추천 사례를 읽거나 다른 사람이 사례를 이야기하는 동영상을 사용하는 방법도 있다.

B. 메모리 후크

생생한 사례들은 '메모리 후크(memory hooks)'가 있는 경우가 대부분이다. 메모리 후크란 무엇인가? 듣는 사람의 머리를 부드러운 벽이라고 가정해 보자. 평범한 단어와 아이디어는 머리에 닿아도 그냥 미끄러져 떨어진다. 하지만 메모리 후크는 청중의 머리에 이미 있는 무언가에 걸린다. 그래서 갈고리처럼 청중의 의식 깊숙한 곳에 있는 기억을 끌어낸다. 메모리 후크는 누구나 연관 지어 생각할 수 있는 친숙한 장소나 상황을 떠오르게 한다. 다음과 같은 식으로 말이다.

- 평범한 일상의 경험(학교, 결혼, 여름휴가 등)
- 인간관계(어머니, 아버지, 형제, 단짝 친구, 상사 등)
- 영화, 텔레비전, 음악 및 다른 여러 대중문화
- 유명인, 유명한 행사나 사건
- 장소(프레젠테이션이 열리는 도시, 익숙한 이정표)
- 브랜드명('과자 부스러기를 청소하려고 다이슨을 들었다.')

이 정도면 이해했을 것이다. 메모리 후크는 물리적인 움직임으로 표현될 수도 있다. 예를 들어, '평범한 일상의 경험'의 경우, 휴대전화를 찾느라 가방 속을 뒤진다거나, 인터넷 속도가 느려서 답답한 마음에 마우스를 계속 클릭하는 모습을 행동으로 표현하면 그것도 메모리 후크가 될 수 있다. 이런 식으로 청중과 교감하면 청중은 여러분이 하는 이야기를 더욱 친숙하게 느끼게 되고 공감하기도 쉽다.

가수 폴 켈리(Paul Kelly)의 1987년 곡 '그녀 문으로(To her door)'는 메모리 후크가 가득하다. 메모리 후크뿐이라고 해도 과언이 아니다. 이 노래 가사는 178개의 영단어로 생생한 그림처럼 설득력 있는 이야기를 만들었다. 노래 가사는 다음과 같다. 메모리 후크는 밑줄 글씨로 표시했다.

두 사람은 일찍 결혼했네, 돈 한 푼 없으면서.

그가 해고당하자 둘은 내리막길로 들어섰지.

그는 술을 마시기 시작했고 둘은 싸움을 시작했어.

그는 좌절했고 그녀는 두 아이를 데리고 떠났어.

그녀가 말했지. "난 그이가 서서히 죽어가는 걸 지켜볼 수 없어.

그래서 문을 걸어 나왔지."

그녀가 말했지. "꺼져, 잭, 나는 문을 나설 거야."

그녀는 오빠 집으로 갔고, 술집에서 일을 시작했지.

그는 버터리[재활 치료소]에서 일 년을 지냈네.

그리고 편지를 썼지, "당신을 보고 싶어."

그녀는 그가 좋아진 줄 알고 그에게 차비를 보냈네.

그는 쏟아지는 빗속에 사탕수수밭을 지나왔지.

올림픽[버스]을 타고 그녀 문으로.

그는 일요일에 왔어, 온몸이 아픈데도.

얻어맞은 사람처럼 천천히 걸어왔지.

그들에게 미래가 있었을까? 그가 자기 아이들은 알아볼까?

그가 가족을 위한 미래를 만들 수 있을까?

그는 의자에 앉아 몸을 떨며 거리를 지나갔네.

은색 지붕[택시] 안에서 그녀 문으로.

* 작곡 : 폴 켈리(Kelly), 폴 모리스(Paul Maurice), '그녀 문으로' 가사

ⓒSony/ATV Music Publishing LLC, Warner/Chappell Music, Inc.

다음에 사례를 만들 때는 사례에 생명력을 불어넣을 수 있는 메모리 후크가 포함되어 있는지 살펴보자.

C. 이야기 구성요소

말솜씨가 형편없는 사람의 이야기를 들어본 적 있는가? 정말 괴롭다. 재미없는 이야기는 대개 '그래서', '그래서', '그래서'로 사실만 나열한다. 재미있게 이야기하는 제일 간단한 방법은 핵심을 강조하는 것이다. 물론 그밖에도 좋은 방법들이 많이 있다.

생생한 이야기를 위한 구성요소 Top3

미리 정해진 구조의 이야기는 너무 딱딱하게 들릴 수 있다. 해결책은? 좋은 스토리텔링의 구성요소를 익혀서 자신의 필요에 맞는 생생한 이야기를 만드는 것이다. 다음은 설득력 있는 이야기를 위한 세 가지 구성요소다.

① 상황을 설정한다

상황을 소개하고 장면을 묘사한다. 예를 들어, 행사가 어디서 벌어졌는가? 중심 이야기와 관련된 뒷이야기가 있는가? 그런 이야기로 상황을 설정하자. 그 다음에는 등장인물들을 더한다(그들의 특징을 조금 과장해도 괜찮다). 예를 들면 이런 식이다 :

'바로 이 방에서 일어난 일이에요! 일곱 사람이 둘러앉아 있는 이사회 탁자에서 최고 경영자가 마호가니 탁자 너머로 화가 나서 고래고래 소리를 질러대고 있었죠. 그리고 영업팀 책임자는 자기 자리를 지키려고 얼굴이 벌겋게 달아오른 채로⋯⋯.'

② 등장인물을 묘사한다

등장인물들을 생생하게 만들면 이야기에 생동감을 더할 수 있다. 여러분 이야기에 나오는 등장인물에 대해 어떤 설명을 할 수 있을까? 이름? 역할? 성격? 수줍음을 많이 타는지, 말이 많은지, 멍청한지, 지나치게 옆에 바짝 붙어 이야기하는 스타일인지, 상냥하게 말하는 편인지 등등. 듣는 사람들은 잘 묘사된 등장인물에게 감정을 이입한다. 특별히 자세하게 설명할 필요도 없다. 다음의 한 줄만 봐도 인물에 대해 꽤 많이 알 수 있을 것 같지 않은가?

'우리 아버지는 목소리가 너무 커서 거리 저 끝에서도 노랫소리가 다 들릴 정도였다.'

나는 커뮤니케이션에 대한 강연을 할 때 우리 부모님 이야기로 시작할 때가 종종 있다.

'저희 부모님은 제가 어렸을 때부터 저를 혼란스럽게 하셨습니다. 제가 질문을 하면 어머니는 한 번도 자세하게 설명해 주신 적이 없는 반면에 아버지는 필요 이상으로 많이 설명을 해 주셨죠. 어머니는 지나치게 단순하게 말씀하셔서 제가 아무것도 배울 수 없었고, 반대로 아버지는 너무 많은 것을 알려 주셔서 저를 지치게 만드시는 바람에(심지어는 담뱃갑 뒷면에 도표를 그리면서 설명해 주신 적도 있습니다) 더 이상 아무것도 묻고 싶지 않을 정도였죠.'

여기까지 말하고 나면 듣는 사람들은 각 등장인물이 상황 속에서 어떻게 행동하고 반응하는지에 관심을 갖고 내 이야기에 계속 귀를 기울이게 된다. 등장인물들에게 어떤 일이 일어나는지 궁금해하고, 그들에게 감정을 이입하게 되는 것이다.

등장인물을 잘 활용할 수 있는 또 다른 방법으로 외모나 성격에 대해 자세하고 구체적으로 묘사하는 것을 들 수 있다. 예를 들면 다음과 같은 식이다.

'랠프는 인생의 무게를 어깨에 짊어진 것처럼 늘 구부정한 자세였습니다.'

'스무글(Smoogle)의 창업자는 일하는 내내 윗호주머니에 작은 수첩과 펜을 가지고 다녔습니다. 그는 좋은 생각이 떠오르면 모두 기록했고, 쓸모 있는 아이디어는 하나도 함부로 버리지 않았습니다.'

'우리 영업팀장은 한시도 가만히 있지 않습니다. 언제나 손에 크리켓 공이든, 펜이든 뭔가 들고 있고, 쉴 새 없이 손가락을 까딱거리죠.'

조금 친숙해진 이런 등장인물들이 이야기 속에서 어떤 일을 겪게 될지 궁금하지 않은가?

③ 드라마를 극적으로 끌고 간다

내 아들이 여섯 살 때 학교에서 집으로 돌아와 자랑스럽게 말했다. "오늘 내 이야기를 만들었어." 내가 이야기에 대해 물어보기 시작하자 아들은 신이 나서 방방 뛰어다니며 이렇게 말했다. "그리고 아빠, 이야기는 문제가 있고 해결책이 있어야 돼." 그래서 내가 말했다. "멋진데. 어떤 이야기야?"

"내가 연을 날렸어."

"문제는 뭐야?" 내가 물었다.

"줄이 끊어졌어."

"저런. 그래서 그 다음에는 어떻게 됐어?"

"어떤 아저씨가 와서 고쳐 줬어. 끝!"

나는 너무 간단한 이야기에 속으로 웃음이 터졌는데, 시간이 지나서야 나는 이 연 이야기가 많은 강연가들이 여전히 모르는 중요한 교훈을 아들에게 가르쳐 주었다는 것을 깨달았다. 바로 드라마, 그러니까 극적인 사건이다. 여러분의 이야기에는 드라마가 있는가?

스스로에게 물어보자. 중요한 사건은 무엇인가? 위험 요소는 무엇인가? 갈등이 있고 해결 방법이 있는가? 마감에 쫓기는가? 여러분의 계획을 위험에 빠뜨릴 전환점이 있는가? 드라마는 다음과 같은 영역에서 나온다.

사건 : 여러분의 이야기에서 극적인 사건은 무엇인가? 세부 사항들과 중요하고 극적인 사건을 구분하자. 신데렐라가 요정을 만나고, 자정에 마차가 다시 호박으로 변하고, 신데렐라 발에 구두가 꼭 맞는 것을 왕자가 보는 것 모두가 극적인 사건이다. 신데렐라가 집안 청소를 하는 것은 극적인 사선이 아니다.

장애물 : 여러분(혹은 여러분 이야기 속의 등장인물)이 목적을 이루려고 할 때 방해가 되는 장애물은 무엇인가?

위험성 : 위험성이 높으면 긴장감이 높아진다. 여러분이 실패하면 어떤 나쁜 일이 일어나는가? 〈고스트버스터즈〉, 〈아마겟돈〉, 〈인디펜던스 데이〉 같은 영화들에서 '나쁜 일'은 지구가 파괴되는 것이다. 여러분의 프로젝트가 실패하면 어떤 나쁜 일이 일어날까?

카운트다운 : 사람들은 카운트다운이나 마감의 유혹을 거부하지 못한다. 카운트다운이나 마감은 마치 째깍거리는 시한폭탄 같다. 마감까지 며칠이나 남았나? 예를 들어, 레이싱 대회가 내일인데 주차장에 있던 차가 산산조각이 났다거나, 악당들이 뒤쫓아 와서 우리의 영웅들이 2분 안에 비행기에서 빠져나가야 한다는 등의 상황이 여기에 속한다.

갈등 : 팀원들 사이에 언쟁이 벌어지는가? 악당이 등장하는가? (경찰서장이 건달 같은 형사에게 말한다. "시장님께서 직접 전화하셔서 자네가 이번 사건에서 손 떼게 하라고 명령하셨네, 내 말 안 들을 작정이면 자네 형사 배지 반납해!") 내부 갈등 역시 흥미를 유발한다. 스스로를 믿지 못하는 것도 갈등이다. 포기할 작정인가? 반대 세력한테 두들겨 맞은 기분인가? 성공할 능력이 자신에게 없어서 걱정인가? 기억하자, '가장 개인적인 것이 가장 보편적인 것이

다' 여러분의 의문과 걱정을 청중과 함께 나누자.

터닝 포인트 : 터닝 포인트, 즉 전환점에서 이야기는 새로운 방향으로 나아간다. 등장인물이 깨달음을 얻거나 어려운 결정을 내릴 수도 있다. 정말 필요한 정보를 얻거나 새로운 목표를 세울 수도 있다. 터닝 포인트는 이런 표현과 함께 한다. "… 그리고 바로 그 순간 나는 깨달았다…" 또는 "… 그러다 돌파구가 나타나서…" 그렇다면 여러분은 무엇을 깨달았는가? 여러분의 이야기에서 무엇이 돌파구가 되었나?

클라이맥스 : 장애물, 위험성, 긴장감, 카운트다운, 갈등 그리고 터닝 포인트까지, 이 모든 것이 모여 클라이맥스가 된다. 클라이맥스는 여러분 이야기의 흥미로운 결말이다.

이 정도면 설득력 있는 이야기의 세 가지 중요 요소가 뭔지 감이 잡힐 것이다.

1. 상황 설정

2. 등장인물 묘사

3. 드라마를 더하기

강연이나 프레젠테이션의 좋은 점은 이 세 가지 요소를 모두 더해서 두 시간짜리 영화나 4백 쪽짜리 소설을 만들지 않아도 된다는 것이다. 여러분이 만들어야 할 '이야기'는 위의 요소들 중 한두 개 정도만 이용해도 되는 간단한 상황이다. 위에서 살펴본 요소들을 전부 다 집어넣지 않아도 된다.

예를 들어, 이 책 앞에 나온 내 '스케이트보드장 이야기'는 다음과 같은 요소들을 이용했다. 등장인물들 (나, 스케이트 타는 15살짜리 아이들, 그중 누군가의 엄마, 간호사), 위험한 사건 두 개 (스케이트 경사로에서 넘어진 일, 병원에서 주체 못 할 정도로 몸이 떨린 일), 그리고 깨달음 하나 (생각하는 능력과 신체 증상은 서로 별개의 것이다), 끝.

여러분의 상황에 맞는 이야기 구성 요소들을 선택한 다음, 이것들을 벽돌처럼 쌓아서 이야기를 만들자. 최고의 이야기 구성 요소들은 여러분이 할당받은 시간에 딱 맞도록 이야기를 짧게 또는 길게 만드는 데에 큰 도움이 될 것이다.

어떻게 이야기할 것인가

최고한테서 배우고 싶다면, 스탠딩 코미디언들을 관찰하자. 그들은 위대한 이야기꾼들이다. 짧은 시간 안에 상황을 설정하고, 등장인물들을 소개하고, 생생한 드라마를 이어가다가 터닝 포인트나 결정적인 대목으로 관객을 웃긴다. 걱정할 것 없다, 여러분에게 진짜 코미디언들처럼 웃기라는 말은 아니니까. 하지만 그들이 하는 것만큼 스스로의 이야기에 집중하는 것은 꼭 필요하다.

자신이 이야기 속의 등장인물을 연기할 수 있는지 보자. 목소리, 스타일 또는 몸동작을 흉내 낼 수 있는가? 배우나 원래 성격과 달리 외향적인 사람이 되라는 말은 아니다. 등장인물의 특징만 표현할 수 있으면 된다.

예를 들어, 여러분은 마케팅 부서에 속해 있고 목표 고객층에 대해 이야기하는 중이다. 목표 고객층은 28세에서 32세 사이의 전문직 종사 여성으로 자신의 차에서만 라디오를 듣는다. 그러면 목표 고객층에 대해서 이야기할 때는 그런 여성처럼 말한다. '대프니'라고 이름도 지어 주고 이렇게 말하자. "제가 대프니라고 상상하고…" 그리고 운전대를 잡고 자동차의 라디오 볼륨을 조정하는 동작을 취하자. 판토마임처럼 과장되게 행동해서는 안 된다. 정말로 운전을 할 때 운전대를 잡는 것처럼 행동하자.

핵심 포인트 | 모든 이야기 구성 요소가 훌륭하지 않아도 괜찮다. 하지만 결말은 청중이 보기에 만족스러워야 한다. 그리고 대개의 경우, 이 결말이 청중이 기억해야 할 포인트다.

3 | 청중의 머리를 활성화시키는 법

이제부터는 청중의 머리를 활성화시키는 몇 가지 간단한 방법들을 살펴보자.

A. 대조

하워드 휴즈(Howard Hughes)는 19살의 나이에 막대한 유산을 물려받아 할리우드로 가서 영화 제작자로 이름을 날렸다. 그는 1930년, 직접 제작과 감독을 맡아 최초로 대규모 제작비가 투입된 액션 영화로 꼽히는 〈지옥의 천사들(Hell's Angels)〉을 만들었다. 이 영화는 1차 세계대전 당시 활약한 전투 조종사들에 대한 것으로, 그때까지 만들어진 영화들 중에 가장 멋진 공중전 장면을 보여 준다.

그런데 영화를 제작하던 하워드 휴즈한테 문제가 하나 생겼다. 비행기들은 위험할 정도로 빨리 날아다니는데 배경에는 하늘 말고 아무것도 보이지 않아서 비행기가 전혀 빨라 보이지 않았다. 대조할 게 없으니 비행기가 얼마나 빠른지를 알아보는 게 불가능했던 것이다.

하워드 휴즈는 배경에 구름이 필요하다는 것을 깨달았다. 하지만 불행히도 그 당시에는 지금처럼 CG로 구름을 그려 넣는 것이 불가능했다. 그래서 그는 구름을 기다렸다가 전체 비행 화면을 다시 촬영하기로 결정했다. 그런데 할리우드 일대의 날씨가 너무 좋아서 구름을 찾기가 어려웠다! 그는 기상학자를 정식으로 고용해서 어디에 구름이 있을지 예측하고 촬영 스태프들이 그 장소로 가서 영화를 촬영할 수 있도록 알려 주는 임무를 맡겼다. 구름을 기다리는 데 너무 긴 시간이 소요되었고, 그 때문에 영화 제작비는 예산을 훌쩍 넘어섰지만 그의 방법은 성공적이었다. 대조를 통해 관객은 전투기의 속도를 실감할 수 있었다. 배경의 구름이 없었다면 비행기가 정말로 그렇게 빠르다는 것을 알아보지 못했을 것이다. 영화는 엄청난 인기를 끌었고 제작비가 예산을 초과해 3백8십만 달러나 들었지만(그때까지 제작된 영화 중에 가장 비싼 영화였다) 결국 큰돈을 벌어들였다.

이 세상은 반대되는 힘으로 가득하다. 빛/어둠, 뜨거움/차가움, 남자/여자, 검정/하양, 삶/죽음, 위/아래. 그러고 보면 세상의 모든 힘은 우리가 이 세상을 이해할 수 있도록 반대되는 힘을 가지고 있는 것 같다. 인간의 머리는 대조에 자극받아 활성화된다. 또한 대조는 한 가지 주장의 양면을 모두 강조해서 머리가 쉽게 기억하고 다시 떠올릴 수 있도록 도와준다. 대조는 활용하기 쉬운 기법이다. 가장 간단한 방법은 '아니다'라고 말하는 것이다. 예를 들면 이런 식이다.

> "이 제품은 X에는 취약하지만, 만약 여러분이 Y를 원하신다면 이 제품이 최적입니다."
> "본 제품은 A는 하지 못합니다. 그렇지만 우리에게 B를 안겨 줄 것입니다."
> "시장에서 제일 싼 제품을 원하신다면 제품 X는 잊어버리십시오. 그렇지만 최고의 제품을 원하신다면 X가 답입니다."

대조를 하면 여러분의 아이디어가 배경에서 도드라져 보이게 할 수 있다. 그리고 단순히 장점들을 나열하는 것보다 훨씬 더 강한 인상을 심어 줄 수 있다.

대조의 언어

여러분의 회사가 나아갈 새로운 방향에 대해 프레젠테이션을 한다고 상상해 보자. 이럴 때는 그냥 '본 전략은 우리 목표를 이룰 수 있는 올바른 방향으로 우리를 이끌어 줄 것입니다'라고 밋밋하게 말하는 대신 이렇게 말하자.

"우리가 계속 지금처럼 한다면 X라는 결과에 도달하고 말 것입니다[안 좋은 결과]. 하지만 새로운 전략을 추진한다면 우리는 Y라는 결과를 얻게 될 것입니다[좋은 결과]."

대조의 언어에 대한 또 다른 예를 살펴보자. "판매 실적이 1백3십만 달러입니다." 이렇게 말하는 대신 대조를 이룰 수 있도록 과거의 실적을 함께 말하자. 이런 식으로 말이다.

"2년 전만 해도 판매 실적이 4십만 달러였습니다. 그런데 현재는 1백3십만 달러입니다."

양손을 이용해서 대조를 더 분명하게 표현할 수도 있다. 왼손을 내밀면서 '과거에는…'이라고 말한 다음 오른손을 내밀면서 '하지만 현재는…'이라고 말하는 것이다.

앞에서도 말했지만, 전문적인 배우처럼 연기를 하거나 과장된 행동을 할 필요는 없다. 책상에 앉아 앞에 앉은 사람에게 설명한다고 생각하는 것이 더 편하게 느껴지면 그렇게 상상해도 좋다. 이런 기법들은 일상의 대화에서도 적용이 가능하다.

B. 변화

목소리가 크든 작든, 말이 빠르든 느리든, 여러분의 스타일에 상관없이,

처음부터 끝까지 변화가 없다면 듣는 사람들은 지루해지기 쉽다. 그래서 변화가 필요하다. 이미 청크 구조를 통해 약간의 변화는 적용했다. 아주 좋은 출발이다. 각각의 청크를 시작하고 끝내면서 조금씩 변화를 주었다. 그렇지만 실전에서 청중이 지루하지 않게 변화를 줄 수 있는 방법은 그것 말고도 많이 있다.

움직임 : 여러분이 무대의 다른 쪽으로 걸어가면 청중의 눈도 여러분을 따라 움직이게 된다. 이것도 변화다. 아니면 강조해야 할 부분에서 두 손을 사용하는 것도 변화를 주는 좋은 방법이다.

상호작용 : 청중을 참여시킨다. 청중을 상대로 앞에서 설명한 '메시지 공' 던지기를 하거나 배포한 프린트물의 페이지를 넘기도록 하는 것도 상호작용에 포함된다. 청중에게 질문을 하는 것도 좋은 방법이다. 수사적 질문도 괜찮고 정말로 청중의 답변을 유도하는 질문도 괜찮다.

속도 : 말의 속도를 조절해 보자. 강연이나 프레젠테이션을 할 때 대부분의 사람들이 필요 이상으로 말을 빨리 한다. 의식적으로 말을 느리게 하는 것부터 시작해 보자. 그렇지만 여기서 중요한 것은 변화다. 한참 동안 말을 멈추는 것이 강한 인상을 줄 수도 있다.

목소리 크기 : 여러분의 목소리 크기를 1부터 10까지 조절하는 버튼이 있다고 상상해 보자. 각자 편안하게 느끼는 목소리 크기 영역이 있을 것이다 (대개는 이 영역이 좁다). 이 영역을 이용해 보자. 강연이나 프레젠테이션을 할 때 전체의 10퍼센트 정도 분량은 편안하게 느끼는 목소리 크기와 반대되는 크기로 해보자. 강조해야 할 때 하면 좋겠다. 이렇게 하다보면 편안

하게 말할 수 있는 목소리 크기 영역을 금방 넓힐 수 있다.

가진 힘의 절반만 써라

과거에 나는 '엄청 열심히 하는 사람'이었다. 알렉산더 테크닉 코치가 중요한 수업을 가르칠 때 나를 자극하려고 놀리듯 그렇게 불렀다. "당신이 바로 그 '엄청 열심히 하는 사람'이에요, 캠." 여자 코치는 약 올리는 듯한 투로 말했다. 그녀가 가르치려던 수업이 무엇이었냐고? 무의미한 노력에 대한 것이었다. 나는 청중한테 말을 할 때 인상적으로 보이고 또 말을 잘하려고 너무 애를 쓰느라 성대가 지쳐 버렸다.

그런데 '알렉산더 테크닉(Alexander Technique) 코치'가 무엇을 하는 사람인지 궁금한가? 퍼포먼스 향상을 위한 '신체 의식(body awareness)'을 교육하는 사람을 말한다. 알렉산더 건강법은 '자신'을 보다 효과적으로 이용하는 것을 목표로 한다. 적은 노력으로 몸을 사용하는 법을 가르치는 알렉산더 건강법은 많은 무용수들, 가수들, 음악가들, 배우들 그리고 운동선수들에게 도움을 주었다.

내가 알렉산더 건강법 코치에게 일주일에 두 번 강습을 받게 된 것은 무대에 올라가면 목소리가 잘 나오지 않아서였다. 그 당시는 정말 괴롭고, 힘들었다. 전문 강사와 강연 트레이너라는 직업이 나에게 맞지 않는다는 회의까지 들었다. 나를 가르치던 알렉산더 건강법 코치는 인간의 목소리는 제대로만 사용한다면 '지쳐 버리지' 않는다고 설명했다. 뿐만 아니라 잘하려고 지나치게 애쓰지 않고 느긋하게 말하면 훨씬 더 효율적으로 청중을 사로잡을 수도 있다고 설명했다.

자신을 하얗게 불태울 필요가 없다

처음에는 이 말을 받아들이기 힘들었다. 풋볼을 했던 나는 150퍼센트 노력과 200퍼센트 헌신이 필요하다고 배웠다. 경기가 끝났을 때 아무것도 남아 있지 않아야 한다고 배웠다. 고통 없이는 아무것도 얻을 수 없다고. 그래서 나는 중요한 강연을 할 때는 지칠 때까지 나 자신을 몰아붙이는 게 당연하다고 생각했다.

맨 처음으로 '힘들이지 않고' 강연을 하려고 시도했을 때는 제대로 한다는 느낌이 들지 않았다. 내가 될 대로 되라는 식으로 강연을 한다고 청중이 생각할 것만 같았다. 그래서 강연 내내 있는 힘껏 목소리를 높이는 버릇이 계속 다시 나타났다. 이 버릇에서 빠져나갈 수 있었던 것은 무대에서 속삭이는 법을 배우고 나서다. 알렉산더 건강법 코치가 이렇게 말했다. '지금부터 중요한 포인트를 말할 때마다 속삭이세요.'

정말로 옆 사람에게 속삭여 말할 때처럼 작은 소리로 말하는 것은 아니지만, 가장 큰 목소리를 10이라고 할 때 9 정도였던 목소리 크기를 4로 줄였다. 이 기법은 목소리 변화에 대해 인지하게 해 주었고, 나는 오랜 세월에 걸쳐 목소리 변화에 대한 인지력을 기르게 되었다. 내가 강연을 하면서 자신을 얼마나 힘들게 몰아붙였는지 돌이켜 생각해 보면 기가 막힐 정도다. 이제 나는 강연을 할 때 온몸을 긴장해서 200퍼센트 노력을 쏟아부을 필요가 없다는 것을 알게 되었다. 제다이의 스승 요다가 루크 스카이워커에게 한 유명한 말이 있다. "하든지 하지 않든지 둘 중 하나만 해야지, 애만 쓰는 건 아무 소용없다."

속삭임 기법

속삭임 기법은 내 고객들 여럿에게도 잘 통했다. 예를 들어, 줄스 룬드는 힘이 넘치는 강연을 하지만 목소리 크기를 다양하게 표현하는 데에 어려움을 느꼈다. 목소리 크기 등급을 1부터 10으로 나눌 때 줄스 룬드는 대부분의 경우 9 아니면 10의 크기로 말했다. 그가 10초 정도 말하고 아름다운 경치로 화면이 바뀌거나, 지역주민과의 인터뷰가 이어지는 〈겟어웨이(Getaway)〉 같은 텔레비전 프로그램이라면 그런 식으로 말해도 괜찮다. 그런데 줄스 룬드는 라디오에서 진행되는 회담에서 60분짜리 프레젠테이션을 할 예정이었다. 최고치를 10이라고 할 때 9의 목소리 크기로 한 시간 내내 이야기를 했다면 줄스 룬드의 목소리만 지쳐 버리는 게 아니라 청중의 귀도 지쳐 버리고 말았을 것이다.

이번에도 속삭임 기법은 그가 강연을 할 때 목소리 크기를 좀 더 다양하게 조절할 수 있도록 도와주었다. 이 방법이 여러분 스타일에 맞다고 생각한다면 속삭임 기법을 한번 시도해 보기 바란다.

일시 정지의 힘

'외향적인 성격'의 강연가는 큰소리로 말하는 경향이 있다. 외향적인 강연가가 목소리 크기를 9에서 5로 낮추는 속삭임 기법을 사용하면 목소리 크기에 큰 변화를 줄 수 있다. 그렇지만 만약 여러분이 내성적인 성격이고 목소리 크기를 1부터 10으로 나눌 때 목소리 크기가 5밖에 안 되는 경우에는 어떻게 해야 할까? 목소리 크기에 변화를 주려고 소리를 질러야 할까?

그럴 필요는 없다. 이런 경우를 위해 '잠깐 쉬고' 기법이 있다.

잠깐 쉬고 기법은 강연가와 청중 모두에게 많은 이점이 있다. 청중에게는 여러분이 전달하는 아이디어들에 대해 혼자 생각하고 기억할 여유를 준다. 그리고 여러분에게는 숨쉬고, 생각을 정리해서 다시 말을 이어갈 수 있는 시간을 준다. 잠깐 쉬고 기법은 중요한 포인트를 강조할 때도 활용할 수 있다. 중요한 포인트가 강조되었다가 조용히 물러날 때까지 여유를 주기 때문이다. 여러분은 그저 3, 4초 동안 입만 다물고 있으면 된다. 그게 다다.

잠깐 쉬고 기법은 청크 구조에서도 찾아볼 수 있다. 하나의 청크가 끝나는 부분이 잠깐 쉬고 기법을 사용할 구간이니까 믿을 수 있는 친구처럼 청크 구조를 따라가면 된다. 강연이나 프레젠테이션 내용을 구간으로 나누어서 생각하면 각 구간을 소개하고 마무리할 때 자연스럽게 말을 잠시 멈추게 될 것이다.

C. 강조

강조는 변화와 비슷하지만 이 둘은 구분해서 볼 필요가 있다. 변화는 공간의 에너지를 변화시키는 일반적인 원칙인데 반해, 강조는 무엇을 강조해야 하는가를 파악하는 것이 필요하다. 무엇을 강조하고 싶은지 안다면 구조와 핵심 포인트에 따라 자연스럽게 강조를 이어갈 수 있다. '강조'를 할 수 있는 또 다른 방법으로는 다음과 같은 것들이 있다.

어휘 : 언어를 이용해서 중요한 아이디어를 강조한다. 예를 들어, 이런 말로 청중의 관심을 낚아챈다. "이건 꼭 메모해 두고 싶으실 텐데…" 또는 "다음은 여러분이 특히 더 관심을 가질 내용으로…" 또는 "그리고 이제부터 정말 중요한 요점을 말씀드릴 텐데…" 가끔 나는 정말 중요한 내용을 말한 다음에 '와우!'라고 소리 지르기도 한다.

자극적인 표현 : '기가 막힐 정도로' 위대한 스티브 잡스는 '세상을 뒤흔들, 시장을 바꿔 버릴, 입이 딱 벌어질 정도로 놀라운, 충격적인, 기가 막힐 정도로 위대한' 같은 표현을 자주 썼다. 나는 한 개의 문장 속에 '악마처럼 끔찍한'과 '도저히 믿어지지 않는' 이라는 강한 표현을 동시에 쓰는 강연가를 보고 감탄한 적이 있다. '이것은 악마처럼 끔찍한 문제입니다만, 현재의 해결책은 도저히 믿어지지 않는…' 이쯤 되면 청중은 그녀의 해결책에 귀를 기울일 수밖에 없다.

청크 : 무엇이든 그 시작과 끝은 사람들의 관심을 끌어모으기 마련이다. 청중은 딴생각을 하거나, 휴대전화를 보던 중이라도 여러분이 한 부분을 새로 시작하거나 끝낸다는 것을 표시하면 여러분에게 시선을 고정할 것이다. 이 기법은 놀라울 정도로 큰 힘을 발휘한다. 예를 들어, 이런 말로 한 부분의 시작을 알릴 수 있다. "자, 그럼 이제는 ○○로 넘어가 보겠습니다." "다음은 ○○를 보도록 하겠습니다." 아니면 "둘째로…" 정도도 괜찮다.

또는 한 부분을 끝낸다고 표시해도 청중의 관심을 끌어모을 수 있다. 예를 들면 이런 식이다. "여기서 핵심 포인트는…" "그래서 마무리를 하자면…""요약하자면…""그래서 이것이 여러분에게 어떤 의미인가 하면…" 등등.

설명을 잘하면 애쓰지 않아도 청중의 귀를 사로잡을 수 있다

앞에서 설명한 기법들이 성격이나 성향에 구애받지 않는다는 것을 눈치 챘는가? 이 기법들은 융통성 있고 선택의 자유가 있다. 여러분의 스타일에 기법을 맞출 수 있다. 특별한 보디랭귀지를 강요해서 여러분이 자신이 아닌 타인처럼 행동하도록 요구하지도 않는다. 그저 여러분의 아이디어와 정보에 생명력을 불어넣을 수 있도록 도와줄 뿐이다.

설명을 잘하면 아주 적은 노력으로도 프레젠테이션을 성공적으로 이끌 수 있다. 그리고 여러분과 청중 모두 프레젠테이션을 즐길 수 있다.

CHAPTER 19

시각적 설명의 기술

슬라이드, 파워포인트, 각종 프레젠테이션 소프트웨어들에 대해 이야기하기 전에 넓은 의미에서 시각적 지원을 받을 수 있는 수단에 대해 한번 생각해 보자. 여러분이 이런 수단을 사용하는 이유는 여러분이 전달하고자 하는 정보를 상대가 좀 더 쉽게 이해하게 만들기 위해서 또는 그 정보에 생명력을 불어넣기 위해서다.

나는 탁자에 둘러앉은 소규모 그룹을 대상으로 이야기를 할 때는 대개 노란색 메모패드와 펜을 사용한다. 핵심 단어들을 쓰고 비뚤비뚤한 다이어그램을 그린다. 그런 다음 메모지를 확 넘겨 또 단어를 쓰고 다이어그램을 그린다.

이렇게 메모노트와 펜을 쓰는 것은 프레젠테이션에서 한 장씩 넘기는 플립 차트(커다란 종이에 참석자들의 의견을 기록하면서 아이디어를 공유하는 도구-옮긴이)나 화이트보드를 쓰는 것과 같다고 볼 수 있다. 플립 차트는 편리한 도구인데 비해 사용빈도가 낮다. 플립 차트의 강점은 여러분이 말하는 대로 이미지를 만들 수 있다는 것이다.

슬라이딩 스케일

무작정 파워포인트 먼저 생각하지 말고 사람들이 여러분의 아이디어를 이해하는 데에 도움이 될 만한 시각 도구들을 생각해 보자. 예를 들어, 아주 좋은 시각 도구로 슬라이딩 스케일(sliding scale)을 들 수 있다. 슬라이드나 플립 차트에도 사용할 수 있고 두 팔을 들어 허공에 만들 수도 있다. 사람들은 세상을 온통 흑백논리로 보는 것 같다. 당신은 외향적인가 내성적인가? 진보인가 보수인가? 낙관론자인가 비관론자인가? 스피치가 두려운가 안 두려운가? 보디랭귀지와 언어 중에 무엇이 더 중요한가?

위의 질문들에 대해 정확한 답은 '상황에 따라서 달라진다'인 경우가 많다. 간단한 슬라이딩 스케일은 사람들이 경직된 사고와 생각의 한계에서 벗어날 수 있도록 도와준다. 그렇다면 슬라이딩 스케일이란 무엇인가? 간단히 설명하자면 극과 극을 보여 주는 선이라고 할 수 있다.

이런 단순한 다이어그램만으로도 사람들이 생각을 열고 하나의 이슈를 다른 시각에서 보도록 할 수 있다. 예를 들면 이런 식이다.

극단적으로 외향적이거나 극단적으로 내성적인 사람들도 있지만 위의 등급에서 중간에 더 가까운 사람들도 있다.

슬라이딩 스케일은 질문에 대답할 때 시각적 참고 자료 역할을 할 수도 있다. 예를 들어, 나는 아무리 훈련을 받아도 좋은 강연가가 될 '가망이 전혀 없는 경우'도 있느냐는 질문을 받을 때가 종종 있다. 이런 질문에 나는 항상 슬라이딩 스케일을 이용해 대답한다.

나는 현재는 형편없어도 메시지와 구조의 도움으로 '대단하다'에 가까워질 수 있다는 점을 지적한다. 완벽하게 대단한 수준에 도달하지는 못하더라도, '형편없다'라는 말을 들을 정도의 수준보다는 훨씬 더 분명하고 기억에 남을 강연을 하는 수준까지는 올라갈 수 있다.

2×2 그리드

2×2 그리드(옆으로 두 칸, 밑으로 두 줄짜리 격자무늬 – 옮긴이)는 아이디어 전달을 위한 시각 모델의 한 종류다. 예를 들어, 1997년 스티브 잡스가 애플로 복귀했을 때, 애플은 부도 30일 전이었다. 잡스는 화이트보드에 대충 그린 간단한 사분면으로 회사가 다시 집중하도록 만들었다.

당시, 애플은 매킨토시의 다른 버전을 십여 개나 생산 중이었다. 2~3주 동안 제품 검토 회의를 거친 스티브 잡스는 더 이상은 안 된다고 결론 내렸다. 그렇게 선택 범위가 넓으면 제한된 자원을 분산하게 되고 커뮤니케이션 문제도 생길 것이라고 그는 생각했다. 그는 팀원들에게 물었다. "4400 모델이 있는데 누가 3400을 사겠습니까? 7300 모델이 있는데 6500 모델로 업그레이드하는 사람이 누가 있겠습니까? 대체 내 친구들한테 어떤 매킨토시를 추천해야 하는 겁니까?"

스티브 잡스는 애플의 전문가들도 이렇게 선택이 어려운데 하물며 일반 소비자들은 오죽할까, 라는 생각을 하게 되었다. 그래서 그는 회의 중에 토론을 중단하고 마커펜을 집어 들고 2×2 그리드를 그렸다. "우리한테 필요한 건 이겁니다." 그가 말했다.

그리고 세로줄 두 칸은 각각 '일반 소비자'와 '전문가'라고 이름 붙이고,

가로줄은 각각 '데스크톱'과 '노트북'이라고 이름 붙였다.

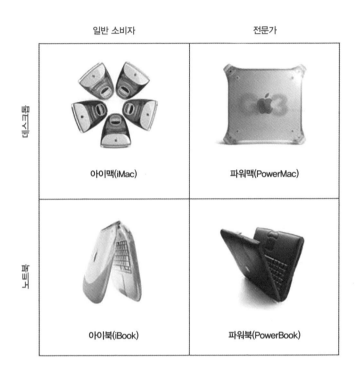

위의 사진에서 애플 컴퓨터는 데스크톱과 노트북의 두 가지 카테고리만 있다. 그리고 각각의 카테고리에는 일반 소비자용과 전문가용의 두 가지 카테고리만 있다. 그런데도 이 시각 모델은 모든 소비자를 대상으로 한다.

스티브 잡스는 팀원들에게 각 칸에 한 개씩, 모두 네 개의 위대한 제품을 만들어 내라고 지시했다. 그리고 나머지 제품들은 모두 생산 중단하라고 말했다. 엄청난 변화에 충격을 받은 팀원들은 한동안 말을 잇지 못했다. 하지만 회사가 단 네 종류의 컴퓨터 생산에 집중하게 만들면서 스티브 잡스는 애플을 살려냈다. 1998년 스티브 잡스는 똑같은 2×2 그리드를 이용해 애플의 최신 제품을 세상에 소개했다.

시각 도구가 정말로 필요한가?

물론 시각 도구를 전혀 사용하지 않아도 괜찮다(몇 쪽 뒤에서 시각 도구를 전혀 사용하지 않은 짐 콜린스의 강연에 대해 살펴볼 예정이다). 하지만 만약 사용한다면, 청중의 관심을 사로잡을 수 있는 시각 도구가 다양하다는 사실 — 플립 차트든, 슬라이드든, 아니면 두 손으로 허공에 다이어그램을 그리든 — 을 기억하기 바란다.

시각 지원 도구의 종류가 다양하지만 내가 이와 관련해서 가장 많이 듣는 질문은 슬라이드에 관해서다. 그래서 여기서는 프레젠테이션 소프트웨어의 활용도를 높일 수 있는 네 가지 원칙을 살펴보려고 한다.

원칙 1 : 프레젠테이션 소프트웨어는 자신이 선택하라

프레젠테이션 소프트웨어가 다양하지만, 파워포인트든, 애플의 키노트 (Keynote)든, 프레지(Prezi)든, 시각 지원 도구로 청중의 관심을 유도하는 원칙은 똑같다.

나는 현재는 키노트를 선호하지만 내 고객들은 앞에서 예로 든 세 가지를 모두 사용한다. 차이는 주로 크리에이션 툴에 있다. 일단 여러분이 무대에 오른 뒤에 필요한 프레젠테이션 소프트웨어의 기능은 하나의 이미지나 슬라이드에서 다음 것으로 넘어가는 것뿐이다. 따라서 가장 좋은 프레젠테이션 소프트웨어는 슬라이드나 이미지를 제작할 때 자신에게 편리한 것이다.

요즘 가장 널리 쓰이는 것은 프레지다. 청중의 입장에서는 줌 기능 때문에 프레지가 근본적으로 키노트 그리고 파워포인트와 다르다고 주장하는 사람들도 있다. 하지만 정말 근본적으로 다른가? 그것은 여러분의 목적에 달렸다.

프레지와 루시드차트

프레지는 클라우드를 기반으로 하는 프로그램으로, 기존의 슬라이드에서는 사용할 수 없다. 그리고 줌 유저 인터페이스 때문에 파워포인트나 키노트보다 훨씬 역동적이라는 평가를 받는다.

그러면 줌 유저 인터페이스란 무엇인가?

프레지를 사용하면 프레젠테이션 내용이 슬라이드가 아닌 버추얼 캔버스에 나타나고, 더 자세히 보이거나 덜 자세히 보이도록 하기 위해 특정 부분을 줌인 또는 줌아웃할 수 있다. 구글맵에서 줌인으로 거리를 보다가 줌아웃으로 도시 전체의 모습을 보는 것과 비슷한 방식이라고 보면 된다.

이 때문에 슬라이드들이 차례로 지나가는 것처럼 보이는 대신, 청중이 텍스트, 이미지, 동영상, 차트 등의 속으로 줌인해서 들어갔다가 줌아웃해서 나오는 것처럼 느낄 수 있다. 사실, 프레지는 이런 화면을 '슬라이드'라고 부르지 않고 '맵' 즉 '지도'라고 부르며, 프레젠테이션을 하면서

맵 속으로 줌인해 들어가거나 줌아웃해서 밖으로 나오면서 정보들 사이의 관계를 보여 주게 된다.

프레지는 디자인 도면을 줌인해서 방 안의 디자인을 자세히 볼 수 있고, 줌아웃하면 더 큰 그림을 볼 수 있는 프로그램을 원한 헝가리의 건축가가 개발했다. 그래서 프레지는 그런 시각적 목표는 훌륭하게 만족시킨다.

루시드차트(LucidChart)는 다른 종류의 프로그램이다. 온라인 플로차트와 다이어그램을 만드는 데에 유용하며, 프레지와 마찬가지로 버추얼 캔버스에 프레젠테이션 내용을 보여 준다. 루시드차트도 사용하기 편한 '프레젠테이션 모드'가 있어서 특정 영역을 줌인하거나 줌아웃할 수 있다.

그런데 설명한 것처럼 줌 기능은 애니메이션 효과일 뿐이다. 물론 그 자체로 문제가 있다는 뜻은 아니다. 사실 나도 플로차트 1단계에서 줌인해 들어간 다음 줌아웃해서 모든 단계를 다 보여 준 다음 다시 2단계로 줌인해 들어가는 식으로 프레지를 활용하는 것을 좋아한다. 그리고 만약 여러분이 마인드맵을 좋아한다면 프레지나 루시드차트 사용을 좋아하게 될 것이다. 이런 소프트웨어를 사용하면 텔레비전 서바이벌 오디션 프로그램이나 퀴즈쇼 같은 데서 카메라가 빠르게 참가자 얼굴을 줌인했다가 다시 줌아웃해서 전체 화면을 보여 주는 것처럼 역동적으로 시각 자료를 활용할 수 있다.

그런데 많은 사람들이 '이건 파워포인트가 아니야, 그러니까 〈파워포인트로 인해 죽다(death by PowerPoint : 파워포인트를 제대로 사용하지 못하면 청중의 공감을 얻지 못한다는 내용의 인기 강연 – 옮긴이)〉와 같은 실수는 피할 수 있겠지'라고 생각한다. 하지만 현실은 그렇게 만만치가 않다. 10년 전 프레젠테이션을 위해 플래시(FLASH) 애니메이터들을 고용한 회사들도 똑같은 희망을 가졌다. 메시지와 구조를 제대로 만들지 못하면 그 어떤 소프트웨어로도 프레젠테이션을 살릴 수 없다.

그리고 기억하자, 여러분이 바라는 건 동영상 자료가 멋지다는 칭찬이 아니다. 여러분이 원하는 건 청중이 여러분의 아이디어를 기억하고 그에 대해 이야기하는 것이다. 그래픽이나 프레젠테이션 소프트웨어는 여러분의 아이디어를 돋보이게 할 수 있는 각각의 기능을 고려해서 여러분이 직접 결정하라.

원칙 2 : 화면과의 관계를 바꿔라

조지 오웰의 소설 『1984』의 주인공 윈스턴 스미스(Winston Smith)는 모든 가정, 직장 그리고 공공장소에 설치된 거대한 텔레비전 화면이 정부 정책을 홍보하는 빅브라더의 세계에 살고 있다. 그 화면은 언제나 켜져 있다. 개인의 집에서조차 그 화면은 마음대로 끌 수 없다.

어느 날, 윈스턴 스미스는 정부 고위 관료들의 사무실에서 열리는 회의에 참석하게 되었다. 그런데 회의가 시작되자 관료 한 사람이 버튼을 눌러 대형 텔레비전 화면을 껐다. 윈스턴은 너무 놀라서 기절할 뻔했다. "그것을 끌 수 있었군요!" 그는 눈을 휘둥그렇게 뜨고 놀라서 말했다. 그의 얼굴에는 잔뜩 굶다가 먹을 것을 얻은 사람과 사슬에서 풀려난 노예의 표정이 겹쳐져 있었다.

소설의 이 장면이 비즈니스 프레젠테이션과 무슨 관계가 있을까? 스스로에게 물어보자. 프레젠터 뒤에 있는 프레젠테이션 스크린은 왜 항상 켜져 있어야 할까? 잠시 화면을 꺼두면 오히려 이미지가 더 강한 인상을 줄 수 있지 않을까?

답은 '그렇다'이다. '파워포인트로 인해 죽다'와 같은 상황이 벌어지는 근본적인 이유는 소프트웨어 때문이 아니라 그것을 사용하는 강연가 때문이다. 프레젠테이션을 만드는 것은 강연가다. 슬라이드는 보조 도구일 뿐이다.

그런데 프레젠테이션 소프트웨어가 주인공처럼 보이는 경우가 너무 많다. 심지어는 슬라이드 기계나 파워포인트용 파일을 '프레젠테이션'이라고 부르는 사람들도 있다. 혹시 여러분은 프레젠터가 스크린 옆에 가만히 서서 꿈쩍도 하지 않고 스크린의 글자만 줄줄 읽는 프레젠테이션을 본 적 있는가? 이런 모습을 보고 있으면 그 프레젠터는 스크린이 없으면 아무 말도 못 할 것 같다는 생각이 든다.

'B' 키

프레젠테이션 소프트웨어를 잘 다루려면 키보드의 'B' 키를 잘 다루면 된다. 'B'키는 스크린을 끄는 기능이 있다. 나는 이 'B' 키 기능을 아는 사람이 별로 없다는 사실이 늘 놀랍다. 비즈니스 관련 프레젠터들 중에 이 기능을 사용하는 사람은 10퍼센트 정도밖에 안 된다.

그런데 스크린을 껐다가 다시 슬라이드를 사용하려면 어떻게 해야 하는지 아는가? 그냥 'B'키를 다시 누르면 된다. 그리고 모든 리모컨이 이 기능을 가지고 있다. 이 간단한 기법이 프레젠테이션을 많은 면에서 개선

시켜 줄 수 있다. 다음은 B 키가 여러분에게 가져다 줄 이점들이다.

이점 1 : 파워포인트 사용에 대한 생각을 바꾼다

자신에게 스크린을 꺼버릴 수 있는 힘이 있다는 사실을 알고 나면 프레젠테이션 소프트웨어를 목발처럼 의지하려는 생각을 줄일 수 있다. 필요에 따라 간단히 스위치만 작동해서 슬라이드를 켜고 끌 수 있으면 마음가짐도 달라질 수 있다. 슬라이드를 켤 것인가 끌 것인가는 여러분이 선택할 수 있는 문제다.

이점 2 : 좀 더 창의적으로 생각할 수 있도록 도와준다

마음가짐이 완전히 바뀌면 스스로에게 이런 용감한 질문을 할 수 있다. '이 부분에서 슬라이드가 필요한가? 슬라이드가 청중의 이해를 도와줄 수 있을까? 아니면 슬라이드를 사용하지 말고 그냥 이야기만 해야 할까?'

슬라이드 대신 화이트보드나 플립차트에 주요 단어를 쓰거나 구불구불하게 다이어그램을 그리는 게 더 나을 때도 있다.

이점 3 : 여러분이 좀 더 인상적으로 보일 수 있다

대부분의 강연가들이 자신이 사용하는 기술에 대해 잘 모르는 것처럼 보인다. 'B' 키를 누르면 스크린을 마음대로 끄고 켤 수 있다는 사실을 알기만 하면 여러분은 프레젠테이션 관련 기술에 대한 자신감이 생기고 그런 모습을 통해 청중은 여러분에 대해 긍정적인 인상을 받게 된다.

이점 4 : 청중이 정보를 좀 더 쉽게 이해할 수 있도록 한다

스크린을 끄면 청중 스스로 정보를 받아들이는 구조를 만들도록 도와줄 수 있다. 청중은 슬라이드 스크린에 관심을 빼앗기지 않아서 프레젠테이션 자체에 계속 집중하기도 더 쉽다. 그리고 이야기와 사례들의 효과도 더 커지고, 관련된 사물, 제품, 프린트물을 보여 줄 때도 청중의 주목도를 더 높일 수 있다. 예를 들어, 슬라이드를 사용하다가 끈 다음 이렇게 말한다. "이 내용을 더 자세히 설명해 줄 수 있는 이야기를 하나 해드리겠습니다." 그리고 이야기를 끝마친 다음 다시 슬라이드를 켜고 계속 진행한다.

이점 5 : 강연 공간의 분위기를 바꾼다. 그것도 아주 극적으로

변화와 강조로 자극을 받은 청중은 집중도와 관심도가 계속 증가한다. 텔레비전을 계속 보다가 살짝 졸음이 올 때 누가 갑자기 텔레비전을 끄면 정신이 번쩍 든다. 마찬가지로 스크린을 갑자기 끄거나 켜면 청중은 무대로 관심을 집중하게 된다. 인간의 머리는 무언가의 시작과 끝을 쉽게 외면하지 못한다. 그래서 중요한 요점을 전달하려고 할 때 슬라이드를 끄거나 켜면 큰 효과를 볼 수 있다.

이점 6 : 융통성을 준다

주제나 계획된 내용에서 살짝 벗어나고 싶을 때 슬라이드를 끄면 청중의 관심을 놓치지 않은 채로 즉흥적인 토론을 이끌어갈 수 있다. 청중이 질문을 하면 슬라이드를 끄고 그 질문에 집중할 수 있다. 여러분이 질문을 한 사람에게 집중하는 사려 깊은 모습을 보여 주면 청중은 여러분을 더 친근하게 느끼게 된다.

이점 7 : 강한 인상을 남기며 끝맺을 수 있는 완벽한 방법이다

'B' 키를 누른다. 잠깐 쉬고. 그리고 마지막으로 메시지를 전달한다. 와우! 멋진 마무리다.

원칙 3 : 슬라이드를 디자인하라

잡지 광고가 아니라 대형 광고판처럼

좋은 시각 자료를 만들려면 잡지 광고가 아니라 대형 광고판처럼 보이도록 디자인해야 한다. 실외에 있는 대형 광고판은 멀리서 차를 타고 빠르게 지나가는 운전자들이 쉽고 빠르게 이해할 수 있어야 한다. 그래서 글자 수도 적고, 글자체도 큼직하고, 쉽게 눈에 띄도록 대비되는 색깔을 사용한다. 다른 말로 하자면, 대형 광고판은 다른 것에 집중하면서 그냥 곁눈질로 흘끗 보는 것이다. 프레젠테이션의 슬라이드도 마찬가지다.

그런데 잡지 광고는 그 자체를 집중해서 읽게 된다. 다른 사람이 옆에서 설명해 줄 필요도 없다. 프레젠테이션의 슬라이드를 대형 광고판처럼 만들겠다는 원칙이 서면 시각 지원 도구를 보다 효과적으로 만들 수 있다.

완전한 문장은 피한다

강연가들은 왜 슬라이드를 완전한 문장으로 가득 채울까? 대개 다음과 같은 이유들 때문이다. 1) 내용을 잊어버릴까 봐 걱정이 되어서 2) 프레젠테이션이 끝난 후에 슬라이드 내용을 그대로 프린트물이나 이메일로 배포할 예정이기 때문에 3) 슬라이드에 정보를 많이 담아야 프레젠테이션을 위해 준비를 많이 했다는 것을 보여 줄 수 있어서 4) 다른 사람들도 다 그렇게 하니까.

그럼 각각의 이유에 대해서 좀 더 자세히 살펴보자.

첫 번째 이유 메모를 어떻게 관리할 것인지를 자신의 스타일에 맞게 각자 결정해야 한다. 메모가 필요 없고 이미지 두세 개나 기억 속에 있는 내용만 가지고 강연을 하는 사람이 있는가 하면, 슬라이드를 계속 켜 놓아야만 강연을 할 수 있는 사람도 있다. 그렇지만 슬라이드에 있는 완전한 문장을 그대로 읽기만 해서는 좋은 강연을 하겠다는 목표를 이룰 수 없다. 슬라이드에 있는 완전한 문장을 줄줄 읽다 보면 자유롭게 생각할 수 있는 능력이 줄어들 수 있다. 그리고 청중은 여러분의 이야기를 들으면서 동시에 슬라이드 내용도 읽어야 하기 때문에 혼란스러워질 수 있다. 가장 좋은 해결책은 스크린에 있는 글자 수를 줄이는 것이다. 내용을 상기하기 위해 필요하다면 메모를 사용해도 좋지만, 슬라이드의 내용을 그대로 읽기보다는 그냥 메모를 사용하는 편이 더 낫다. 그래야 여러분의 뇌가 활발히 움직이면서 아이디어들을 좀 더 생생하게 표현할 수 있다.

두 번째 이유 배포용 문서가 완벽하면 슬라이드 완성도가 떨어지고 슬라이드가 완벽하면 배포용 문서의 완성도가 떨어진다. 두 개 모두 완벽하게 만들려고 하면 두 개 다 망치기 쉽다. 배포용 문서가 먼저인가 슬라이드가 먼저인가? 이 둘은 완전히 별개의 것이다. 슬라이드는 강연가를 위한 보조 도구다. 반면에 배포용 문서는 프레젠테이션에서 다룬 모든 정보를 담고 있어야 한다.

세 번째 이유 조직 문화에 따라서는, 슬라이드를 전혀 사용하지 않거나, 많이 사용하지 않으면 프레젠테이션 준비를 많이 하지 않았다고 판단하기도 한다. 다른 말로 하자면, 스크린에 진흙을 많이 던질수록 여러분이 이 프레젠테이션을 준비하기 위해 그만큼 진흙탕 속에서 열심히 헤엄쳤다는 뜻이 된다(여기서 진흙은 정보에 대한 은유다). 그래서 많은 사람들이 내가 이 프로젝트를 중요하게 생각하고 헌신했음을 보여 주고 말겠다, 라는 생각으로 엄청나게 많은 슬라이드를 준비한다. 이런 잘못된 생각에 사로잡히지 말자.

네 번째 이유 "네 친구가 불 속에 머리를 집어넣는다고 해서 너도 같이 불 속에 머리를 집어넣을 거야?"(내가 어렸을 때 우리 아버지는 내가 친구들을 따라서 말썽을 피울 때마다 마치 스타워즈의 요다처럼 이런 말씀을 하셨다.) 동료가 슬라이드를 복잡하게 디자인한다고 해서 여러분도 그렇게 해야 하는 것은 아니다.

경우에 따라서는 슬라이드에 완전한 문장을 넣는 게 맞을 때도 있다. 완전한 문장을 넣을 것이냐 말 것이냐는 엄격한 규칙이 아니라, 그저 가이드라인일 뿐이다. 예를 들어, 외국의 청중을 상대로 하거나, 슬라이드를 온라인상에 제공할 경우에는 사정이 달라진다. 최근 싱가포르에서 열린 한 콘퍼런스에서 베트남 출신 강연가가 필리핀, 독일, 인도네시아, 중국 그리고 한국 청중을 상대로 강연을 하게 되었다. 강연은 영어로 진행되었지만 강연가는 물론이고 청중에게도 영어는 외국어였다. 이런 경우라면 슬라이드에 완전한 문장(문장이 짧더라도)을 사용하는 것이 아이디어를 정확히 전달하고 청중을 이해시키는 데에 더 효과적이다.

글머리 기호를 사용해도 괜찮다

글머리 기호(bullet point : ※ - ▷ - ☞ - ● - ■ - ◆ 등 문장 시작 전에 붙이는 기호)를 사용해도 된다고 하면 아마 다들 놀랄 것이다. 『프레젠테이션 젠(Presentation Zen)』처럼 좋은 책들이 글머리 기호는 좋지 않으며 이미지는 늘리고 글자는 줄여야 한다고 주장한다. 물론 그것도 좋은 방법이긴 하지만 세상에 그 방법 하나밖에 없는 것은 아니다. 말로 설명을 잘 할 수 있다면 글머리 기호도 효과를 발휘할 수 있다. 이 말을 바꿔 하자면, 그래픽 디자인을 아무리 멋지게 만들어도 여러분이 효과적으로 설명하지 못하면 설득력을 발휘할 수 없다는 뜻이기도 하다.

젠 디자인의 핵심은 꼭 필요한 것이 아니면 넣지 않고 여백의 미를 살리는 깔끔함과 단순함이다. 이렇게 단순함을 추구하는 트랜드는 좋다. 빈 공간에 뭐든 채워 넣어야 마음이 놓이는 사람들이 여전히 있지만, 말을 너무 많이 하느라 정작 중요한 메시지를 전달하지 못하는 것처럼, 불필요한 것을 뺄수록 남아 있는 메시지가 더 눈에 잘 띈다.

늘 그렇다시피 디자인 유행은 변할 수 있고 사람들의 취향도 다양하다. 궁극적으로 슬라이드 디자인은 여러분에게 달렸다. 그리고 글머리 기호가 안 좋은 평을 받는다고 해도 헤드라인과 글머리 기호가 있는 전통적인 슬라이드 형식도 잘 사용하기만 하면 효과를 거둘 수 있다. 단, 하나의 슬라이드에 글머리 기호를 너무 많이 넣지 말고, 핵심을 강조할 수 있는 최소한의 글자와 넣을 수 있는 이미지와 다이어그램만 넣자(그리고 때때로 'B' 키를 이용해서 스크린을 끄기도 하자).

회사 로고를 슬라이드마다 넣어야 할까?

요즘은 여백이 많은 디자인을 선호한다. 디자인은 장식이 아니다. 슬라이드 한 장 한 장마다 회사 로고를 넣어야 한다고 누가 그러는가? 브랜딩에 대해 오해하는 사람들이 많다. 예를 들어, 슬라이드 한 장 한 장마다 회사 로고를 넣는 것은 청중의 마음속에 메시지를 각인시키는 것보다 훨씬 덜 효과적이다.

회사나 조직의 로고는 슬라이드마다 집어넣는 것보다 첫 번째와 마지막 슬라이드에 넣는 것이 훨씬 더 효과적이다. 왜냐고? 왜냐하면 로고가 여러분이 말하고자 하는 핵심 포인트를 부각시키는 데에 도움이 되기보다는 슬라이드를 어수선하게 보이게 만들고, 쓸데없이 공간을 차지하고,

여러분의 신뢰도를 떨어뜨리기 때문이다. 회사 로고를 많이 집어넣는 것이 왜 여러분의 신뢰도를 떨어뜨릴까? 여러분의 프레젠테이션이 광고처럼 보이게 만들기 때문이며, 사람들은 광고보다는 기사를 더 신뢰한다는 사실은 여러분도 잘 알 것이다.

그러니까 프레젠테이션 내내 회사나 조직의 로고를 노출하면 프레젠테이션이 기사 형식의 설명이 아니라 광고처럼 보인다. 우리도 대화를 할 때 새로 말을 시작하면서 매번 자기 이름을 말하지는 않는다.

따옴표는 요점을 두 배 더 강조할 수 있다

다른 사람의 말을 인용하는 것은 큰 힘을 발휘할 수 있다. 믿을 수 있다는 신뢰감을 주는 '제삼자 효과'가 있기 때문이다. 여러분의 말 자체를 신뢰하는 것이 아니라 다른 사람들이 그 말을 뒷받침해 주기 때문에 신뢰감이 생기는 것이다.

1분에 몇 개의 슬라이드가 적당할까?

나는 이런 질문을 자주 받는다. '1분 당 몇 개의 슬라이드를 사용하는 게 가장 좋을까요?' '슬라이드 하나 당 스크린에 비추는 시간은 어느 정도가 적당할까요?' 그런데 이런 질문에 대해서는 대답을 해 줄 수가 없다. 왜냐하면 시각 지원 도구에 대한 접근 자체가 잘못되었기 때문이다. 그런 것은 슬라이드에 따라 다르다. 플로차트나 다이어그램이라면 여러 부분을 설명하는 동안 그러니까 대략 5분 정도가 적당할 수 있다. 반면에 글자로 이루어진 슬라이드는 대개 그 정도보다는 짧은 것이 좋다.

프로젝터 조명 속에서 돌아다녀도 괜찮다

프레젠테이션 규칙 중에 스크린에 자신의 그림자가 드리워지게 해서는 안 된다는 것이 있다. 물론 프로젝터의 빛 때문에 마치 옛날 SF 영화처럼 얼굴이 형광색 빛으로 번쩍이거나, 슬라이드의 중요한 내용 위에 그림자를 드리운 채로 스크린 앞에 무작성 서 있는 경우라면 이 규칙을 따라야 할 것이다.

그렇지만 이 규칙이 슬라이드에서 강조해야 할 부분을 강조하러 가기 위해 프로젝터의 빛을 받으며 스크린 앞을 가로질러 가는 것까지 금지하는 것은 아니다. 슬라이드에서 멀찍이 떨어진 채로 슬라이드의 어떤 내용을 말하는지 가리키지도 않은 채 '보시다시피…'라고 말하는 것은 효과적

© Hans Rosling (TED/leslieimage.com)

이지도 않고 청중을 혼란스럽고 짜증나게 만들 수 있다. 그러니까 예를 들어, 슬라이드에 중요한 그래프 이미지가 있을 경우, '보시다시피, 이 부분이 제가 말씀드리고자 하는 요점이 옳다는 것을 증명하고 있습니다'라고 말만 하지 말고, 프로젝터의 빛 속으로 걸어 들어가 손으로 슬라이드에서 여러분이 말하고자 하는 부분을 손으로 짚어라.

PT 시작부터 끝까지 프로젝터의 빛 속에서 헤엄쳐 다니라는 뜻이 아니고 요점을 강조해야 할 때만 빛 속에 잠깐 발만 담갔다가 다시 나오라는 뜻이다.

원칙 4 : 슬라이드도 청크 구조로 만들어라

영화를 찍기 전에 시나리오를 쓰는 것처럼, 슬라이드를 만들기 전에 스피치 아웃라인을 만드는 것이 도움이 된다. 그렇게 하면 슬라이드도 청크 구조로 만들어서 여러분과 듣는 사람들 모두 옆길로 새는 것을 막을 수 있다. 그것도 어렵지 않게 말이다. 슬라이드 안에 여러분이 전하고자 하는 메시지들과 터닝 포인트들이 녹아 들어가면 언제 무엇을 강조해야 하는지 알려 주는 가이드라인이 생기게 된다.

아래에는 슬라이드 속에서 여러 시각 표현들을 이용하면서 동시에 청크 구조를 반영할 수 있는 세 가지 방법을 소개했다. 각자 마음에 드는 방법을 조합해도 괜찮다.

A 대표적 스타일 : 글머리 기호, 소제목, 이미지 등등.

B 젠 스타일 : 글머리 기호 없이 이미지에만 집중한다. 이 스타일은 각각의 슬라이드에 핵심 요점을 담은 이미지가 있고, 여러분은 말로 세부 사항을 설명한다. 다른 말로 하자면, 삽다한 것들은 없애고 핵심 또는 메시지만 남겨 둔다는 뜻이다. 슬라이드 전체를 이미지로 채우고 여러분이 전달하고자 하는 핵심 또는 메시지는 이미지 안에 문자 형태로 첨가한다. 청크 구조 안에서도 이 스타일을 활용할 수 있다.

C 표지판 스타일 : 프레젠테이션의 핵심 요소에만 슬라이드를 이용한다. 예를 들어, 슬라이드는 프레젠테이션의 시작과 끝부분에만 사용한다. 또는 이미지나 도표 한두 개만 슬라이드로 띄우고 설명한다. 또는 슬라이드에 제목, 개요, 청크 제목들 그리고 핵심 포인트만 담는다. 이렇게 하고 여러분은 필요할 때마다 'B' 키를 눌러 슬라이드를 끄거나 켠다. 이 스타일을 이용하면 자유롭게 이야기하고 청중과 교류하다가 핵심 포인트를 강조하거나 프레젠테이션을 끝낼 때 언제든 다시 슬라이드를 켤 수 있다.

A. 대표적 스타일

강연 소제목
글머리 기호

1

개요
- 청크 1 제목
- 청크 2 제목
- 청크 3 제목

2

청크 1 제목
- 사례…
- 이야기들…
- 훌륭한 설명들…
- 각 청크마다 원하는 만큼 슬라이드 사용

3

청크 1 제목
청크 1의 핵심 포인트

4

청크 2 제목
- 사례…
- 이야기들…
- 훌륭한 설명들…
- 각 청크마다 원하는 만큼 슬라이드 사용

5

청크 2 제목
청크 2의 핵심 포인트

6

청크 3 제목
- 사례…
- 이야기들…
- 훌륭한 설명들…
- 각 청크마다 원하는 만큼 슬라이드 사용

7

청크 3 제목
청크 3의 핵심 포인트

8

B. 젠 스타일

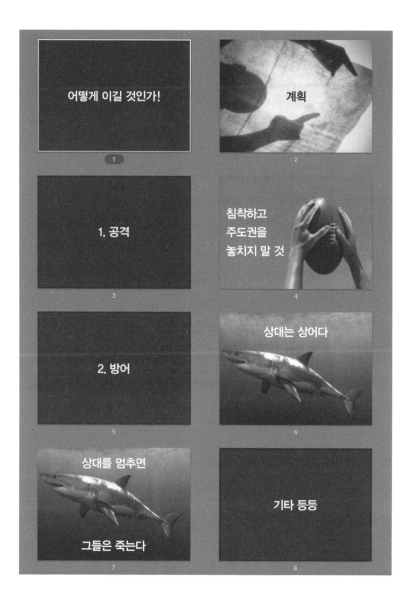

C. 표지판 스타일

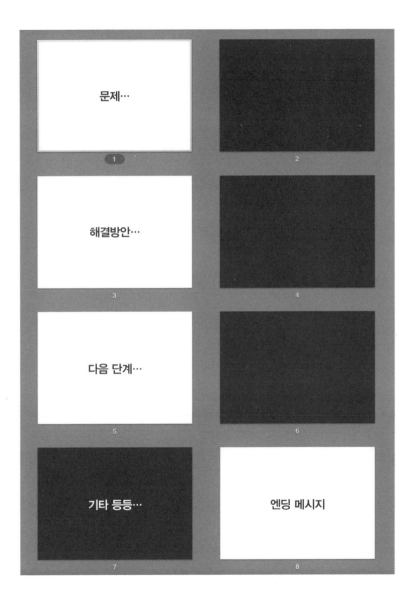

마지막 슬라이드에 메시지를 넣어야 할까?

마지막 슬라이드에 메시지를 넣을 것인지 말 것인지는 여러분 선택에 달렸다. 청중이 메시지를 기억하게 만들 수 있는 단어 서너 개 정도를 쓸 수도 있다. 또는, 메시지가 길지 않다면(스티브 잡스의 'Stay hungry, stay foolish'처럼) 전체를 슬라이드에 써도 괜찮다. 아니면 'B' 키를 눌러서 스크린을 끄고 여러분의 머릿속에서 메시지를 끄집어내서 말하는 방법도 있다. 선택은 여러분의 몫이다.

슬라이드는 여러 가지 방법으로 활용할 수 있다. 여기서는 슬라이드 활용법에 대한 생각의 폭을 넓힐 수 있도록 그중 몇 가지만 소개했을 뿐이다.

슬라이드 없는 스피치 - 짐 콜린스

최근에 짐 콜린스(『성공하는 기업들의 8가지 습관』, 『좋은 기업을 넘어 위대한 기업으로』, 『위대한 기업의 선택』의 저자)의 강연을 현장에서 직접 듣게 되었다. 정말 대단했다. 그는 슬라이드를 하나도 사용하지 않았다. 강연 중간의 휴식 시간에 나는 IT 전문가와 슬라이드를 사용하는 경우와 사용하지 않는 경우에 대해 이야기를 나눴다. 그는 파워포인트를 사용하지 않는 강연가를 본 게 너무 신기하다고 했다. 그리고 IT 업계에서는 모든 프레젠테이션이 말 그대로 파워포인트에 지배당한다고 했다. 그러더니 프레젠테이션을 할 때 슬라이드를 내던져 버려야 하느냐고 물었다.

생각 없이 사용하면 파워포인트가 강연가를 지배할 수 있다. 그래서 서너 명의 강연을 보고난 후에 그들이 사용한 프레젠테이션 소프트웨어가 너무 똑같아서 강연을 한 개를 봤는지 두 개를 봤는지 구분이 가지 않을 수도 있다. 그래서 나와 이야기를 나눈 IT 전문가의 눈에는 슬라이드를 사용하지 않는 강연가가 신선해 보였던 것이다.

짐 콜린스는 자신의 리더십 원칙들에 따라 완벽하게 연결된 이야기들을 멋지게 해냈다. 그렇지만 만약 짐 콜린스가 내게 피드백을 요청한다면(물론 그가 내게 피드백을 요청할 리도 없고 요청하지 않는다 해도 나는 정말 괜찮다!), 나는 '표지판' 슬라이드를 추천하고 싶다. 시작할 때에 슬라이드 두세 개 또는 주제를 소개하기 위한 '개요' 슬라이드 한 개 정도를 사용하는 것도 좋을 것 같다.

왜냐고? 청중이 강연 내용을 짐작하기까지 시간이 조금 걸렸고, 그 결과 짐 콜린스는 강연이 탄력을 받고 청중과 교감하기까지 다소 시간이 필요했다. 프레젠테이션을 시작할 때 청중이 미리 내용을 짐작할 수 있도록 도와주는 용도로만 슬라이드를 사용해도 상당한 효과를 얻을 수 있다. 그런 식으로 슬라이드를 활용하면 불과 몇 초 사이에 청중은 내용을 받아들일 준비를 할 수 있고, 긴 프레젠테이션 동안 방대한 정보들 속에서 헤매지 않고 요점을 알아차릴 수 있다. 동시에 슬라이드의 양이 많지 않기 때문에 강연가는 스크린과 슬라이드 리모컨에 신경 쓰지 않고 자유롭게 이야기하고, 청중과 상호작용을 할 수 있다.

슬라이드에 대한 잘못된 논쟁

내가 강연이나 프레젠테이션을 시작할 때 슬라이드 한두 개를 사용하고 그 후로는 전혀 사용하지 말라고 제안하면 대부분 혼란스러워한다. 슬라이드 사용법에 대해 이야기하면 내내 사용할 것인가 아니면 전혀 사용하지 않을 것인가, 이렇게 흑백논리로만 따지려고 든다. 시각 지원 도구는 그 수도 많고 종류도 다양한데, 그 사용법에 대해서는 언제나 사용할 것인가, 말 것인가, 라는 양극단의 토론만 오간다.

논생의 다음 단계는 전형적인 파워포인트 템플릿과 최소한의 글자에 이미지는 많은 젠 스타일 사이의 논쟁이다. 그런데 이것 역시 단순히 좋다/나쁘다로 나뉘는 흑백논리의 논쟁이다.

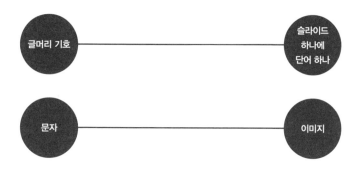

현실은 양극단 사이에 수많은 선택지가 있고 양극단 바깥에도 선택지가 많이 존재한다. 슬라이드를 사용할 것인가 말 것인가라는 논쟁에 매달려 에너지를 낭비하지 말고, 여러분의 상황에 맞는 시각 지원 도구들을 잘 조합하는 데에 창의력을 쓰자. 선택은 여러분에게 달렸다.

당신의 아이디어에 생명력을 불어넣을 시간

자, 그럼 이 책의 내용들을 요약해 보자. 커뮤니케이션의 궁극적인 목표는 '널리 전해질 수 있는 메시지'를 전달하는 것이다. 따라서 스피치를 잘하려면 다음 세 가지에 신경 써야 한다.

1. 메시지 : 여러분의 아이디어를 청중의 머릿속에 각인시키면 그들은 무엇을 기억하게 될까?
2. 구조 : 몇 개의 부분으로 나누고, 각 부분의 제목은 무엇이고, 각 부분의 핵심 포인트는 무엇인가?
3. 연결 : 자기 자신에게 편안한 스타일로 청중과 교감하며 설명한다.

퍼포먼스 규칙 같은 것은 잊어버리고 위의 세 가지만 신경 쓰면 불안감은 줄어들고 마음이 편해질 것이다. 그 결과 걱정도 사라질 것이다. 그러면 힘들이지 않고도 강한 인상을 남기고 설득력을 높일 수 있다.

자, 이제 여러분의 아이디어에 생명력을 불어넣을 시간이다!

'생생하다'는 뜻의 영어단어 'vivid'는 '살아 있는(alive)' 또는 '살다(to live)'라는 뜻의 라틴어 'vivere'에서 유래했다. 그리고 이 책의 주제는 '여러분의 아이디어에 생명력을 불어넣는 메시지의 힘'이다.

나도 한때는 스피치, 즉 대중을 상대로 한 연설이 너무 어려웠다. 생각이 머릿속에서 제멋대로 이리저리 돌아다녔고, 도무지 뜻대로 되지 않는다는 느낌이 몇 년 동안 계속 나를 괴롭혔다. 준비할 때도 그랬고 실전에서도 그랬다. 내가 메시지의 법칙을 개발한 것은 절실한 필요에 의해서였다. 그리고 이 비법은 장애물을 극복하고 더 쉬운 길을 보여 주었다.

여러분도 메시지의 법칙을 활용하면 커뮤니케이션을 위한 노력은 반으로 줄이고 효과는 두 배로 늘릴 수 있다.

사실, 스피치에 대한 일반적인 편견을 벗어 버리면 여러 이점을 누릴 수 있다. 그리고 아이디어에 생명력을 불어넣을 수도 있다. 아이디어 자체와 그 아이디어를 실행에 옮기는 것 사이에는 엄청난 차이가 있다. 우리 머릿속에 있는 아이디어를 표현해서 '청중(혹은 독자)', 그러니까 그 아이디어를 이용하고 다른 사람들에게 전달해 줄 사람들의 머릿속에 각인시키면 우리는 성공한 것이다.

과거의 접근법은 역효과를 불러온다

프레젠테이션이 맥 빠진 정보들로 가득 차 있고, 프레젠터는 당황하거나 불안해서 어쩔 줄 모른다면 아무리 아이디어가 좋아도 청중은 그 아이디어를 알아볼 수 없다. 과거의 접근법은 이런 문제들 때문에 스피치가 알수 없는 힘 때문에 실패하고 마음대로 되지도 않는 아주 어려운 일인 것처럼 생각하게 만든다.

하지만 그것은 사실이 아니다.

- 준비는 무엇부터 해야 하는지 알 수 없는 복잡하고 힘든 일이 아니라 여러분의 메시지에 따라 차근차근 하면 되는 하나의 과정일 뿐이다.
- 스피치를 할 때 느끼는 불안감은 여러분이 가장 힘든 상황에 있을 때 공격해 오는 미지의 악마가 아니라 타인의 시선이 자신에게 집중될 때 느껴지는 불확실함에 대한 자연스럽고, 당연하고, 누구에게나 나타나는 반응이다.
- 강연 기술은 엄청난 연기력을 필요로 하는 대단한 마술이 아니다. 편안하게 호흡하고, 명료하게 생각하고, 있는 그대로의 모습으로 말하는 것이 전부다. 이런 사실을 기억하고, 명료함과 방향성을 가져다줄 도구만 있으면 설득력 있게 말할 수 있는 잠재력의 뚜껑을 열어 힘들이지 않고 강연 기술을 개선할 수 있다.

사람들에게 물어보자 : '하고 싶은 말이 무엇인가?'

끝으로, 여러분이 주위 사람들에게 분명하게 말하라고 요구하기를 권한다. 어떻게? 주위 사람들에게 이렇게 물어보면 된다. '하고 싶은 말이 무엇인가?'

분명한 대화는 우리 삶의 질을 크게 바꿔놓는다. 매일의 생활에서 맞닥뜨리는 복잡함을 헤쳐 나갈 수 있기 때문이다. 분명한 메시지와 좋은 설명은 불필요한 정보를 걸러내고, 상대를 설득하고, 지지를 얻어내도록 도와준다. 오해가 생길 수도 있지만, 분명하게 말해 달라고 예의바르게 부탁하면 모호하고 혼란스러운 커뮤니케이션으로 인해 발생할 수 있는 문제를 막을 수 있다.

여러분이 간결한 메시지를 원한다는 것을 주위 사람들에게 보여 주자. 누구나 아이디어를 제안하거나 프레젠테이션을 할 때 '하고 싶은 말이 무엇인가?'라는 질문을 받으면 대답할 수 있어야 한다고 생각하는 조직 문화를 만들자.

그러면 여러분과 여러분 조직의 커뮤니케이션이 마법처럼 술술 풀릴 것이다.

이제 여러분은 자신의 아이디어에 생명력을 불어넣을 수 있는 방법들을 배웠다. 아주 쉬운 방법들이다. 그러니까 이제부터 긴장을 풀고 그 방법들을 실천에 옮기자.

아이디어에 생명력을 불어넣자.

프로젝트에 생명력을 불어넣자.

조직에 생명력을 불어넣자.

제품에 생명력을 불어넣자.

이야기에 생명력을 불어넣자.

반드시 전달되는 **메시지의 법칙**

초판 1쇄 인쇄 2018년 12월 20일
초판 1쇄 발행 2019년 1월 1일

지은이 캠 바버
옮긴이 서현정

펴낸이 정상우
디자인 이석운, 김미연
인쇄 · 제본 두성 P&L
용지 (주)이에스페이퍼
펴낸곳 라이팅하우스
출판신고 제2014-000184호(2012년 5월 23일)
주소 서울시 마포구 월드컵북로 400 문화콘텐츠센터 5층 10호
주문전화 070-7542-8070 **팩스** 0505-116-8965
이메일 book@writinghouse.co.kr
홈페이지 www.writinghouse.co.kr

한국어출판권 ⓒ 라이팅하우스, 2019
ISBN 978-89-98075-60-6 03320